Behavioral Science of J.LEAGUE

Jリーグの行動科学

リーダーシップとキャリアのための教訓

髙橋 潔 [編著]
Kiyoshi Takahashi

東京　白桃書房　神田

Jリーグの行動科学
リーダーシップとキャリアのための教訓

Contents

Introduction 序
Jリーグとビジネスとの接点 ……………………………… 1
神戸大学大学院経営学研究科　髙橋　潔

- Jリーグというビジネス　　1
- スポーツ・マネジメントの現実　　3
- リーダーシップがイタい　　5
- キャリア・ブームを先取りしたJリーグ　　7
- 本書の「なか見！検索」　　9
- 執筆陣の顔ぶれ　　14

Chapter 1
勝利へのインセンティブ ……………………………… 19
チームへの貢献はお金で買えるのか？
神戸大学大学院経営学研究科　髙橋　潔

- 野球統計分析（セイバーメトリクス）の隆盛　　19
- 蹴球統計の難点　　22
- チームプレーにかかわる理論　　24
- 統計分析のための方法　　29
- 勝試合への貢献はなにで決まるか　　35
- 負試合にはなにが影響しているか　　38
- 年俸はやる気の素なのか，褒美なのか　　41

i

Chapter 2
Ｊリーグ監督の仕事 ……………………………………………47
　　　　　　　　大阪産業大学人間環境学部　元サッカー日本代表　佐　藤　慶　明

- はじめに　*47*
- 野球とサッカー　*51*
- チーム戦術のディティール　*53*
- いかにやらせるのか　*57*
- 監督の放つスローガン　*59*
- 監督のタイプ　*61*
- おわりに　*66*

Chapter 3
Ｊリーガーと監督の相性 ……………………………………*69*
　負の連鎖の克服にむけて
　　　　　　　　　　　　　　　滋賀大学経済学部　服　部　泰　宏

- 他者とともにあるということ　*69*
- 人間関係はどう捉えられてきたのか　*71*
- 相性をどう捉えるか　*78*
- 相性問題をどう克服するか：コミュニケーション　*84*
- コミュニケーションを阻害する要因　*86*
- 結　び　*88*

Chapter 4
リーダーシップの理論と実践 ……………………………………………93
スポーツの世界を念頭に

神戸大学大学院経営学研究科　金井　壽宏

- リーダーシップ論の変遷その1：資質アプローチから状況アプローチまで　*94*
- リーダーシップ論の変遷その2：変革アプローチから育成アプローチまで　*99*
- リーダーシップ論の変遷その3：フォロワー視点のリーダーシップ理論　*108*
- 結　び　*114*

Chapter 5
プロサッカー選手のセカンド・キャリア到達過程 ……………119
プロ化創成期の実情

㈳日本プロサッカーリーグ　重野　弘三郎

- はじめに　*119*
- スポーツ選手の引退とキャリア移行に関する研究　*121*
- サッカー界におけるセカンド・キャリアへの取組み　*122*
- 役割退出理論からのアプローチ　*125*
- 本章のポイント（仮説）　*128*
- 調査方法　*129*
- 結　果　*130*
- 考　察　*141*
- 付　録　*147*

Chapter 6
Jリーガーがピッチを去るということ ……………… *175*
神戸大学大学院経営学研究科　髙橋　潔

- 職業キャリアのスタートと競技キャリアの引退　*175*
- トップ・アスリートの引退　*176*
- 死に向かう精神過程と引退過程の対比　*180*
- 第1段階：否認　*182*
- 第2段階：怒り　*183*
- 第3段階：取り引き　*184*
- 第4段階：抑鬱　*185*
- 第5段階：受容　*187*
- キャリア・トランジションに求められる3つのスキル　*190*
- おわりに　*198*

Chapter 7
セカンド・キャリアへの第一歩 ……………… *201*
接点を持つ勇気「カレジャスネス」

近畿大学経営学部　小川　千里

- はじめに　*201*
- キャリア・トランジションの理論：カレジャスネスでトランジションを乗り切る　*202*
- Jリーガーの相談についての一般的な行動様式　*204*
- セカンド・キャリアへの鍵となるJリーガーのカレジャスネス　*206*
- トランジション理論に基づく検討　*217*

Chapter 8
セカンド・キャリアへの第二歩 ……… 223
周囲の人がもつ近づきやすさ「アプローチャビリティー」

近畿大学経営学部　小川　千里

- はじめに　*223*
- キャリア・トランジションの理論：トランジションの船頭となる，周囲の人のアプローチャビリティー　*224*
- セカンド・キャリアへの鍵になる，周囲の人のアプローチャビリティー　*227*
- トランジション理論に基づく検討　*241*
- おわりに　*243*

Chapter 9
キャリア・トランジションのためのセカンド・キャリア教育 … 251
Ｊリーガーとしての自分以外に「自分」を見つける作業

㈱MJコンテス取締役，ソウル五輪シンクロデュエット銅メダリスト
田中ウルヴェ京

- 選手の引退に関する先行研究　*253*
- スポーツ選手向けキャリア・トランジション・プログラム　*256*
- キャリア・トランジションに向けての5つの示唆　*260*

Chapter 10
ビジネスの世界で仕事をするひとへの教訓 ……………265
神戸大学大学院経営学研究科 金 井 壽 宏

- Jリーグの経営学：雇用・報酬・組織　*267*
- Jリーガーから学ぶべきこと：いくつかの問いかけ　*271*
- 好きなことを仕事にすること　*272*
- 打ち込むこと，その尊さを学ぶこと　*275*
- ともに成し遂げること　*277*
- 自分の頭で考え，状況に柔軟に適応すること　*279*
- 自己効力感からの教訓　*284*
- Jリーグの心理学からポジティブ心理学へ　*289*
- 指導者の心構え：サッカーとは人生である　*290*

Jリーグとビジネスとの接点

髙橋 潔

Jリーグというビジネス

　Jリーグはビジネスである。いったいどういうビジネスなのか？ Jリーグに（2010年時点で）所属する37のクラブは，サッカーの試合を興行として行うエンターテイメント・ビジネスに従事している。サッカーの試合を行って，観客にプレーの華麗さや勝負の醍醐味，スタジアムという空間がもつ独特の雰囲気，応援しているチームとの一体感などを伝えて，お金を稼ぐ商売だ。

　Jリーグサッカーがエンターテイメントだと言っても，吉本興業やJポップ，ディズニーランドなどのように，だれもが素で楽しめるように演出されたものではない。Jリーグを楽しむためには，ゴールにならなかった攻撃・展開の美しさを語り，チームの決定力のなさを嘆き，敗戦の苦味に耐え，その先にようやく得られた勝利に酔うような，チームに対するコミットメント（深い愛情）が要る。たとえて言えば，だれもが喜ぶスナック菓子ではなく，深く噛み締めなければ味の出てこないスルメのような味がするのがJリーグなのだ。

エンターテイメント・ビジネスに従事しているということは、もっぱら土曜・日曜に行われる試合を興行していればそれでいいかというと、そうではない。それは、チームが得ている収入の内訳を見れば、一目瞭然だ。
　Ｊリーグの各クラブは、さまざまな入り口から収入を得ている。観客がスタジアムに訪れることから生まれる入場料収入（チケット売上）に始まり、ユニフォームのマークやスタジアムの広告などから得るスポンサー収入、チームやＪリーグのロゴが入ったオフィシャルグッズの販売による収入、地元の子ども・親が参加するサッカースクールからの収入、ファンクラブの運営や会員カードから得る収入、他チームに有力選手を移籍させて得る移籍金収入、公式戦にチームが参加することでＪリーグから得る分担金、スカパーやＮＨＫやＴＢＳにＪリーグが一括でＴＶ放映権の契約を行って得る放映権料など、さまざまな収入項目をもっているものなのだ。
　さらに言えば、いちばん目に付きやすい入場料収入は、Ｊリーグの場合で総収入の２割ほどに過ぎず、各チームの屋台骨をなす収入源とは言いにくい。収入面でもっともリッチなイングランド・プレミアリーグであっても、入場料収入が占めるのは全体の３割程度であり、放映権料やスポンサー収入のほうが大きいのが実態である。スタジアムと離れた場所での収入が多いがゆえに、このビジネスを成り立たせるためには、サッカーを愛するフットボール・マインドに加えて、経営者視点が欠かせないのだ。
　収入のあてがいろいろあるということは、裏を返して考えれば、いろいろなカスタマー（顧客）やステークホルダー（利害関係者）に対して、それぞれにあったコンテンツとソフトを提供していかなければならないということである。ビジネス的に言えば、ニーズが大きく質的に異なる相手に対して営業をかけなければならないということだ。ユニフォームを身につけて熱心にスタジアムに足を運ぶサポーター、スタジアムに広告を出す地元企業、サッカーに興味を持ち始めているキッズとそのママ、自クラブ選手の獲得に意欲をもつ他クラブのフロント、Ｊクラブの統括組織であるＪリーグのそれぞれに対して、同じ人が同じやり方で営業しても効果が出るとは思われないのは、だれの目にも明らかだろう。

ステークホルダーそれぞれにあった対応が求められるわけだが、それは言うほど簡単なことではないし、マネしたりお手本にしたりするモデルも少ないので、各クラブが試行錯誤と努力を重ねて、自ら経験を積んでいかなければならないのである。

スポーツ・マネジメントの現実

スポーツ・マネジメントという領域が台頭してきた。それはスポーツが世界的に大きなビジネスに成長してきたことから発している。とくに、プロリーグが世界各国で定着しているサッカーの場合、その規模はきわめて大きい。

『スポーツ・ビジネス・インターナショナル（*Sport Business International*）』誌の2006年のデータでは、世界でサッカーに対してスポンサーが支出している金額は約31億4800万ドル（1ドル100円として約3148億円）に上る。2位のモータースポーツ・F1（13.5億ドル）や3位のアメリカン・フットボール（13.1億ドル）の2倍以上の投資を呼んでいる。オリンピック（9.1億ドル）と比べても、じつに3倍の開きがある。たとえば、マンチェスター・ユナイテッド時代のデイビッド・ベッカムの胸に「SHARP」、元フィオレンチーナの中田（英）選手の胸に「TOYOTA」のマークが入っていたことを、今でも覚えている方も多いだろう。スポーツはそれほど訴求力が強いから、企業がマーケティングに活用したくなるのも当然なのだ。

また、スポーツは文化を超えて裾野が広いため、グローバル化が進みやすい。現代では、多くの日本人が海外に頻繁に旅行し、たとえばシアトルを訪れたらセーフコ・フィールドで、イチロー選手のフィールディングを楽しみ、ロサンゼルスに行ったらエンゼル・スタジアムで、松井（秀）選手のホームランに胸を躍らせ、ボストンに行ったらフェンウェイ・パークで、松坂投手が相手バッターを三振にとるピッチングを見ることができるように

なった。観光資源としてのプロスポーツのパワーは大きい。

それはそれで喜ばしいことなのだが、チームの側からすれば、集客が期待できる有名選手を放出しなければならなかったり、海外のリーグばかりがTV放映されてしまったりすると、スポーツ興行にかかわる国内市場が冷え込んでしまうことにもつながっていく。だから、グローバル化の波は、国内の観戦スポーツのあり方を変質させてしまうほどの、大きな力をもっている。

スポーツ・マネジメントを学ぼうとすると、財務・会計とマーケティングの知識が先行することが多い。プロスポーツのマネジメントを考えようとすれば、まずお金の問題と宣伝の問題に行きあたる。それは、いたってアメリカンな発想だ。ただし、もっぱら米国で盛んに研究されてきたスポーツ・マネジメントの方策を、メジャーになり切れていない（あるいは地盤沈下が進む）わが国のスポーツ経営にあてはめていくと、うまくいかないこともある。世界規模のリーグと、国内で細々と営業しているリーグとでは、市場の規模が違うためだ。

Ｊリーグの場合、市場規模で言えば、（プレミア・リーグで有名な）イングランド・リーグ、ドイツのブンデス・リーガ、スペインのリーガ・エスパニョーラ、（セリエＡが注目される）イタリアのリーガ・カルチョ、リーグ・フランスに続いて、世界第６位の規模にある。名だたる欧州リーグに続いて、アメリカや南米のリーグよりも大きな市場規模をもっている。それにもかかわらず、経営が危機に瀕しているクラブが多数あるという。

財務・会計やマーケティングのような領域では、学ぶべき理論や知識が多いため、理論や専門知識でチーム経営のあり方を分析・説明していくことが多くなる。財務諸表が読めて、マーケティング戦略が描けるようになると、それが正しいことと思えてくるから不思議だ。しかし、現実には、Ｊクラブの直面している事情がきわめて個別なため、スポーツ・マネジメントの理論や他国のリーグでの経験が、すぐには生きてこないことがある。だから悩ましい。

ただし、本書では、Ｊリーグにおける財務・会計やマーケティングに光を

あてるのではない。本書で論じていくのは，リーダーシップとキャリアを中心とした人材にまつわる話だ。では，なぜリーダーシップなのか？

リーダーシップがイタい

　リーダーシップについては，大学で理論を学ばなくても，だれもが一家言をもっている。机上で学ばなくても，経験から学んでいるなじみ深いテーマだ。第4章でも詳しく取り上げるが，皮肉なことに，理論を知れば知るほど悩みが多くなる。たとえて言えば，好きじゃない人から告白されたようなものだ。その人のことを知れば知るほど，情が移り悩ましくなる。つまり，リーダーシップについては，すでに経験でなにかを学んでいるので，理論を体系的に学ぶほど，自分が知らなかったことがより見えてきてしまうのだ。ソクラテスのいう「無知の知」（自らが知らないということを知ること）をイヤでも強制されてしまうからイタい。

　そして，現代におけるリーダーシップ理論では，その中心に，「変革型リーダーシップ」（Burns, 1978 ; Bass, 1985 ; Conger & Kanungo, 1987, 1989）というものが位置づけられている。変革型リーダーシップが目指すものは，その名のとおり，変革だ。社会の変革期には，安定期に求められるリーダーの行動とは違ったリーダーシップが必要である。つまり，改革を推進するための強いリーダーシップと，際立ったカリスマ性が求められるのである。

　ときとして，「独裁者」の汚名を帰せられることもあるが，変革型リーダーシップでイメージされるのは，そもそもリーダーシップという言葉に付随する非凡な指導者像や変革者像である。メンバーに現状打破と変化の必要性を認識させ，明確なビジョンと目標を提示し，進んでリスク・テイクを促すような，変革を推進するリーダーの行動だといってもよい。

　Jリーグの場合はどうか。各クラブの個別事情はさておいたとして，Jリーグには，わが国にプロサッカーリーグを創始するために大きな貢献を果

たした川淵三郎チェアマン(当時,現日本サッカー協会名誉会長)の存在があった。渡邉恒雄氏(元ヴェルディ川崎オーナー)から奇しくも「独裁者」呼ばわりされてしまった元チェアマンだが,川淵氏のリーダーシップの下,Jリーグは企業スポーツからの脱却を目指したホームタウン構想を掲げ,地域に密着したクラブが全国に次々とでき,東京一極集中の流れに逆行するような動きをみせた。企業中心・マスコミ中心に回っているプロ野球とは,明らかに違う流れだった。

変革型リーダーシップに大切な要素はビジョンである。川淵チェアマンの呼びかけでまとめられたミッションに,「Jリーグ百年構想」があるのはご存知だろう。その中身は3つ。①あなたの町に,緑の芝生におおわれた広場やスポーツ施設をつくること,②サッカーに限らず,あなたがやりたい競技を楽しめるスポーツクラブをつくること,③「観る」「する」「参加する」。スポーツを通じて世代を超えた触れ合いの輪を広げることである。

地域に緑の芝生を増やし,スポーツ環境をつくり,人の輪を広げる。近代サッカー発祥の地英国で,ロンドン一極集中が進んでいるのと同じように,わが国でも,ヒト・モノ・金・情報のすべてが,東京に一極集中している。そんななかで,イングランドやドイツのクラブに倣い,緑を介するネットワークを,地域から起こそうというムーブメントを,1996年から実践しているJリーグ。それに釣られてプロ野球界も(球界の雄たる読売巨人軍の意向に反するかのように),北海道,東北,千葉,埼玉,東京,横浜,広島,福岡と,球団名[1]にもファンサービスにも,地域色を打ち出すようになった。

どうだろう。リーダーシップ不在が叫ばれて久しいわが国だが,これほど明確な形でビジョンが示された例は少ないのではないだろうか。だから,Jリーグのなかに,リーダーシップを育成するメカニズムが内包されていると考えても不思議はない。

キャリア・ブームを先取りしたＪリーグ

　では次に，なぜキャリアなのか？　本書の執筆陣には，もともとキャリアの問題に深い関心をもっている人が集まっていたことはまちがいないが，プロスポーツの世界におけるキャリアの問題を取り上げよう思ったのは，Ｊリーグ・キャリアサポートセンター（CSC）の創始が鍵となっている。

　Ｊリーグでは，他のスポーツに先駆けて，2002年4月にキャリアサポートセンターを創設した。プロスポーツ選手のキャリア問題やリタイアメントが語られることは，今では珍しいことではなくなったが，2002年の当時には，Ｊリーグというプロスポーツの華やかさの陰で，かつ体育会的な古い体質と，中途採用の難しい雇用制度の下で，プロリーグがセカンドキャリアの問題にきちんと向き合い始めたことのインパクトは小さくなかった。その後，NPB（日本野球機構）セカンドキャリアサポート（2007年）やJOC（日本オリンピック委員会）キャリアアカデミー（2008年）など，他のスポーツにも類似の組織が次々に生まれているから，その先見性がわかるだろう。キャリア・ブームを先取りした形だ。

　セカンドキャリアというのは，クラブから雇われる側の選手自身のキャリア展望の問題だから，諸外国であれば，雇用される側の組織である選手協会が率先すべき活動である。しかしＪリーグの場合，リーグ開幕からまだ9年しか経っていなかったという事情もあって，選手協会の代理として，雇う側の組織たるＪリーグがイニシアチブをとった。そして，CSCの創設に内側からかかわってきたのが，元プロサッカー選手として，セカンドキャリアの問題を実感してきた㈳日本プロサッカーリーグの重野弘三郎である。選手経験のある彼が最前線でコンタクトを取り，選手との距離を縮めたことが，CSCの理念が画餅に帰すことのなかった大きなポイントだ。

　Ｊリーグ・キャリアサポートセンターでは，現役選手のキャリアデザインの支援，ならびに戦力外選手のセカンドキャリア支援を中心に，充実した活

動を行っている。現役選手に対しては、OB選手が経験談を語るキャリア交流会、インターンシップ制度、就学支援制度、各種資格の取得支援などを行っている。戦力外となりそうな選手に対しては、キャリアサポート・マガジン『Off the Pitch』の発行、進路相談会の実施、合同トライアウトのサポートなどを行っている。ここで、セカンドキャリア支援の外部講師を担当してきたのが、米国でスポーツ心理学の専門教育を習得した元シンクロナイズドスイミング選手、㈱MJコンテス取締役の田中ウルヴェ京である。アスレチック・キャリア論の第一人者として、選手から社会人へのキャリア・トランジションのあり方を提言するために、日本のスポーツ界において彼女が果たしてきた役割は大きい。

　大学を取り巻く環境でも、キャリア論が盛んになっている。かつての就職課は、キャリアサポートセンターとかキャリアセンターという呼び名に変わり、Jリーグときわめて似かよった名前で呼ばれるようになった。Jリーグの後塵を拝する形だ。また法政大学には、キャリアデザイン学部という、キャリアの名を頂いた応用学部ができた。

　学問の府たる大学であっても、カタカナ書きを多用するマーケティング風戦略が幅を利かせるなかで、とくに経営学的視点から、トップアスリートのキャリアを研究するための1つの起点となっているのが、神戸大学大学院経営学研究科（経営学部）である。それは1つの幸運による。

　港町神戸を眼下に見おろす神戸大学で、プロサッカー選手のキャリア・トランジションに関する調査研究を実施するきっかけとなったのは、1人の元プロサッカー選手が司法試験に合格したことを伝える新聞記事だった。報道されたのは、本書のインタビューにも登場する八十祐治氏。彼は神戸大学経営学部を卒業した年に、ガンバ大阪でプロサッカー選手としての経歴をスタートさせた。いくつかのチームを渡り歩いた末に、現役を引退。その有り余るエネルギーを、もっとも難関の資格にチャレンジするという方向に向け、見事に資格を勝ち取った。

　もう1人、神戸大学経営学部出身のJリーガーがいた。浦和レッドダイヤモンズ（以下、浦和レッズ）でレギュラーとして長らく活躍した西野努

氏。彼は現役終了後，浦和レッズのスカウトを務めた後，家族とともに渡英。ザ・ビートルズとサッカーで名高い港町リバプールにて，リバプール大学大学院フットボール産業 MBA を修了した。学歴神話というわけではないが，諸外国と比べて，トップアスリートに大学卒の学士が多いことは，わが国のスポーツ環境を特徴づけている。アスリートに対して，いかに教育の門戸が開かれているか，また，アスリートの側でも，勉学との両立にいかに熱心なのかを示しているわけだが，それでも，大学院修了の肩書きをもつアスリートの数は，ぐっと減る。

　この2人の神戸大卒Jリーガーに対して，長時間にわたる聞き取り調査を実施したのが2006年。その際の中心トピックが，どのようにしてキャリアの移行期を乗り切ったのかということだったので，キャリア問題が本書の1つの切り口となった。

　そして，2008年には，神戸で実施してきたアスリートのセカンドキャリア研究の成果を，世界的に公表する機会に恵まれた。世界各国の心理学者が一同に介する心理学の国際学会である国際心理学会（International Congress of Psychology）。その第29回大会がベルリンで開催された。本書をテーマとするシンポジウムが，厳しい審査を経て採択され，発表の機会を得ることができたのである。本書の執筆メンバーの多くがシンポジウムに登壇したのだが，その中で，ひときわ異彩を放っていたのが，元サッカー日本代表で大阪産業大学講師の佐藤慶明である。188cm の上背と明るい性格の彼は，浦和レッズ時代に，同じく元日本代表の（176cm と FW としては小柄で控えめな）福田正博氏と組んで，最強の凸凹ツートップと恐れられた経験を，英語を交えて語った。神戸大学での聞き取り調査の対象となったことが縁で，本書にも寄稿していただいた。

本書の「なか見！検索」

　リーダーシップとキャリアの問題を中心にして，Jリーグに関することを

論じていこうとするのが本書である。

まず第1章では，プロ野球統計分析「セイバーメトリクス」の向こうを張って，サッカー統計分析であるフットボール・メトリクスを実践する。具体的には，2005年から2007年のJリーグのデータを統計的に分析して，チームの勝ちに貢献しているのは，選手個々人の身体能力なのか，知的能力なのか，年俸の高さなのか，出場機会を求めるモチベーションなのか，ポジションプレーなのか，ポジション外プレーなのか，はたまたフェアプレーなのかを検討している。また，チームは選手の年俸を，やる気をもたらす刺激（インセンティブ）として使っているのか，あるいは，前シーズンに示した活躍やチーム全体の好成績に報いる褒美の意味として位置づけているのかを分析している。プロ選手の年俸には，だれもが興味をもつものだろうが，第1章では，「年俸が先か，成果が先か」の議論に決着をつけようとするものだ。

第2章では，元Jリーガーで元サッカー日本代表の経歴をもつ佐藤慶明が，サッカー監督のスタイルについて，「カリスマか，たたき上げか」と「戦力本位か，戦術重視か」という2つの視点から，整理している。いろいろな監督の下でプレーしてきた元プレーヤーらしい観点で，監督のリーダーシップが論じられている。選手とチームの力量を把握しないまま，理論を振りかざし，選手の心を掌握できないで，表舞台から消えていく監督は多い。が，戦術の浸透は，チームが機能する上での決まりごとでしかなく，決してチームの目的ではない。監督のもっとも重要な仕事は，目標達成に向けて全力を出して戦うチームを作っていくことであり，そのためには，監督が自らの頭で考え出した理論と，戦うハート作りを支えるコミュニケーションが欠かせないのだ。元Jリーガーから発せられたこのメッセージは，選手と監督の両方の役割をこなしてきた人材ならではの，リーダーシップの持論として読んでほしい。

第3章では，Jリーグ監督と選手との間の上下関係を，相性という切り口で考え直している。そして，元Jリーガーにインタビューした調査結果から，監督が求める戦術や理想とするサッカーと，選手自身のプレースタイル

が合う・合わないといった認知面での相性と，価値観や目標の一致ではなく，好き嫌いや「生理的に合う・合わない」といった感情面にまで降りてくる相性という，2つの種類の相性があることが示唆されている。なにごとにもへこたれない，強い自己をもつと思われているトップアスリートでさえ，人間関係に苦悩するということが，相性という問題の根深さを示している。

第4章では，スポーツの世界に当てはめることを念頭において，リーダーシップの理論がレビューされている。アスリートであっても知っておくべきリーダーシップ理論は少なくないが，とくに資質アプローチ，行動アプローチ，状況アプローチ，変革アプローチ，育成アプローチという研究の流れが，歴史的視点を盛り込みながら紹介されている。「リーダーシップとは，つまるところ，後ろをふり返ったら，喜んでついてきてくれるフォロワーがいてくれてこそ始まる（p.113）」という考えかたは新しい。いわゆるフォロワー視点のリーダーシップというのが，リーダーシップ理論の新潮流をなしている。それに加えて，「リーダーを育てるリーダー」の存在が，リーダーシップ不在のわが国には，もっとも求められていることなのだ。指導者を志す人は言うに及ばず，だれもが心に刻んでおきたい心構えである。

第5章では，Jリーグ創成期におけるサッカー選手のセカンドキャリア問題が明らかにされている。元になった論文は，2000年に重野弘三郎が，鹿屋体育大学に提出した修士論文だ。ここでは，役割退出理論の枠組みを使って，創成期にプロサッカー選手となった20名について，プロ契約から引退までの姿をつぶさに追っている。筆者はプロを経験したトップアスリートであり，そんなアスリートであっても，これほど厳密な論文が書けるということを知ってほしい。とくに，第5章で示唆されたポイントのいくつか——現役時代に，漠然とでもよいから引退後のキャリアを考えておくこと，ユース年代からキャリア教育を実施すること，オフシーズンに参加できるキャリア講習会や情報提供の機会を増やすこと——は，その後に，筆者がJリーグ・キャリアサポートセンターの活動を通じて，実現してきたことばかりである。その意味では，CSCを実践していくための重要なアイデアが，ここで出されていたことになる。かの「重野論文」として，Jリーグに後世まで

語り継がれる論文になることだろう。

　第6章では，Jリーグから引退を迎える選手の姿が，インタビューで得られた「生の声」で生々しく描かれている。キューブラー・ロスが発見した死に向かう精神過程――否認→怒り→取り引き→抑鬱→受容の5段階モデル――に照らして，Jリーガーの引退過程を対比している。プロに登りつめるプロセスでどんな苦労にも耐えてきたトップアスリートでさえ，引退というのは，死に直面するのと同じほどたいへんな経験だ。しかし，受け止めがたいほど大きな喪失感を経験しても，なおそこから立ち直っていくJリーガーの姿には，アスリート特有の精神的強靭さと楽観主義を感じざるを得ない。同時に，引退後の生活を現役時代から計画していくために，ライフスキルと呼ばれる多様な社会心理的能力というよりは，コンセプチャル・スキル，ヒューマン・スキル，テクニカル・スキルの3つの技能が，より大切であることが示唆されている。

　第7章では，キャリア選択に前向きに立ち向かう勇敢さを意味する「カレジャスネス」という言葉を使って，元Jリーガーのセカンドキャリアに切り込んでいく。本章で取り上げられた元選手が，引退後に，新しいキャリアを選んでいけたのは，運よく周りから仕事を与えられたからではなく，自らつかみ取りに行った結果である。トップアスリートというのは，スポーツに専心しているために，スポーツの世界以外の人的ネットワークが限られている。だから，回りの人々とのつながりを自らが切り開いていこうとすることは，人間関係に不慣れな現代の若者と同じように，気後れや気恥ずかしさも手伝って，簡単なことではない。しかし，セカンドキャリアの選択に向けて，それを成し遂げていった1人ひとりには，勇敢な心構え「カレジャスネス」が働いていたことを明らかにしている。このプロセスを，暗い土の中をのそのそと突き進んで，巣にたどり着くモグラにたとえているところがおもしろい。

　第8章では，アスリートのセカンドキャリアを開発していくうえで，周囲の人々が取るべき態度としての「アプローチャビリティー」の大切さを訴えている。Jリーガーがキャリアのことで悩み，だれかに相談し，状況を打

開していくためには,「あの人のところにだったら行きやすい」と感じさせるような人が,周りにいると助かる。その人物は,「底なし沼の縁にいて,そこでおぼれそうになっている悩める人の姿を,涙こらえて（あるいは,ほほえみを浮かべて,まだまだやれると）ぎりぎりまで見守り,同時にその苦しみに付き合ってくれ,どうしようもなく苦しくなったときには温かく抱きかかえてくれる（p.223）」人間像だという。おどろおどろしい妖怪のように聞こえるのが玉にキズだが,「厳しい反面,柔らかな支援」をこなすアシスト役にアプローチしやすいことが,キャリアの移行期にもがく人には大切だ。

　第9章では,スポーツ界でキャリア論を展開してきた第一人者田中ウルヴェ京が,「キャリア・トランジションとはなにか」というテーマで論じている。キャリアを,何か専心してやってきたことと広くとらえれば,選手としてのキャリアが終わり,次の新たなキャリアに向かっていく節目や転機を,トランジションと呼ぶ。そもそも人生の節目には,どんな人だってストレスを抱えやすい。ただし,スポーツ選手が迎えるキャリアの転機には,選手特有の心身の問題が起こるので,その対処プログラムが必要なのである。そのことを,わが国で取り組まれてきた各種のプログラムを紹介しながら論じている。筆者によれば,「スポーツ選手という役割を長くやっていると,与えられた課題に『能動的に取り組む』ことは得意になるが,自らで『課題を創出して,それに挑戦する』ということが苦手になる（p.257）」という。現代の教育のあり方にもつながる指摘として受けとめておきたい。

　最後に,第10章では,ビジネスの世界で仕事をする人への教訓として,7つの観点から示唆が与えられている。好きなことを仕事にするとはどういうことなのか？　打ち込むことの意味はなんなのか？　ともに成し遂げるとはどういうことか？　自分で判断する,自分で考えるということはどういうことか？　個人としての自信（自己効力感）はどこから生まれるのか？　世の中を前向きに,ポジティブに考えていくにはどうすればよいか？　リーダーになるにはなにが大切か？　これらの疑問に答えるのは簡単なことではないが,本書のまとめにあたって,元サッカー日本代表監督イビチャ・オシ

ム氏の言葉を借りて，導き出した答えは1つ。
「サッカーとは，人生である」。

執筆陣の顔ぶれ

　本書の執筆陣を簡単にご紹介しよう。編者と第1章・第6章の執筆者を兼ねる髙橋潔は，慶應義塾大学文学部卒業後，米国ミネソタ大学でPh.D.の学位を取得した。ミネソタ大は全米でも1,2を争う産業心理学の名門校であり，そこで身につけた専門能力をベースとして，各種のアセスメント・メソッドを活用した人材の評価測定に長けている。現在は神戸大学大学院経営学研究科教授を務めている。
　第2章の執筆者　佐藤慶明は，同志社大学卒業後，ガンバ大阪，浦和レッドダイヤモンズ，京都パープルサンガの3チームに在籍し，プロとして6シーズン活躍した。1994年には日本代表に召集され，ファルカン監督の初采配であるキリンカップ・オーストラリア戦で，三浦知良（カズ）選手とツートップを組んだ。現役引退後は一時家業を手伝ったが，間もなく大阪産業大学サッカー部の監督に就任。現在は教職に専念しており，大阪産業大学人間環境学部の講師を務めている。
　第3章の執筆者　服部泰宏は，関西学院大学経済学部を卒業後，神戸大学大学院経営学研究科で博士の学位（経営学）を取得した。組織と個人のあり方について，さまざまな視点から活発な研究活動を行っているが，本書では，監督と選手の相性の問題に深くメスを入れている。現在は滋賀大学経済学部講師として教壇に立っている。
　第4章・第10章の執筆者　金井壽宏は，京都大学教育学部卒業後，米国マサチューセッツ工科大学（MIT）でPh.D.，神戸大学大学院経営学研究科で博士（経営学）と，2つの最高学位を取得している。リーダーシップ，モチベーション，ならびにキャリア論では，押しも押されもせぬわが国の第一人者であり，すでに50冊を超える著書や翻訳がある。現在は神戸大学大学

院経営学研究科教授を務めている。

　第5章の執筆者　重野弘三郎は，鹿屋体育大学を卒業後，セレッソ大阪と富士通川崎（現川崎フロンターレ）に所属。米国インドア・プロサッカーリーグにも1シーズン在籍した。帰国後，鹿屋体育大学大学院で，プロサッカー選手のセカンドキャリアについて研究した。その成果が本書第5章である。これがきっかけで，2002年にJリーグキャリアサポートセンター（CSC）の専任スタッフとして，CSCの立ち上げに貢献した。現在は㈳日本プロサッカーリーグに在職している。

　第7章・第8章の執筆者　小川千里は，神戸大学経営学部を卒業後，神戸大学大学院経営学研究科で博士の学位（経営学）を取得した。現代の若者が抱えるキャリアの問題に光をあてて，研究を続けている。本書で取り上げたJリーガーとのインタビューも，若者のキャリア問題への示唆を与えるという目的で貫かれている。現在は近畿大学経営学部准教授を務める。

　第9章の執筆者　田中ウルヴェ京は，日本大学在学中の1998年に，ソウル五輪シンクロナイズドスイミング・デュエット競技で，小谷実可子氏とともに銅メダルを獲得した。現役引退後は，日本，米国，フランスのナショナルチームのコーチを歴任。その後，米国セントメリーズ・カレッジ，アーゴジー大学，サンディエゴ大学の大学院で学び，キャリア・プランニング，認知行動療法などを習得した。現在は，㈱MJコンテス取締役であるとともに，日本大学医学部講師，日本オリンピック委員会（JOC）専門委員会メンバー，日本スポーツ心理学会認定スポーツメンタルトレーニング指導士などを務めている。シンクロ解説者としても有名だ。

　このようなオールスター・キャストで，本書を読者の皆さんにお届けする。サッカーファンの皆さんにも，サッカーファンでないビジネスパーソンの方々にも，大学生や大学院生や研究者の方々にも，喜んでいただけることを期待したい。

　ただし，本書はスポーツ・ライターによって書かれたものではないから，スポーツ・ドキュメンタリーを期待する読者には向かないかもしれない。ライターやマスコミ取材陣だけが知りえる秘話や裏話は出てこない。ライター

でないから秘（火）は出ない。視点が違うからだ。

本書には，ヒデ（中田英寿選手）も，シュンスケ（中村俊輔選手）も，ヤット（遠藤保仁選手）も，岡ちゃん（岡田武史監督）も出てこない。登場するのは，無名のJリーガーたちの，スゴイ生きざまである。華やかな世界の裏側でもがくアスリートの苦悩だ。きらびやかなサクセス・ストーリーではないから，お子様向けでもない。はちみつレモンやサイダーのような甘酸っぱい味ではなく，まして，マルガリータやカシスオレンジのような，口当たりのよくてすぐに酔える甘口のカクテルでもない。たとえて言えば，苦いからこそ美味しいビールのようなものだ。

だから，世界のサッカークラブのスポンサーとして，またイングランド（カールスバーグ），ドイツ（ビットブルガー），イタリア（ペローニ），オランダ（ハイネケン），日本（キリン）などの各国代表チームのスポンサーに，ビール会社が多いことにヘンに納得してしまう。サッカーを通して人生を考えれば，苦味は強いが，生きている喜びを噛み締める清涼感こそが持ち味だ。サッカーにはビールが似合う。（発泡酒には落ちたくないけれど……）。

●注

▶ 1　中日は中部日本，阪神は大阪・神戸を意味しているものの，親会社名から取られているため，地域名とはいえない。

●参考文献

Bass, B.M. (1985). *Leadership and performance beyond expectations*. New York : Free Press.
Burns, J.M. (1978). *Leadership*. New York : Harper & Row.
Conger, J.A., & Kanungo, R.N. (1987). Toward a behavioral theory of charismatic leadership in organizational settings. *Academy of Management Review*, **12**, 637–

647.

Conger, J.A., & Kanungo, R.N. (1989). *Charismatic leadership : The elusive factor in organizational effectiveness.* San Francisco : Jossey-Bass（片柳佐智子・松本博子・山村宜子・鈴木恭子訳（1999）．カリスマ的リーダーシップ―ベンチャーを志す人の必読書　流通科学大学出版）．

CHAPTER 1

勝利へのインセンティブ
チームへの貢献はお金で買えるのか？

髙 橋　　潔

野球統計分析（セイバーメトリクス）の隆盛

　経済学はプロ野球と相性がよい。プロ野球では，統計資料（チーム勝率，球団収支，選手年俸，打率・打点・防御率などの選手個人統計）が入手しやすいこともあり，経済学的分析が進んでいる（たとえば，樋口，1993；大竹，2002，2003）。プロ野球の経済学と題する評論や研究では，たとえばドラフト・FA制度等による戦力均衡化，TV放映権・肖像権使用料等の収益分配，新規チーム参入障壁問題，チーム優勝の及ぼす経済効果などが，データに基づいて議論されてきた。
　その傾向が決定的になったのが，マイケル・ルイス（Lewis, 2003）による『マネー・ボール』の出版である。ルイスは，1997年にオークランド・アスレチックスのGMとなったビリー・ビーンによる，統計を偏重した球団運営の戦略を紹介した。打率，打点，本塁打数といった伝統的統計でなく，出塁率や長打率といったそれまであまり注目されなかった統計が，チームの勝利に貢献することを見出し，新たな統計値から判断して，相対的に年俸評価の低い（安い労働力といってもよい）選手を積極的に獲得するこ

とによって，戦績でも財政的にも，チームの建て直しに成功したのである。

マネー・ボールのそもそもの着眼点は，球団経営にかかわることなのだが，原題 *Moneyball: The art of winning an unfair game*（『マネー・ボール：不公平な試合に勝つ技法』）が指し示しているように，巨額な年俸で選手をふんだんに獲得することのできる球団，たとえば，松井秀喜選手，伊良部秀輝投手，井川慶投手が所属していたニューヨーク・ヤンキースや，松坂大輔投手や岡島秀樹投手がいるボストン・レッドソックスなどが享受している不公平なほど有利な財務状況に対して，経済的に恵まれない球団が，経済主導ではないやり方でチームを再建させる方法について論じている。したがって，年俸という認識枠組みに縛られながらも，脱経済学を指向しているといえるだろう。

野球における統計分析は，セイバーメトリクスと呼称されている。コンピュータに関連した言葉だと勘違いされるかもしれない（サイバーメトリクスではない！）が，これは野球統計解析を総称するする言葉だ。プロ野球に関する歴史と統計分析を普及させる目的で，1971年に，米国の野球殿堂があるニューヨーク州クーパーズタウンに米国野球学会（Society for American Baseball Research）が設立されたが，その学会のアクロニム（SABR：セイバー）と「測定」を意味するメトリクスを組み合わせた言葉である。近年，わが国においても，情報化世代の野球ファンの高度な知的好奇心を満たすために，野球統計解析を扱う書籍が次々に発刊されるようになったが（たとえば，データスタジアム，2008；加藤・山崎，2008），そもそもの基礎はビル・ジェームス（James, 1982）による分析にあり，J. アルバート＝J. ベネット（Albert & Bennett, 2001）によって体系的に説明されている。

野球では，投手の配球や，攻撃・守備におけるチームプレーなどについて，ベースボールセオリーが多く構築されている。野球では，ボールがデッドになっている（プレーが中断している）時間が長く，プレーとプレーの間に，いくつかの可能性を思考する時間が許されている。また，監督主導のベンチワークやサインプレーが機能する余地が高いため，選手の身体能力の高

さと並んで，監督の作戦の巧拙を評価・批判できる。そのため，山際淳司 (1980)「江夏の21球」のように，身体面ではなく，心理面をより強調して，野球のもつ心理戦としての特徴や選手のメンタルな側面を描写した心理ドラマが生まれる素地があるかもしれない。

一方，セイバーメトリクスによる統計分析は，きわめて合理的・理性的な戦術判断の方法である。セイバーメトリクスによって，伝統的なベースボールセオリーに基づいた作戦が，本当は有効ではないのではないか，また，個別の状況に適した新たな作戦や采配はどのようなものかを，データをベースにして検討している。その意味では，セイバーメトリクスは，大金をはたいて優秀な選手を獲得する経済面でのチーム戦略の裏をかき，かといって，選手の気迫や勢い，その日のコンディションといった血の通った1人ひとりのプレーヤーのヒューマンサイドを重視するのではなく，あたかもチェスに興ずる紳士の知的ゲームとして，野球というスポーツをとらえてしまうきらいがあるといえるかもしれない。

しかし，球団の現場では，セイバーメトリクスを用いた戦術策定の仕方が，瞬く間に広がりを見せている。たとえば，大リーグであれば，アリゾナ・ダイヤモンドバックス，ボストン・レッドソックス，クリーブランド・インディアンス，ニューヨーク・メッツ，ニューヨーク・ヤンキース，サンディエゴ・パドレス，セントルイス・カージナルス，トロント・ブルージェイズ，ワシントン・ナショナルズなどの各球団が，セイバーアナリストと呼ばれる統計分析官を専門に雇用して，データに基づいた戦術策定に取り組んでいる。また，わが国でも，ボビー・バレンタイン監督（元千葉ロッテ）やトレイ・ヒルマン監督（元北海道日本ハム）などの外人監督は，セイバーメトリクスを積極的に活用している。データに基礎を置く戦術策定としては，野村克也監督（元ヤクルト・阪神・東北楽天）のID野球が有名だ。ID野球は，コンピュータ解析を駆使した現代のセイバーマトリクスほど複雑化・高度化したものではないが，データを重視する姿勢は同じである。

一方，心理学とスポーツとの関係はどうかというと，体育学との接点でスポーツ心理学という領域が確立されつつあり，スポーツ選手のメンタル面で

のトレーニングに大きな役割を果たしている。もともと体育が，運動を通じて，子どもと青年が身体的・精神的に健全な発達を遂げることを目的としたものであるため，心理学との関連が深いのは当然だ。そして，スポーツ心理学の知見から，運動学習，モチベーション（目標設定，測定論を含む），心理的コンディショニング（あがり，リラクゼーション，ポジティブ思考などを含む），イメージ・トレーニング（メンタル・リハーサルを含む），パーソナリティ（リーダーシップ，チームワークを含む）等の理解が深められている（たとえば猪俣，1997；杉原，2003；徳永，2003）。ただし，心理学における貢献は，もっぱらトレーニング中や試合が始まる前までのコンディショニンング作りに力点が置かれてしまう。だから，試合の中で刻々と変化する状況や，ゲームの中で生まれるヒューマン・ドラマには，示唆を与えることがあまりできていない。

また，スポーツ心理学では，レクリエーション・スポーツから競技スポーツまでを幅広くカバーするため，プロスポーツだけを切り離した研究は多くない。プロというスポーツのエリートレベルだけを取り上げようとすると，どうしてもお金が先走ってしまい，心理学が扱う精神面の問題とはつながりが薄くなってしまうようだ。

蹴球統計の難点

野球の「スコアブック」であれば，イニングごとにボールカウント，四死球，三振，シングルヒット，ツーベースヒット，スリーベースヒット，ホームラン，ゴロ，ライナー，フライ，犠打，アウト，進塁，盗塁，エラー，得点，残塁などが記録される。投球1球ごとの記録，1プレーごとの詳細な統計が記述されるため，膨大な情報量が試合ごとに蓄積されてくる。

一方，サッカーでは，野球と違って統計が取りにくいため，セイバーメトリクスにあたる統計技術がない。試合ごとに，出場時間，ゴール，シュート，アシスト，コーナーキック，フリーキック，ペナルティキック，パス，

ドリブル，タックル，クリア，ゴールキック，反則，警告・退場などのデータが記録されているものの，試合の流れの中で起こるプレー（パス，ドリブル，タックルなど）については，プレー直後にボールが切れてスコアラーが記録を取ることができるような時間的余裕がない。そのため，正確に記録に残そうと思えば，試合後に時間をかけて，ビデオ記録から数字に起こすしかない。

　また，サッカーでは得点が入りにくいために，ゴールにからんだ展開だけに目がいってしまい，試合の流れの中で起こったプレー記録については，戦術と育成につながる情報として有効に活用されているとはいいがたい。シュートやパス，クリアなどの個人統計に表れる「チーム力」が勝敗に結びつきにくいことが，個人のプレーとチームへの貢献を判断しにくいものとしているのである。勝敗や勝点というチームレベルでの統計と個人記録からでは，チーム全体としてみた場合のプレー上のパフォーマンスと，チームに対する個人の貢献をうまく判断することができない。だから，日本代表の岡田武史監督がいかに統計を欲したとしても，野村監督のID野球に匹敵するようなデータ分析は行われないのである。

　ただし，同じ蹴球でありながら，ラグビーの清宮克幸監督（サントリー・サンゴリアス）などは，試合ごとに，全選手のプレーをデータ化して選手育成に活かしている。評価ポイントとして上がってくるのは，ボールタッチ，ラック＆モール，タックル，チャージ，パント，意識などの項目であり，それらの項目ごとに良いプレーと悪いプレーを，分析班のメンバーが（80分の試合を約6時間かけて）カウントし，データ化している。たとえば「意識」についていえば，気合いのこもったハッスルプレーがなされれば加点，ダラダラした気の抜けたプレーをすれば減点される。そして，良いプレーに関する加点合計と悪いプレーによる減点合計を相殺した総合点を求めるのだ。これが，選手1人ひとりのその試合に対する貢献度を点数で示した結果となる。

　このスコアカードはロッカールームに張り出され，選手全員にフィードバックされる。清宮監督は，スコアカードを選手起用や選手評価のために使

うのではなく，選手自身の気づきを通じた意識改革を目的として活用しているのだという。この点でも，戦術に直結するセイバーメトリクスとは趣を異にしている。

　Jリーグに注目して，プロスポーツにおける個人のパフォーマンスを検討していこうとするのが本章の目的である。個人行動の分析に優れた心理学的アプローチに基づいて，プロスポーツ選手のパフォーマンスに影響を及ぼす要因を，ミクロな観点から分析する。サッカーにおいては，入手できる統計が限られているため，野球におけるセイバーメトリクスのようなものを構築できるわけではない。しかし，データが取れていながら，それを活用せず，監督の直感や伝統的なセオリーに盲目的に従ってしまうのも考えものである。統計がすべてを物語るわけではないが，チーム構成や戦術策定に役立てることができるかもしれない。本章が，サッカーにおける統計分析の嚆矢となれば幸いである。

チームプレーにかかわる理論

　経済学における生産関数（P）が資本（K）と労働力（L）によって規定されるとすれば，心理学における生産関数は，従業員個々人の働きかけによって向上することのできる要素に焦点をあてる。たとえば，キャンベル＝プリチャード（Campbell & Prichard, 1976）は，職務上のパフォーマンス（P）が，能力（A）とモチベーション（M）の2つの要素で規定されると考えている。この関係は次のような関数で示すことができる。

$$P = f(A, M)$$

　日常場面では，能力とモチベーションには，一種のトレードオフ関係があるように思われがちだ。たとえば，「能力だけ高くても，やる気がない奴はダメだ」とか，「やる気だけあっても，能力がなければ，空回りしてしまう」と言われることがある。どちらか一方が高くても，もう一方が欠けてバ

ランスがとれていなかったりすると，すべてが台無しになってしまうように感じられてしまうのだ。しかし，普通の人間であれば，平均的に能力が高く，平均的にやる気があるものだ。だから，この2つを天秤にかけて，どちらか一方を取るかのような考え方は成り立たない。

　スポーツにあてはめれば，プロ選手としてプレーできるエリートレベルの選手は，格段に能力が高く，また，人一倍努力をする人であることが多い。実際，J1リーグに登録している選手は，中学・高校のアマチュア時代には，一度もレギュラーを外れたことのない，地域でも1・2位を争う有名選手だったことが多い。そのことからすれば，プロレベルの質の高いプレーは，高い能力と高いモチベーションによってもたらされ，それぞれによる相乗効果があると考えてもよいだろう。相乗効果については，統計分析の中でも検討していく。

　人間の能力についてだが，心理学では，テストによって個人の能力を測定していこうとする伝統がある。スポーツと密に関連する身体能力に関しては，筋力測定器によって握力や背筋力，脚筋力などの筋力が，エルゴメーターやトレッドミルを使って持久力が測定される。ふだん行う体力測定の項目と近いため，読者にもなじみが深いものだろう。また，欧米では，警察官，消防士，軍人など，体力の高さが求められる職業では，身体能力の測定が採用試験として行われている。

　しかし，能力という広い概念の中で，身体能力より重視されてきたのが，知的な面での能力だ。実際，IQテスト（知能検査）によって，言語能力，数的能力，空間能力，記憶力，推理力など，知的な面の能力が測られてきたし，その成果が，学校教育や職業選択の場で活かされてきた。

　能力として知的側面を重視する裏には，知的な面での能力が，われわれがさまざまな認知的，身体的，対人的活動を行っていくときに必ず必要となってくるという考え方がある（山口他，2006）。サッカーの場合でも，一流選手の条件としてものをいうのは，足が速いとか筋力が強い，持久力があるなどといった運動能力の高さだけでは量りきることができない，いわゆるプラスアルファの部分である。たとえば，サッカー日本代表の宮本恒靖選手

が，体格的には恵まれていないにもかかわらず，W杯1998年フランス大会，2002年日韓大会，2006年ドイツ大会の3大会を通じて世界の檜舞台で勝負できたのは，プレー中の状況判断正確さや意思決定の速さ，戦術眼，知的統率力など，同志社大出身という彼の特徴にマッチした，いわゆる知的な面での高い能力であるといってよいだろう。したがって，Jリーグでも，知的であることが，チームに対する貢献の一部を担っていると考えても不適切ではない。

　個人の能力についてはあまり異論が多くないが，もう一方の要素であるモチベーションについては，理論を見ても百家争鳴であり，さまざまな要因がモチベーションの根拠としてあげられている。そのため，なにをもってモチベーションとすればよいのかわからなくなるほどだ。日常用語であれば，「ヤル気」「努力」「根気」「情熱」などの言葉が，モチベーションを言い表すために使われている。またスポーツや格闘技では，「闘争心」とか「メンタル」とかの言葉も合わせて使われている。われわれの内側に発するこのような力がどのように生まれ，どのような原因でアップダウンするのかについては，違った考え方があまりに多く出されているので，簡単にはまとめきれない。しかし，多様性のあるモチベーション理論も，おおまかに分けて，経済的インセンティブと心理的モチベーションから考えることができる（金井・髙橋，2004）。

　経済学では，インセンティブという用語を使って，お金が本人の努力や成果を誘発するメカニズムを検討してきた。トーナメント理論（Lazear & Rosen, 1981）や効率的賃金理論（Shapiro & Stiglitz, 1984）など，理論ごとに着眼点は違っているものの，高い報酬が高い成果につながるという基本前提は共有されている。プロの世界では，アマチュアとは違って，プレーにもお金がモノをいうと考えられている。プロスポーツ選手であれば，経済学モデルや期待（VIE）理論（Vroom, 1964）が考えるように，金銭による意欲向上の効果が作用するだろうから，年俸が高ければやる気が出て，高いパフォーマンスを示すよう動かされると考えてもよいだろう。

　一方，心理学的モチベーション理論の中では，欲求階層理論（Maslow,

1954)や内発的動機理論(Deci, 1975)が示唆するように，人間がもつそもそもの動機が，モチベーションの基礎として挙げられてくる。サッカーで言えば，試合に出たいとか，よいプレーをしたいという純粋な動機が，パフォーマンスに大きく影響すると考えるのは合点がいくだろう。

さらに本章では，能力(A)とモチベーション(M)に加えて，役割と公平性の概念にも注目していきたい。まず，役割概念だが，それは組織に所属する各人に期待される行動様式を指す。自分に期待された働きをすること，役割に沿った行動をとることが，組織における行動の基礎である。スポーツにおいては，チームとして機能していくために，ポジションごとにそれぞれの役割を分化させていくことが望ましい。アメリカン・フットボールを例にとれば，ポジションごとにプレーが明確に定められ，各プレーヤーがそれぞれの役割行動をきちんとこなすことで，チームのパフォーマンスが向上する。

他方，サッカーにおいては，ヨハン・クライフを中心とするオランダチームが現代フットボールに革新を引き起こしたW杯1974年西ドイツ大会から，トータル・フットボールの観念が深く浸透しており，ポジションにこだわらず，状況に応じて自由に自在にプレーすることが重要視されている。ポジションや役割を混在化し，あえて役割曖昧性を高めたチームのほうが効果的だと考えられているのである。たとえば，元日本代表監督イビチャ・オシム氏は，1人の選手が複数のポジションをこなす「ポリバレント」な（多様性のある）チーム作りを指向した。選手のほうにしても，GK以外のフィールドプレーヤーは，監督に重宝され，出場機会を増やすためにも，ユーティリティ（多目的）プレーヤーとして，複数の役割をこなす練習を積んでいる。また，経営組織においても，組織市民行動(Organ, 1988)の概念が広まるにつれて，組織の利益に資する役割外の行動を自発的に行うことが，職場全体のパフォーマンスを高めることも指摘されてきた。このようなことからすれば，スポーツでも，ポジション外（役割外）のプレーが，チームの勝利に大きく貢献することが予想されるだろう。

最後に，組織における公平性については，手続きが公正であること（手続

き的公正)と,結果が公正であること(分配的公正)の2つに分けて考えられてきた(Greenberg, 1987)。公平な手続きにしたがって処遇が決められれば,個人の成果にプラスの影響があると考えられるし,それはコルキット他(Colquitt et al., 2001)のメタ分析でも実証されている。公平性が個人のパフォーマンスに正の効果があるとすれば,ひいては,チーム全体のパフォーマンスにもプラスの影響を及ぼすだろう。

　そもそもスポーツの世界では,決められたルールに基づいて競技が進められ,アンフェアなプレー(サッカーで言えば,非紳士的行為)が審判によって公平に罰せられるため,判定が偏っていると主観的に感じることがあったとしても,ルール自体(手続き)がフェアであることは疑いの余地がない。だから,フェアなルールに基づいて出されたラフプレーの判定が,チームのパフォーマンスに不利な影響を及ぼすことは,当然予想がつくことである。

　また,イングランドのような紳士の国では,フェアネスがプレーヤーの価値観として浸透している。たとえば,W杯1986年メキシコ大会において,アルゼンチン主将ディエゴ・マラドーナ選手が,イングランドを相手に,ドリブルで5人の相手選手を抜いてゴールを決めたが,マラドーナ選手も認めているように,イングランドのDFが,ファウル覚悟で彼を止めることをしなかったことが,この伝説に残るゴールを生み出す遠因となった。プロの世界ではマリーシア(ズル賢さ)が必要とされることもあるようだが,監督としても,フェアプレーに反する行為が多い選手は使いづらい。

　このように,サッカーにおける行動を分析するのにも,心理学理論から多くの示唆を得ることができる。本章では,心理学にベースをもついくつかの概念に着目して,それらが個人のパフォーマンスにどのような影響を与えているかを考えていく。すなわち,能力,モチベーション,役割行動,役割外行動,公平性の概念に光をあて,Jリーグのデータを用いながら,これらの影響を統計的に検討していくのである。

統計分析のための方法

◎データ対象

　本章では，2005～07年度を通してJ1リーグに所属する15チーム475名のプレーヤーを対象とした。J1リーグに属するチームに3年間を通じて所属している選手の統計を集めることは，思ったほど容易なことではない。各チームで選手の入れ替えは頻繁に行われているし，シーズンごとに，J1リーグの下位2チームは，自動的にJ2リーグに降格になってしまう。また，出場機会に恵まれない70～80名の選手が，毎年，J2・JFLなど下部リーグのチームに移籍したり，引退という道を選んでいる。だから，データを系時的に集めるのに，年限を長くすればするほど，データが継続して入手できる選手の数が減ってしまうのである。

　各選手のデータは，「週刊サッカーダイジェストJリーグ全選手名鑑」（2006・2007），「日刊スポーツグラフJリーグプレーヤーズ名鑑」（2006・2007・2008），ならびにJリーグ公式サイト（http://www.j-league.or.jp）より2005～07年度の個人記録を収集した。ただし，データ数を多く確保するために，分析に用いる年度を2006年シーズンとした。他年度のデータは補助的情報として用いられている。

◎個人の貢献

　まず，チームに対する個人の貢献を特定するために，選手1人ひとりについて，2005年度から2007年度のリーグ戦第1～34節で勝利した試合の出場時間を集計した。サッカーのようなチームゲームでは，個人統計が計測されていても，勝ち負けがチーム全体に帰せられるため，個人の貢献を割り出しにくい。しかし，チームの分析ではなく，個人分析を行うことを目指すとすると，個人がチームの勝ち負けに対して貢献する程度を，なんらかの方法で特定しなければならない。本章では，勝試合に出場した時間と負試合

に出場した時間に注目して，個人の貢献を考えることにした。つまり，勝試合に長く出場していれば，それが，チームの勝利に対する各プレーヤーの貢献を，代理的に示していると考えるからである。また，負試合に長く出場していることは，勝利に対する貢献の裏の意味をもつ。逆にいえば，負試合の出場時間が短ければ，チームへの貢献を代理的に表していると考えるわけである。

◎身体能力

プレーヤーの身体能力の高さに関しては，それを直接に示すデータが得られないため，日本代表としての出場試合数で代替した。日本代表選手であれば，一般のJリーガーよりも優れた身体能力をもつと考えられるからである。ちなみに，本章のデータ対象となった選手のうちで，日本代表に招集された選手の比率は，2005～06年を通じてJ1に登録された15チームの選手のうちの22.7%（86名）に上っており，5人に1人が日本代表の経験がある。

◎知的能力

プレーヤーの知的能力に関しては，IQなど知的能力を直接に測定するデータが得られなかったため，選手の学歴（大学卒か否か）で代替した。Jリーグは，イングランド・プレミアリーグ，イタリア・セリエA，スペイン・リーガエスパニョーラ，ドイツ・ブンデスリーガなどの選手構成とは異なり，大学卒業者が占める率がきわめて高い。本データでも25.8%（89名）の選手が大卒である。

◎インセンティブ

モチベーションに関しては，2つの要素を考慮する。第1は経済的インセンティブに対応するものである。各選手の年俸の推定額（万円）を，その指標として用いた。ちなみに，選手の平均年俸は，2006年度（$n=374$）が2262.3万円（$s.d.=2247.8$）であり，最高額は1億8000万円，最低

額は240万円であった。同様に，2007年度（$n=290$）の平均年俸は2563.5万円（$s.d.=2,423.0$）であり，最高額は1億8000万円，最低額は300万円であった。2008年度（$n=234$）の平均年俸は2854.4万円（$s.d.=2240.9$）であり，最高額は1億5000万円，最低額は360万円である。

　平均年俸ならびに，年俸最高額と最低額が年次によって変動するのは，データ特性が影響している。3年間を通じて，年俸額が推定されている選手の数は限られているため，移籍による影響（選択性バイアス）が出ている可能性がある。たとえば，2006年度に最低年俸を提示されている若手選手の多くは，その後にJ1に残ることができず，J2リーグ，JFLリーグへの降格や引退をしているだろうから，その後の統計データから外れてしまった可能性がある。逆に，高額の年俸を得る外国人選手は，1年単位の短期契約で移籍をするため，2007年度・2008年度のデータに組み入れられなかったケースも少なくない。

　経済的インセンティブの効果を考えるにあたっては，データの収集時期に注意を払わなければならない。毎年の年俸は，前シーズン終了間際にあたる10月末の契約更改時に決まる。前のシーズンのチーム成績や個人成果を判断した上で決定されるかもしれないが，その年俸の多寡が次のシーズンでのパフォーマンスに及ぼす影響を全体として検討するためには，個人のプレー記録が出揃うシーズン終了の時期まで待たなければならないからである。当該年度の年俸データと個人成績データを収集するためには，ほぼ1カ年の期間を要する。逆にいえば，それだけ長期の時間をかけなければ，必要な統計情報を収集できないのだともいえる。

◎モチベーション

　もう1つは，試合に出場したいという純粋動機から生まれる，試合出場によるモチベーション効果である。2005年度の出場回数（$n=473$）で見れば，Jリーグの公式戦出場回数は，かなり偏った分布を見せている，25試合以上（全試合の73.5％以上）出場するレギュラー選手が30.0％，公

式戦の半数以上である 18～24 試合に出場する準レギュラー選手が 10.6%いる一方で，1～8 試合にしか出場できず，出場経験にあまり恵まれない経験の浅い選手が 16.7% おり，また，まったく出場機会のない（公式戦出場 0 試合の）選手も，なんと 29.0% に上っている。選手の人数で見るかぎり，出場回数が 12 試合以下（全試合の 35.3% 以下）の選手で，すでに過半数（51.0%）に達しているのだ。

出場機会にまったく恵まれない選手は，高いモチベーションを維持できないだろうが，レギュラーに定着するかしないかの瀬戸際にある選手などは，出場機会が増え始めれば，その機会を手放さないように必死に努力するから，試合出場に対する純粋動機が高いだろうと推察される。本研究では，純粋動機からもたらされるモチベーションを，J1 リーグ公式戦に出場した回数が，2005 年シーズンから 2006 年シーズンで増加した回数で代替した。前年と比べて，2006 年シーズンに急激に出場回数が増えたことが，モチベーションの強い源泉になっていると考えるのである。

◎役割行動（ポジションプレー）

役割行動は，それぞれのポジションにもっとも期待されるプレーの数を，重みをつけて合計した。FW は，攻撃が主な役割であるため，ゴール数とシュート数を集計した。その際，典型的な試合における出現頻度を勘案して，ゴール数に 10 倍のウェイトをつけて，シュート数と加算した（攻撃＝10×ゴール＋シュート）。MF については，最終ラインと前線との連係をとる役割が期待されるため，パス数，ドリブル数，クロス数を集計した。その際，パスには 1 倍のウェイト，ドリブルには 10 倍のウェイト，クロスには 20 倍のウェイトをつけて合計した（連係＝パス＋10×ドリブル＋20×クロス）。DF にはもっぱら守備の役割が求められるため，クリア数とタックル数を集計した。その際，クリア数と，2 倍のウェイトづけをしたタックル数を合計した（守備＝クリア＋2×タックル）。GK については，週間サッカーダイジェストに掲載されている J-Stats OPTA のデータが，他のフィールドプレーヤーとまったく共通しないため，分析から外さざるを得なかっ

た。

◎役割外行動（ポジション外プレー）

役割外行動は，それぞれのポジションでは本来的に求められないプレーを指すこととする。すなわち，FWでは守備と連係が，MFでは攻撃と守備が，DFでは攻撃と連係が，各ポジションに本来的に求められないポジション外プレーだと解釈できる。近代サッカーにおいては，ポジション外プレーの重要性が指摘されているため，この変数の影響については，とくに注目される。

◎公平性

公平性に関しては，アンフェアなプレーの多さを示す指標として，退場（レッドカード）数を2倍して，警告（イエローカード）数と合計した値を用いた（警告・退場＝警告＋2×退場）。

◎交互効果

前にも述べたように，能力とモチベーションの間には，両方が高い場合にもたらされる相乗効果が予想される。この相乗効果を統計的に検討するために，2つの交互効果変数を，計算上で合成した。身体能力とモチベーションの相乗効果を見るためには，日本代表経験の有無と出場回数増加分をかけあわせた変数（日本代表×出場回数増加）を合成した。知的能力とモチベーションの相乗効果を見るためには，大学卒か否かと出場回数増加分をかけあわせた変数（大学卒×出場回数増加）を合成した。これらの2つの変数が及ぼす効果が統計的に有意であれば，能力とモチベーションの相乗効果が確認されたことになる。

統計分析にあたっては，日本代表数（身体能力），大学卒（知的能力），年俸（インセンティブ），出場回数増加（モチベーション），日本代表×出場回数増加（身体能力とモチベーションの相乗効果），大学卒×出場回数増加（知的能力とモチベーションの相乗効果），攻撃，連係，守備（ポジションと

の関係で役割行動と役割外行動を示す），警告・退場数（公平性）を説明変数として用いて，勝試合の出場時間を説明する重回帰分析（表1-1），ならびに負試合の出場時間を説明する重回帰分析（表1-2）を行った。これによって，理論的に関連が予想されるいくつかの変数によって，選手1人ひとりの勝利に対する個人的貢献がどれほど左右されるのか，また，敗北に対する個人の寄与をどれほど説明できるのかということが，データから明らかになる。

　ただし，勝試合の出場時間と負試合の出場時間は共に，選手の出場回数とチームの状態（勝敗率）によって大きく左右されるものだ。つまり，出場回数が多い選手は，出番の多さがゆえに，勝試合にも負試合にも長い時間出場しているだろうし，勝点を多く上げているチームの選手は，出場回数の多寡にかかわらず，勝試合に出ている時間が長くなる。これらの効果を統計的に統御するために，出場回数とチーム勝点のデータを重回帰分析に投入した。また，外国人選手であるかどうかを示す（ダミー）変数を組み入れることによって，外国人助っ人選手がもたらす特殊な影響を，統計的にコントロールしている。

　それぞれの要因が，どれほど強く個人の貢献に寄与しているかどうかは，相関係数を用いて，統計的によりシンプルな方法で検討することもできる。しかし，ここでは，各要因の効果を一度に，より正確に評価するために，重回帰分析という多変量統計解析の技法を用いることにした。1つひとつの変数の効果の大きさは，ベータ係数（標準化偏回帰係数）の正負の値が，統計的に有意であるかどうかを判断すればよい。相関係数と同じように，ベータ係数が有意な正の値をとれば，その変数が示している数字が高くなるほど（たとえば，日本代表数が多くなるほど），各選手の勝試合出場時間（あるいは負時間出場時間）が長くなる。反対に，有意な負の値であれば，勝試合出場時間（あるいは負時間出場時間）が短くなるのである。

表1-1：勝利への貢献（勝試合出場時間）に関する重回帰分析結果

	全選手(GKを除く)		FW		MF		DF	
	β	t	β	t	β	t	β	t
出場回数	.55***	13.93	.46	6.55	.60***	9.16	.68***	9.45
チーム勝点	.25***	11.95	.15**	3.36	.29***	8.27	.25***	7.71
外国人選手	.05	1.87	.08	1.53	.03	.72	.01	.13
日本代表数	.04	1.54	−.02	.41	.07	1.47	.01	.25
大学卒	−.03	1.46	−.03	.73	−.04	1.03	.01	.25
年俸	.03	1.10	.03	.53	.00	.04	.05	.95
出場回数増加	.03	.91	−.06	.84	.04	.90	.04	.71
日本代表×出場回数増加	.02	.85	.05	1.01	−.01	.16	.05	1.20
大学卒×出場回数増加	0	.17	.01	.23	.01	.16	−.01	.26
攻撃	.09**	3.30	.47***	6.27	.05	.93	.01	.18
連係	.06	1.74	.01	.18	.03	.46	.06	1.17
守備	.32***	9.84	.03	.33	.25***	4.20	.19***	2.75
警告・退場数	−.08**	2.75	−.04	.66	−.05	1.19	−.07	1.60
F ($d.f.$)	155.16*** (13,331)		43.06*** (13,71)		57.14*** (13,137)		75.21*** (13,95)	
R^2（調整済 R^2）	.86 (.85)		.89 (.88)		.84 (.83)		.91 (.90)	

***$p<.001$；**$p<.01$；*$p<.05$

勝試合への貢献はなにで決まるか

　勝試合の出場時間を，身体能力，知的能力，インセンティブ，モチベーション，役割行動，役割外行動，公平性から説明した重回帰分析の結果は，表1−1に示されている。表中には，(GKを除いて)全選手のデータを合わせて分析した結果と，FW・MF・DFのポジション別に分析した結果を示した。

　全選手を対象とした重回帰分析と，ポジション別の3つの重回帰分析のすべてが，統計的に有意な結果を示した。モデルの適合性も高く，重回帰分

析に投入された13変数によって，勝試合での出場時間の長さで判断される勝利への貢献度の80％以上が説明できる（全選手分析 $R^2=.86$；FW分析 $R^2=.89$；MF分析 $R^2=.84$；DF分析 $R^2=.91$）。

出場回数とチーム勝点は，4つの分析のすべてにおいて有意なベータ係数を示しているが，そもそもこの2つの変数は，その影響を統計的に統御する目的でモデルに組み入れられているため，有意な係数であっても詳しく検討することはしない。

能力に関してみれば，日本代表試合数で代替される身体能力の高さも，大学卒の学歴で代替される知的能力も，チームの勝利には直接貢献するものではなかった。身体的にも知的にも，能力の高さだけでは，チームの勝利に貢献する程度は高くないといわざるをえない。

興味深いことに，年俸による経済的インセンティブは，チームの勝利につながる個人的貢献には影響しない。お金が支配すると考えられているプロの世界でさえ，お金によっては，勝ちにつながらないのである。経済論理ではないロジックが，チームの勝利に貢献する個々人の行動を規定しているといえる。お金で愛情を買えないのと同じように，お金で勝利は買えないのだ。

同じように，出場回数が増えることによる純粋動機の向上は，勝利には必ずしも結びついていないようである。モチベーションのような心理概念は，多くの心理学者が腐心しているように，個々人から直接に測定することが必要だろう。行動を誘発する内なる心的エネルギーを指しているとすれば，出場回数によって代理的な測定を行うこと自体が，関連性の低さの原因となったのかもしれない。また，身体能力とモチベーションの相乗効果，知的能力とモチベーションの相乗効果については，いずれも統計的に有意ではなかった。

常識的ではあるが，攻撃と守備に力を注ぐことが，チームの勝利につながっている傾向が見て取れる。全選手の分析では，攻撃（$\beta=.09$, $t=3.30$, $p<.01$）と守備（$\beta=.32$, $t=9.84$, $p<.001$）の係数が，勝試合での出場時間の長さと有意な正の関係をもっている。その傾向は，ポジションごとにみれば顕著であり，FWであれば，攻撃的プレーの回数が勝ちに連

動し（$\beta=.47$, $t=6.27$, $p<.001$），MFとDFでは，守備が勝利に寄与している（MF $\beta=.25$, $t=4.20$, $p<.001$；DF $\beta=.19$, $t=2.75$, $p<.001$）。したがって，FWとDFでは，そのポジションに本来求められているプレーを熱心に行うことこそが，白星に結びつく根本となるようである。一方，MFでは，オフェンスよりも，ディフェンスを重視した役割外のプレーを積極的にこなすことが，勝利に寄与することになる。

2006年シーズンの各チームの基本フォーメーションを見れば，ワントップ（浦和レッズが3－6－1システム，大宮アルディージャ・横浜FC・ヴィッセル神戸が4－5－1システム）や，ツートップ（ジェフ市原・川崎フロンターレ・名古屋グランパス・サンフレッチェ広島が3－5－2システム，鹿島アントラーズ・柏レイソル・清水エスパルス・ジュビロ磐田・アルビレックス新潟・ガンバ大阪が4－4－2システム）の布陣をしいて，中盤を厚くする傾向があり，全体に均衡のとれた3－4－3システム（大分トリニータ）や，4－3－3システム（横浜Fマリノス・FC東京・ヴァンフォーレ甲府）をとるチームを，数で上回っている。その分，MFに期待される役割は多様化してきており，オフェンスもディフェンスもゲームメークも，すべてを担わなければならなくなっている。本データから見るかぎりでは，中盤でパスを回し，連係から攻撃を組み立てていくMFの役割を重視するよりも，（イタリア・サッカーに伝統的なカテナチオのように）守備的サッカーを中盤から積極的に行い，機を見て，少ないパス交換からカウンター・アタックを仕掛けることが，チームの勝利につながるMFのプレーとして効果的であることがわかるだろう。

最後に，アンフェアな個人の行動は，チーム全体に望ましからぬ影響を与える。全選手の分析で見て，警告・退場数は，勝試合の出場時間を有意に少なくしてしまう（$\beta=-.08$, $t=2.75$, $p<.01$）。明らかにアンフェアなプレーは，チームに実害をもたらす。勝ち色の濃い試合でも，悪質な反則を起こせば，チームが勝機を逸してしまうのである。

表1-2：敗北への寄与（負試合出場時間）に関する重回帰分析結果

	全選手 （GKを除く）		FW		MF		DF	
	β	t	β	t	β	t	β	t
出場回数	.68***	16.24	.60***	6.72	.65***	9.88	.93***	12.22
チーム勝点	−.36***	15.86	−.29***	5.16	−.40***	11.13	−.36***	10.57
外国人選手	.09**	3.29	.14*	2.17	.06	1.54	.01	.14
日本代表数	.02	.74	.11	1.76	−.04	.72	−.06	1.17
大学卒	−.05*	2.15	−.08	1.40	−.07	1.85	−.01	.23
年俸	.00	.13	−.03	.34	.02	.34	.08	1.33
出場回数増加	−.13***	3.84	−.04	.50	−.12*	2.36	−.11*	2.02
日本代表×出場回数増加	.01	.42	.03	.43	−.02	.43	.01	.28
大学卒×出場回数増加	.03	1.00	−.08	.97	.04	.91	.05	1.23
攻撃	.02	.78	.05	.50	.09	1.73	−.04	.86
連係	.08*	2.15	.03	.31	.07	1.09	.02	.31
守備	.19***	5.47	.23*	2.36	.16**	2.69	−.03	.45
警告・退場数	−.01	.45	−.01	.18	−.03	.73	.03	.64
F $(d.f.)$	130.95*** (13,331)		24.68*** (13,71)		55.93*** (13,137)		67.46*** (13,95)	
R^2 (調整済 R^2)	.84 (.83)		.82 (.79)		.84 (.83)		.90 (.89)	

***$p<.001$；**$p<.01$；*$p<.05$

負試合にはなにが影響しているか

　同様に，表1-2には，負試合の出場時間を，身体能力，知的能力，インセンティブ，モチベーション，役割行動，役割外行動，公平性から説明した重回帰分析の結果を示している。表中には，（GKを除いて）全選手のデータを合わせて分析した結果と，FW・MF・DFのポジション別に分析した結果を示した。

　勝利への貢献度を分析することの反対の意味として，敗戦への寄与度を分析した重回帰分析では，全選手を対象とした分析とポジション別の分析のす

べてで，統計的に有意な結果を示している。ここでもモデルの適合性が高く，投入された13変数によって，負試合出場時間の長さで考えられた敗北への寄与の程度の80%以上が説明されている（全選手分析 $R^2=.84$；FW分析 $R^2=.82$；MF分析 $R^2=.84$；DF分析 $R^2=.90$）。ただし，出場回数とチーム勝点が示した有意なベータ係数に関しては，前述した理由によって，詳しく検討を行わない。

　外国人選手の影響は，意外な形で現れている。チームワークや意識改革といったチーム管理的な目的ではなく，端的にチームを勝利に結びつけるため助っ人として雇われることの多い外国人選手であるが，外国人選手を活用することは，負けを多くする遠因となっている。表1-2の結果では，全選手分析（$\beta=.09$, $t=3.29$, $p<.01$）とFW分析（$\beta=.14$, $t=2.17$, $p<.05$）において，外国人は日本人より，負試合に長く出場していることがわかる。MFとDFの分析ではこのような不名誉な傾向は見て取れない。そもそも外国人選手は，選りすぐられた人材が短期契約で加入するため，出場回数が日本人選手より多くなる傾向がある。しかし，この結果を見る限りでは，外国人選手の起用が多くなれば，白星が多くなるとは限らないのである。とくに，外国人選手が相対的に多いFWでは（外国人選手のうちの40.9%はFW登録），外国人選手を出場させるデメリットも多いようだ。

　能力に関してみれば，日本代表試合数で代替される身体能力の高さは，負試合に影響しないが，大学卒の学歴で代替される知的能力は，全体としてみれば，負けを少なくする効果をもつようだ。全選手を対象とした分析において，負試合の出場時間の長さに対して，大学卒であることは，有意な負の効果をもっているからである（$\beta=-.05$, $t=2.15$, $p<.05$）。

　年俸による経済的インセンティブは，チームの敗北につながる個人的寄与にも関連していなかった。表1-1と表1-2の結果を合わせて，勝試合での出場時間にも負試合での出場時間にも，年俸が関係しないという本章の結果は，そもそも年俸がインセンティブ的機能をもつと考えることができないことを示唆している。Jリーグはプロであるため，職業としてサッカーをする選手に対して年俸という形で報いているが，それが公式戦での勝ち負けに

ほとんどつながらないことからすれば、お金がやる気の素となると考えることは、正しいとはいえないのである。

一方、出場回数が増えることによる純粋動機の向上は、表1-1の分析では勝利に寄与していなかったが、表1-2の分析では反対に、負時間を短くするような働きがあるようだ（$\beta=-.13$, $t=3.84$, $p<.001$）。前シーズンと比べて出場回数が増えたことによるモチベーションのアップは、とくに、MF（$\beta=-.12$, $t=2.36$, $p<.05$）とDF（$\beta=-.11$, $t=2.02$, $p<.05$）で、負けを少なくする効果が顕著である。

負試合への寄与にかかわる表1-2の分析では、知的能力とモチベーションがそれぞれ及ぼす単独の効果が有意であった。しかし、相乗効果はどうかといえば、身体能力とモチベーションの相乗効果、知的能力とモチベーションの相乗効果については、いずれも統計的に有意ではなかった。

プレーの中身について見てみよう。連係と守備に関するプレーが多くなると、チームの敗色が濃くなる。とくにFWとMFのプレーヤーが、自らのポジションでの期待に反して、ディフェンスが多くなると、負試合となる時間が長くなる。負けが濃厚な試合では、必然的に、守備にかかわる時間と守備的プレーが多くなるだろうが、それがとくにFWとMFで多く見られてくると、ゴールをあげ、引き分けや勝ちにつなげられるプレーができない。役割外のプレーは、勝利に資する場合には高く評価されるだろうが、敗戦につながりそうな場合には、やはり本来のポジションプレーに準じて、自らがすべき役割を果たすほうがよい。

最後に、警告・退場数と負試合の出場時間との間には、有意な関係は見られなかった。アンフェアなプレーが、チームの勝利にネガティブな効果を与えることが表1-1で見出されたが、反対に表1-2では、敗戦を増やすような影響は見られなかった。悪質な反則が原因で失点をし、チームの敗戦につなげてしまうとか、リードされ押し込まれているために、悪質な反則が多くなるなどと考えられるが、イエローカードやレッドカードが、即敗戦につながってしまうような直接の関係はない。

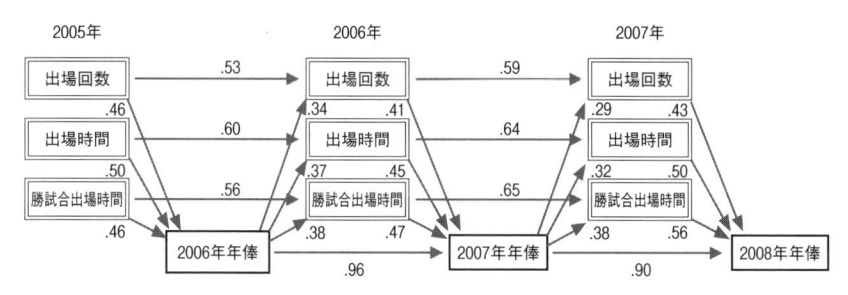

図1-1：個人成果と年俸との時系列的相関関係

年俸はやる気の素なのか，褒美なのか

　表1-1と表1-2に示した分析結果を合わせれば，年俸が選手に与えるインセンティブ効果はなかった。この結果からすれば，経済学的インセンティブ理論が考えるような，年俸が選手の努力と成果にもたらすプラスの効果は，見出されなかったことになる。一方，選手の年俸は，前年の活躍を評価し，成果に見合った報酬としての意味もある。わかりやすくいえば，やる気をもたらす刺激（インセンティブ）として年俸を使うのではなく，前シーズンに示した個人の活躍やチーム全体の好成績に報いる褒美の意味づけ，つまり論功行賞としての役割から，年俸を決めていくこともあるだろう。プロスポーツであれば，年俸以外にさまざまな契約条項がある。たとえば，サッカーでは出場給や得点給などの仕組みがあるため，年俸自体が，もともとやる気を刺激する機能をもたないのかもしれない。だが，あらためて，年俸がインセンティブとしてやる気と成果の素となっているのか，あるいは，すでに達成した成果や成績に対する褒賞的意味をもっているのかを検討してみたい。

　図1-1には，2005年から2007年の出場回数，出場時間，勝試合出場時間を含む個人記録と，2006年から2008年の各プレーヤーの推定年俸を時系列で並べ，関連要素の間の（0次）相関係数を計算した結果が示されて

いる。時系列に並べたパス図の中では，時間的前後関係がはっきりしているため，因果関係がわかりやすく，要素間の相関係数から因果を推測するのに都合がよい。年俸が上がったから努力して成果を出したのか，成果が出たから年俸が上がったのか。このパス図から，年俸がインセンティブ効果をもたらしているか，個人成果を反映して褒賞的効果から年俸が決まってくるか，このどちらがJリーガーの年俸の実情にあてはまっているのかを検討していく。年俸が先か，成果が先かの因果関係に，1つの結論を導くことができるのである。

　図1－1に明らかなように，年次を超えた年俸間の相関関係はきわめて顕著である。2006年と2007年の年俸の間には，.96のきわめて高い相関があり，2007年と2008年の年俸の間にも，.90の非常に高い相関が認められる。プロの世界というのは結果次第であり，成果が出なければ減俸がありうる厳しい世界だと思われがちだ。しかし，この結果からすれば，年俸には明らかな年次による関連性があり，硬直しているといえそうだ。すなわち，年俸はいつでも上がり基調であり，一度上がった年俸を引き下げることは容易にはできないのである。

　この硬直性が原因して，Jリーグでは，成績不振を理由に減俸することよりは，成績不振を理由として契約更改を断念することが多い。Jリーグでは，毎年10月末に契約の更改が行われるが，その際に，成績不振プレーヤーに対しては，減俸の上で新たな契約をオファーするのではなく，解雇に等しい契約金ゼロ提示という厳しい対応をとることが多いようだ。つねに，若くて身体能力に優れた，年俸の低い選手が過剰に供給されるプロサッカーという産業特性ゆえに，仕方がない面もあるが，年俸の下方硬直性が1つの原因となって，突然の契約打ち切りという厳しい雇用慣行が浸透していることは，選手にとって直視しなければならない厳しい現実である。

　年俸に対して，前年の個人成果と翌年の個人成果の関連性を見てみれば，前年の成果との関連のほうが大きいことがわかる。たとえば，前シーズンの勝試合出場時間は，2006年年俸に対して.46，2007年年俸に対して.47，2008年年俸に対して.56の相関係数を取っている。他方，年俸額とその年

の勝試合出場時間の間には，2006年，2007年でそれぞれ.38の相関しか示していない。この傾向からすれば，年俸の決め方は，前年の個人成果に対する褒賞的色彩が濃く，年俸によって成果が高まるわけではないのだ。

ただし，サッカーという相手チームがある勝負では，勝ち負けは時の運であり，本人の努力が報われないこともあるだろう。そこで，勝ち負けを度外視して，公式戦出場時間と年俸との関係を見たらどうなるだろうか。ここでもまた，同じ傾向が見て取れるからおもしろい。前シーズンの公式戦出場時間とその年の年俸には，2006年で.50，2007年で.45，2008年で.50の相関があった。その一方で，年俸とその年の公式戦出場時間との相関は，2006年で.37，2007年で.32にすぎない。要するに，勝ち負けの運ではなく，本人の努力がより大きく作用する出場機会のほうを見ても，同じように，年俸は努力を促すインセンティブというよりは，出した成果に対する報酬としての意味合いが強いことがわかるのである。

本章は，Jリーグのプレーヤーがチームに与える貢献について，統計的分析を行った先駆的試みである。セイバーメトリクスを用いた野球統計分析とは比べられないが，サッカーについても，意味ある統計分析を実施できることがわかるだろう。

分析の結果から，いくつかの興味深い示唆が得られている。まず，年俸の効果についていえば，Jリーグでは，経済学が示唆するようなインセンティブ効果は働いていないことは明らかである。年俸の高い選手を使ったとしても，勝時間が長くなるわけでもないし，負時間が短くなるわけでもない。年俸の多寡は，そのシーズンをトータルで見た場合に，個人の貢献にはつながっていないのである。インセンティブの空回りというような現象が起きているのだ。そのことは，年俸と個人成績とを時系列に並べたパス図からも明らかになった。プロスポーツ選手といっても，年俸は，動機づけを高める刺激というよりは，前シーズンの成果を反映した褒賞的色彩があるものなのだ。

チームの状態が，選手に支払う年俸の多寡によってあまり影響されないこ

とは，チーム経営者にとっては皮肉なことだが，大リーグやプロ野球球団に見られるような，お金がものをいう不公平な競争を引き起こさないための，健全な体質をもっているともいえる。ファンの立場からしても，お金にまつわる嫉みや色眼鏡で選手を見ないで済むので，安心できる。Jリーグ選手の平均年俸も，野球と比べれば妥当な額であるため，プロを目指す子どもや若者に，富がもたらす悪影響は少ないだろう。

　Jリーグでは，チームを固めて，いわゆるレギュラー選手を起用して試合に臨むことが多いようである。毎試合ごとに選手を大きく入れ替えることで期待されるモチベーション効果や競争効果よりも，そのときのチームの勢いをこわしたくないとか，安定性を欠いては負けが混んでしまうという心理が，監督に働くからだろう。しかし，若手の選手にとっては，出場機会を得て，自分をアピールできるチャンスが少ないことが気がかりだ。

　得点が入りにくいサッカーでは，ゴールやアシストといった得点にからんだプレーに，ついつい目がいってしまう。新たに投入された交代選手が，ひときわ強い印象を残すことができるのは，FWプレーヤーが多いだろう。本章の分析では，純粋動機がかかわって，試合出場の機会が増えたことによるモチベーションの効果については，おもしろいことに，白星につながるというよりは，黒星を減らすことに寄与していることが明らかになった。それも，その効果はMFとDFで顕著である。つまり，ゴールにからむ機会が少なく，プレーの内容を評価するのがむずかしいMFとDFでは，モチベーションの高さは，チームが負けないことに寄与するという，チームへの隠れた貢献を物語っているといえるだろう。出場機会が増えた若手選手のモチベーションの高さに期待して，多くの機会を与えることが，負けない秘訣と言えそうだ。

●参考文献

Albert, J., & Bennett, J. (2001). *Curve ball : Baseball, statistics, and the role of chance in the game*. New York : Springer-Verlag（後藤寿彦監修，加藤貴昭訳（2004）．

メジャーリーグの数理科学（上・下）　シュプリンガーフェアラーク東京）.
Campbell, J.P., & Prichard, R.D. (1976). Motivation theory in industrial and organizational psychology. In M.D. Dunnette (Ed.), *Handbook of industrial and organizational psychology*. Chicago : Rand McNally. pp.63–130.
データスタジアム（2008）．野球の見方が180度変わるセイバーメトリクス　宝島社
Deci, E.L. (1975). *Intrinsic motivation*. New York : Plenum（安藤延男・石田梅男訳（1980）．内発的動機づけ　誠信書房）.
Greenberg, J. (1987). A taxonomy of organizational justice theories. *Academy of Management Review*, **12**, 9–22.
樋口美雄（1993）．プロ野球の経済学　日本評論社
猪俣公宏（1997）．選手とコーチのためのメンタルマネジメント・マニュアル　大修館書店
金井壽宏・髙橋潔（2004）．組織行動の考え方　東洋経済新報社
加藤英明・山崎尚志（2008）．野球人の錯覚　東洋経済新報社
Lazear, E., & Rosen, S. (1981). Rank order tournaments as optimal labor contracts. *Journal of Political Economy*, **89**, 841–864.
Lewis, M.A. (2003). *Moneyball : The art of winning an unfair game*. New York : Norton（中山宥訳（2004）．マネー・ボール―奇跡のチームをつくった男　ランダムハウス講談社）.
Maslow, A.H. (1954). *Motivation and personality*. New York : Harper & Row（小口忠彦監訳（1971）．人間性の心理学　産業能率大学出版部）.
Organ, D.W. (1988). *Organizational citizenship behavior*. Lanham : Lexington Books.
大竹文雄（2002）．巨人一人勝ちを経済学で考える　産政研フォーラム，**55**，38–42
大竹文雄（2003）．プロ野球監督の能力とは　産政研フォーラム，**60**，39–43
Shapiro, C., & Stiglitz, J. (1984). Equilibrium unemployment as a worker discipline device. *American Economic Review*, **74**, 433–444.
杉原隆（2003）．運動指導の心理学　大修館書店
徳永幹雄（2003）．改訂版・ベストプレイへのメンタルトレーニング　大修館書店
山際淳司（1980）．江夏の21球　Sports Graphic Number, **1**
山口裕幸・髙橋潔・芳賀繁・竹村和久（2006）．経営とワークライフに生かそう！　産業・組織心理学　有斐閣
Vroom, V.H. (1964). *Work and motivation*. New York : Wiley（坂下昭宣・榊原清則・小松陽一・城戸康彰訳（1982）．仕事とモティベーション　千倉書房）.

CHAPTER 2 Jリーグ監督の仕事

佐藤　慶明

はじめに

　2007年浦和レッドダイヤモンズ（以下，浦和レッズと略す）が，日本のプロサッカークラブとして初のAFCアジア・チャンピオンズ・リーグを制した。これは日本サッカー協会とJリーグと傘下のクラブが三位一体となって，それぞれの力を結集した成果である。そしてFIFAクラブワールドカップにアジア代表として出場し，世界第3位という快挙を成し遂げた。その浦和レッズを率いていたのはドイツ人のホルガー・オジェック氏である。彼は1995～96年の2シーズンに浦和レッズの監督に就任し，当時Jリーグのお荷物と言われたチームを上位に引き上げた。退任後は，カナダ代表監督やFIFA（国際サッカー連盟）テクニカル・スタディーグループのヘッドを経て，2007年1月より再び監督として戻ってきた人物である。

　筆者自身も1995年に，彼の下で選手として在籍していた。オジェック氏の志向していたサッカーは，7～8人でしっかり守り，ボールを奪うや否や，足の速いFWを走らせて相手の背後にボールを供給するカウンターアタックを中心としたものだった。シーズン当初こそ勝ち星に恵まれなかった

が，エースFWの福田正博選手（現浦和レッズ・コーチ）が持ち前のスピードを活かしてカウンターアタックからペナルティエリアに侵入し，得意のドリブル突破でゴールを量産し始めると，次第に勝ち星が増えていった。就任した最初のシーズンは，浦和の誇る福田正博選手と岡野雅行選手のスピードスターが大活躍して3位となり，Jリーグ誕生から連続最下位という不甲斐ない成績で悲しみにくれていた浦和の街を，真っ赤に燃え上がらせた。増えていく勝ち星は日本一を自負するサポーターを満足させ，未知の順位に達するたびに，サポーターたちのボルテージをヒートアップさせた。

　だが人間の本質は不思議なもので，それまでは喉から手が出るほど渇望していた勝利なのに，それが満たされてしまえばさらなる刺激が欲しくなる。「カウンター・サッカーはつまらない」という他クラブのサポーターの批判に反発して，目の肥えた浦和レッズのサポーターは，勝利だけでなく，日本一のサポーターが応援するクラブに見合ったサッカーの質を要求するようになっていったのである。オジェック氏の構築したサッカーは，最初のシーズンこそ受け入れられたが，前年と何ら変化のないカウンター・サッカーの繰り返しと，選手起用なども含めたチーム運営に，レッズの真っ赤なサポーターはストレスを感じ始めていった。

　たとえば，オジェック氏の選手の起用法について2007年シーズンを振り返ると，通常行われるJリーグ，ヤマザキナビスコカップ，天皇杯だけでなくアジアチャンピオンズリーグやクラブワールドカップなど多くの大会に備えるために，シーズン当初には，先発出場選手を入れ替えるターンオーバー制を唱えていたオジェック氏だが，チームが安定してきた夏以降は，自分の気に入ったメンバーを固定して戦ってきていた。メンバーをあまり変えずに戦う手法は，当時と今とであまり変わっていない。また，チームの得点源でもあるワシントン選手との確執も伝えられ，2008年シーズンはワシントン選手抜きの攻撃陣となった。

　筆者自身は，1995年最初のポルトガル合宿で，彼の選手構想から外れたと感じた。野球で言えばファームにあたるサテライトリーグで得点王になったにもかかわらず，Jリーグ公式戦に出場するどころかトップチームに招聘

されることすらなかった。その結果，オジェック氏が就任して半年足らずで，筆者は出場機会を求めて京都パープルサンガに移籍することにしたのである。

監督という立場で考えると，FWにスピードのある選手の起用にこだわったオジェック氏の信念は理解できる。しかし出場機会を求めて他チームへの移籍を決断した選手としての自分の決断も間違っていないと思っている。

その後の浦和レッズについて，浦和の元チームメートと話したかぎり，オジェック氏と選手とのコミュニケーションもあまり良好では無かったと聞いた。結局オジェック氏は，選手との不協和音や，サポーターからのサッカーの批判などもあり，3位・6位の好成績を挙げたにもかかわらず，2シーズンで浦和を去ることとなったのである。監督という職業の難しさがここにある。

現場を統率してレベルアップを図り，結果を残すことが，プロフェッショナルコーチ（監督）の最大の目的であることは間違いない。だが目先の勝利だけでなく，クラブとしての伝統に沿ったチーム作りや，将来を踏まえた選手育成などが認められなければ，監督として長期的に指揮を執ることができない。また，現場だけが監督の仕事場ではない。クラブを支援しているスポンサーの意向や，友好的にも敵対的にも変化するメディアにも気を配らねばならない。そして何よりも，サポーターや地域に愛されるチーム作りをしなければ，監督というリーダーのポジションは手に入れることはできない。

浦和レッズのフロントは，2008年シーズンの開幕2連敗という結果に，オジェック監督解任を決意した。オジェック氏のコミュニケーション不足と，戦術ディティールが不明瞭という選手の不満が背景にあった。後任となったヘッドコーチのゲルト・エンゲルス氏が，すぐさま対話路線に向かったことが，問題の根源をよく表しているだろう。前年度，世界3位に導いた監督であっても，チームが崩壊し，もはや修復不可能となってしまえば，その責任を負うべく解任されてしまう世界なのだ。

筆者は選手としてたくさんの指導者と出会ってきた。サッカーに対する考え方や志向するスタイル，ポジションや経験，キャリアや人柄など，監督も

さまざまだ。優れた指導者に出会うことは、選手にとって大きな財産となる。

　選手として主観的視野で捉えていたサッカーを、客観的視野からのアドバイスでトッププレーヤーへと導いてくれる監督。独自性のある手法で、細分化された監督独自のサッカーを体感することで、サッカーの新たな世界に導かれる。トレーニングで行っていることが、試合の中でそのまま現れるのだ。

　「これは練習したな！」「こういうことか！」

　選手は現象が予想の範囲内で起きたことに対して、安心感を覚える。その繰り返しがリーダーへの信頼となり、チームという集団に規律とモビリティが与えられ、個人の才能が開花していくのだ。

　また、自身が体験してきたサッカーを、財産としてそのままチームに当てはめていく監督もいる。たとえば、バルセロナ監督を務めたフランク・ライカールト氏は、オランダの名門クラブ、アヤックスで培ったサイド攻撃と全員攻撃・全員守備のスタイルを継承して、バルセロナを指揮していた。

　筆者はＪリーグを引退後、関西学生サッカー連盟に所属する大学の監督を11年間務めてきた。大学というカテゴリーで、監督として11年間チームをリードしてきた。それまで選手側の主張で監督を捉えていたが、リーダーの立場になって初めて、監督と選手という関係も見えてきた。長所も短所もひっくるめてのサッカー選手である。長所だけの選手というのは、日本に限らず世界にもいない。みんな何かしら足りないのだ。だから、選手の長所をどのように伸ばし、短所をどれだけ改善できるのか、いかにその気にさせるか、若い才能をどう伸ばしていくのかを、日々実践していくのが監督の役割なのである。サッカーの監督は、その優れたパーソナリティで選手をリードしていかなければならない。

　本章では、プロ集団を統率するＪリーグ監督、ならびに日本代表監督のリーダーシップ像を分析してみたいと思う。

野球とサッカー

　球技系スポーツの監督といっても，競技によっては，監督の介入していく度合いが大きく異なる。大きく分けて，監督主導型と選手主導型の2つに分類することができる。その代表的なスポーツが，それぞれ野球とサッカーである。

　近年メジャーリーグへの日本人選手の進出や，ワールド・ベースボール・クラシック優勝など，世界レベルでの活躍が伝えられるようになったプロ野球だが，そこでは監督の占めるウェイトが大きい。長年培った経験と膨大なデータを元に，監督が攻守両面にわたって戦術を決定し，その局面に見合った選手を起用して，試合を進めていくのだ。

　監督にプレーの駒として使われることが選手の宿命だが，選手の中には，ピンチ時にベンチから敬遠のサインが出ても本当は勝負したいと思っていたり，チャンスのときにスクイズではなく自分のバッティングで試合を決めたいと，心の底では思っていたりする。つまり野球の試合というのは，監督を頂点とする頭脳集団によって動かされており，選手は与えられた役割の中で「いい仕事」をすることを求められているのだ（林・葛岡，2004）。それが野球というスポーツなのだ。

　野球の監督がリーダーシップを発揮する場は，練習と試合の両方にある。試合に入るまでの練習では，選手個人の走・攻・守のスキルを磨き，試合の中では，局面に応じたスキルを活用してチームを勝利へと導いていく。そのときに監督のリーダーシップが発揮される。同様に，攻撃と守備の機会が必ず入れ替わるアメリカン・フットボールなども，監督主導型の競技といえるだろう。

　では，目まぐるしく変化する局面の中で，選手が自分で判断・実行の選択を行い，ゲームを進めていく選手主導型スポーツでは，監督のリーダーシップのあり方はどうなっているのだろうか。

サッカーの監督は，試合のグラウンドに選手達を送り出してしまえば，チームという「生き物」に手を加えることはできない。前日までのトレーニングで，チームの修正と次の試合の対策を行い，自分のチームを勝てる状態に導いたという自負をもっていても，試合が始まれば，シナリオ通りの展開にはならないことが往々にしてある。

　キックオフの笛が鳴ってしまえば，相手チームの状況の変化や自チームの修正ポイントに気づいても，前半45分が過ぎて，ロッカールームに選手が戻ってくるまでは，新たな戦術や対策を与えてチームの再活性化を図ることはできない。ベンチ前にテクニカル・エリアが設置されているが，満員の観客が試合のリズムに酔いしれている間は，メンバー全員に指示を伝えることは不可能に近い。選手交代も3名まで可能なのだが，試合の流れでケガ人やレフェリーの非情なジャッジで退場者が出る危険性も考慮しなければならず，前半から交代のカードを切るわけにはいかない。早々に見切りをつけて選手交代という手段をとる際にも，プレーヤーが交代した途端に試合が再開されるので，ピッチに出ている他の選手にも作戦を伝達しようとしても，少しの情報しか実際には伝わらない。そのような状況では，下手に動けば選手の混乱を招く恐れがあるので，前半終了まで辛抱強く待って，ハーフタイムの15分間を有効に活用して，監督としてのリーダーシップを発揮し，チームを勝利に導かなければならないのだ。

　サッカーという競技は，監督が試合で起こりうる状況を想定したトレーニングを行うことはできるが，選手を試合に送り出したら，そのほとんどのプレー選択の権限は選手にある。同じ選手主導型のラグビーに至っては，監督の居場所はベンチではなく観客席に設けられているので，試合が始まれば，監督は選手に全てを任せなければならない。

　不確定要素たっぷりの試合でも，選手自身が判断してプレーができるように，監督がトレーニングによってサポートするしかないのである。そういう選手主導型のスポーツでは，前の試合が終わって次の試合に入るまでのインターバルの期間にこそ，監督のリーダーシップの発揮される機会がある。

チーム戦術のディティール

　サッカー監督は，その職業柄から，四六時中サッカーのことを考えていると言っても過言ではない。食事をしているときもテレビを見ているときも風呂に入っているときも，果ては寝ているときまでもサッカーのことを考えている。戦術のことや選手のこと，次節に対戦するチームのことなど常にサッカーが頭から離れない。そして頭の中で「ああしよう，こうしよう」と，独自性のあるさまざまな工夫を試みるのである。

　監督がサッカーから解放されるときがあるとしたら，それはチームとの契約が切れた直後の数日だけだろう。しかし，いつかまた，あるいはすぐにでも監督をやりたいと欲してしまうのだ。「監督という仕事は麻薬のようなものだ」と語ったある有名監督の言葉がそれをよく物語っている。

　監督の重要な仕事は2つある。すなわちチームとして1つに機能するために，勝利につながるディティールを構築することと，いかにそれをやらせるのかという独自性のある手法を実践することである。チーム全員がどのように攻撃して，どのように守るのか。ディティールの浸透が，チームを機能的に動かせるかどうか，そして勝つか負けるかのカギとなる。

　サッカーは基本的には攻撃と守備の両側面が存在するが，細分化すれば以下の5つのモーメントが挙げられる。

〔サッカーにおける5大モーメント〕
① 味方がボール保持しているとき（攻撃）
② ボールを奪ったとき（守備→攻撃）
③ どちらにボールが転がるかわからないとき（ルーズボール）
④ ボールを奪われたとき（攻撃→守備）
⑤ 相手がボールを保持しているとき（守備）

①と②のモーメントでは攻撃戦術が必要とされ，このモーメントの回数が多いチームが勝利に近くなる。強いチームほど，監督が構築した攻撃の形が出やすいものだ。攻撃のスタイルには監督のこだわりが反映されやすい。

　近年のJリーグを見ていても，前線からプレスをかけて攻撃的守備から相手ゴールに襲いかかる浦和レッズや，攻撃に人数をかける超攻撃型のガンバ大阪，4－4－2システムで守備ブロックを形成し，ボールを奪ってからの速攻が得意な清水エスパルス，ボールを回しながらポジションチェンジを行い，相手のマークをずらして攻撃する鹿島アントラーズなど，監督の志向する攻撃戦術がチームのスタイルをかたどっている。

　攻撃とはボールを奪い返した瞬間（②のモーメント）からスタートする。ボールを奪う場所によって状況が変わってくるが，ボールを奪った瞬間に，そのまま一気に縦に攻め込むのか，パス1本で逆サイドにボールを展開して，敵の少ない場所から攻め込むのか，それとも一度横パスを入れて落ち着いてしっかりとボールを回すのかという選択を行い，相手ゴールを狙うチャンスを探る。監督の方針はボールを奪った後の展開で見えてくるものだ。

　世界のサッカーを見てもボール・トランジション（ボール獲得の移行期）が勝敗を決する傾向にある。情報と戦術の世界的共有化が図られ，あらゆるテータが活用しやすくなった現在，新たな攻撃戦術が1人の監督によって生み出されても，それはすぐに攻略されてしまう。常に進化し攻略され続けるサッカー戦術の中で，守から攻のトランジションからの攻撃は変わることがなく，わかっていても止めることは容易ではない。ボールを奪った瞬間に，相手陣形が整う前に一気に相手ゴール前に攻め込むカウンタースタイルがモデルケースだ。

　カウンターアタックは多彩ではない。カウンターアタックは，ボールを奪った瞬間に，相手のゴールに向かって速攻を仕掛け，ボールをもった選手とそれを追い越す選手の間で，少ないパス交換だけでゴールに結びつける。

　そして，カウンターアタック頼みの攻撃ばかりでは，相手にゲームを支配される状況が多くなる。カウンターアタックは得点しやすい重要な戦術だが，90分という長丁場の試合で，単調な攻撃だけでは息切れして，結果的

に敗戦の憂き目にあう。だからこそ，ボールを保持しながら相手の守備陣形のバランスを崩し，一気にゴールに結びつけるプロセスに，監督のスタイルが鮮明に表れるのだ。

　チームの攻撃スタイルは1つだけではなく，局面に応じて選手が判断しなければならない。監督がいくつもの攻撃のバリエーションをもち合わせ，トレーニングによってそれをインプットされた選手を養成することによって，攻撃力は増していく。だが，相手のボールを奪った瞬間に，同サイドか逆サイドをついて仕掛けることが，大きなチャンスだということは相手も重々承知している。相手が味方の攻撃を封じてきたときに，八方塞がりなのか，そこから新たな攻撃スタイルを選手が作り出せるかは監督のエッセンス次第なのだ。自分たちのスタイルを貫き通せる姿勢が，監督の考えるサッカーへの信頼の証といってもいいだろう。

　攻撃の裏返しは守備である。チームとして，「相手のボールを奪って攻撃すること」がゴールするための最初の目標であるとしても，ボールを奪わない限り始まらない。そのために，5大モーメントの④，⑤における守備のディティールが，チームにとって必要不可欠なのだ。

　守備の基本は，2対2のチャレンジ＆カバーの原則にある。ボールに近い選手はファーストDFとしてボールにアプローチをかけ，セカンドDFがカバーリングとインターセプトを狙う。試合では，GKも含めて11人全員がチャレンジ＆カバーを連続して行う。その基本戦術ができた上で，監督の構築する守備のディティールが威力を発揮する。

　守備のシステムは，選手の配列がベースとなる。自陣ゴールにもっとも近い最終ラインの人数を何人にするかが，監督のエッセンスと呼べる基本的な考え方となる。横幅68mのピッチを3人あるいは4人で守るのか，それとも中央に1人余らせて5人で守るのか。そのディティールの構成次第で，最終ラインの高さやどの位置でボールを奪うのか決定され，攻撃へのトランジションにつながっていく。

　ただし，守備の基本戦術は個別の局面において重要となってくるので，試合が始まってしまえば，システムはそれほど重要ではない。状況によっては

3バックになったり4バックになったり，必要であれば5バックになってでも守らなければならない。守備のディティールはチームが崩壊しないための秩序であり，万一混乱した際にもチームが立ち返る原点となる。

　1995～1996年シーズンのオジェック氏の採った戦術は，足の速い2トップを走らせるために，最終ラインを下げ，相手FWに対しては1対1のマークを，DFギド・ブッフバルト氏（元浦和レッズ監督）が余った状態で守備を行う5バック・システムである。そして味方がボールを奪ったら，相手背後にできたスペースにFWが走り込み，全体をプッシュアップするという共通認識で戦っていた。

　一方，2007年シーズンには，最前線に高さとスピード，そして得点力のあるワシントン選手がいた。シーズン当初は4バック・システムにチャレンジしてみたが，最終ラインが思うように安定せず，勝ち星をあげられなかった。3バックに修正して安定感が出てくると，ワシントン選手を軸に2トップを1トップに変更したりして，攻撃のバリエーションを増やしていった。ワシントン選手にボールが入ると，攻撃的MFのポンテ選手がすばやくサポートに入り，ボールを展開していくという攻撃パターンは，ブッフバルト前監督からの継続で確立されていた面もある。ただ前年とは違う4バック・システムへの移行は，思ったよりも簡単ではなかったようだ。

　攻撃は状況の変化に比較的対応しやすいが，守備面においては細部にディティールが存在するので，予想外の事態に対して混乱が生じやすい。このまま4バックを継続していれば選手間に不満が出てチームが崩壊する恐れもある。横のバランスを重視するよりも，サイドを突かれることを覚悟して相手攻撃の押さえどころを明確にしておけば，破壊力のある攻撃陣の頑張りで，劣勢にあっても立ち直れると判断したのだろう。利点と欠点を比較して，早々に4バックに見切りをつけ，従来の3バックに修正したことがオジェック監督の2007年シーズンの成功の要因だと思われる。最終ラインの安定性を狙って，4バックにしてシーズンを戦うことが監督の理想なのだが，攻撃と守備のバランスを考えれば3バックのほうが機能しやすいと判断したときに思い切って変える勇気と，システムの移行期における対応力が

監督の手腕といえるだろう。

　たとえば，状況に応じてチームやシステムを変革する姿勢と，その変革に際して，表面的継続性をもたらす監督のリーダーシップのあり方について，元FC東京監督，原博実氏は以下のように語っている。

　「『攻撃サッカー』を掲げていても実際に失点が多い場合には，やはり現実に対して修正を加える必要がある。ただしそれが『やり方を変えたな』と思われないようにする。リーグを戦っているうちに『しっかり守ってカウンター』なんてことはよくあることだ。どこかで思い切って変える修正力・バランス力が必要だ。」　　　　　　　　　　　（原　博実氏）

いかにやらせるのか

　自分が理念とするサッカーを選手に伝達して実践させることが，監督のもっとも重要な仕事といえる。戦術ディティールの構築は，チーム全体が目標に向かっていくための目印に過ぎず，チームが機能する上での表面上の決まりごとでしかない。監督の最大の使命というのは，目標達成に向けて全力を出して戦うチームを作っていくことであり，戦術の浸透ではない。

　ドイツの伝説的監督，故ヘネス・ヴァイスヴァイラー氏は言う。

　「トレーニング方法，システム，戦術などの知識やアイデアをひけらかし自慢するコーチは多いが，そんなヤツらはほとんどが二流だ。コーチの本質的な仕事は，トレーニング方法を考案するなどといった表面的ものでなく，チーム本来の目的を達成することに向けて，選手たちが全力を尽くして取り組むようにマネージすることだし，実践ではチーム共通の目的を達成するために，全力で戦おうとする姿勢を育成することなんだよ。その時点でいくら不平不満があったとしても，結局それが自分自身のためになるから，最終的に選手たちは納得し，監督をより信頼する

ようになるというわけだ」 (湯浅，2000)

　選手とチームの力量を把握しないまま，現実離れした理論を振りかざし，選手の心を掌握できずに，表舞台から消えていく監督は多い。戦術や指導法を高度に語れば周囲から「先端」ともてはやされ，精神面を強調すれば「無策」と軽んじられる。そんな風潮があるのも確かだ。しかし，大切なのは監督のもつ理論の独自性である。そして，自らの頭で考え出された理論と戦うハート作りの秘訣を伝える手段が，「言葉」——コミュニケーション——である。いかに素晴らしい戦術を考え出しても，それを選手に伝えることができないのなら，チームの歯車は噛み合わない。一方，選手側は，監督が発する言葉の内容でその技量を推し量る。納得さえすれば，選手たちは勝利という目標に向かって自発的に動きだすものだ。

　「監督が一番怖いのは選手に信用されなくなること。話している方向性が違ったり，選手の感じたこととまったく違うことを言ったりして，信頼されなくなるのが勝ち負けよりもツライ」 (原　博実氏)

　試合前の静寂の中，ゲームプランを選手に語り，各プレーヤーの役割を確認する。選手達を鼓舞する言葉でグラウンドに送り出し，戦況を見守る。ハーフタイムでは15分という限られた時間内で，選手のコンディション回復を目的としながらも，相手チームとのパワーバランスに修正が効く言葉を発していくのである。ときには諭すように優しく語りかけ，またあるときには怒りを露わにして問題点を修正して伝えていく。
　ロッカールームの中で監督の手法はさまざまだ。2002年ワールドカップ日韓大会（W杯）で日本代表を指揮したフランス人監督のフィリップ・トルシエ氏（現JFL・琉球FC総監督）は，「バーンッ！」とボードを叩いて緊張感をかもし出す。同じフランス人でも，全く異なるタイプの監督がいる。元名古屋グランパス監督のアーセン・ベンゲル氏（現アーセナル監督）は，一言，二言だけ発して，選手に考える時間を与える。

ただ多くを語ればいいというものではない。数多くある修正点から、一番浸透しやすい部分だけを選んで説明しなければ、選手が混乱するだけで逆効果だ。刻々と変化する戦況を分析する力とこれから起きるであろうことの予測を絡め、シンプルなキーワードを用いながら、目標に至る道筋を選手に伝えなければならない。自身が戦略策定とその実施の責任を負いながら、それを自ら体現できない監督にとっては、言葉だけが頼りである。口を開いた瞬間が、チームのリーダーとしてそれぞれの個性を発揮するときなのである。

監督の放つスローガン

　チームが新たな道を進むとき、リーダーは自分のイメージを言葉に落とす。前述のフィリップ・トルシエ氏は、チーム作りのキーワードに「オートマティズム」を用いた。DF3人が横並びとなり、オフサイドラインを利用した上下運動によって「フラットスリー」なる新戦術を用いた。3バック・システムの弱点を、オフサイドラインを利用した上下運動によって補う新たな発想だ。ボールのある位置にプレスをかけた瞬間に、DFがラインをコントロールして、相手FWをトラップできるまで連携を自動化（オートマティズム）・習慣化し、日本代表チームを初のW杯決勝トーナメントまで導いた。それは、いわば、サッカー式のドリルトレーニングであった。共通言語の浸透と反復練習により、選手の動きの統一性を監督のイメージどおりに近づけていく。トルシエ氏のトレーニングの大半は、戦術を自動的に機能させるために、初歩的練習の繰り返しだった。トルシエ氏退任後に代表監督に就任したジーコ氏には決まりごとがなく、選手自身のイマジネーションを強調したが、それによってドリルトレーニングが日本チームに向いていた事実が判明したのは皮肉な話だ。

　現代サッカーはポジションにとらわれることなく、ボールのあるところを追い越して局面を打開する戦術がトレンドとなっている。2007年末、病に倒れて日本代表監督を退任したイビチャ・オシム氏は、「多様性」を意味す

る「ポリバレント」という言葉を，メディアを通じて選手に発信した。そして1つのポジションだけではなく，さまざまなポジションをこなせるように，積極的に配置を換えて選手を起用していった。専門性と硬直的役割を特徴とする機能的・機械的チームの対極にあって，多様性と柔軟性を旨とする現代サッカーに不可欠な有機的チームを志向した結果である。

日本人は指示されたことに対して従順な面がある。与えられたポジションで与えられた役割をきちんとこなせることは日本人の長所だ。だが不確定要素の多いサッカーでは，ポジションや役割にとらわれていては行き詰ってしまうことがしばしばある。その行き詰った局面を打開する手だてとして，自分の役割を捨ててでも，ボールを追い越してパスコースを増やしたりスペースを作るといった，「リスクを冒す」プレーを求めた。リスクを冒す以上はカウンターを喰らいやすくなるのだが，オシム氏はリスクをコントロールしようとした。リスクを冒してチャレンジすることによってコントロールされたリスクは，もはやリスクではなくなると説いたのである。

「日本のサッカーを日本化する」。それが，日本代表監督に就任したときのオシム氏の言葉であった。オシム語録として注目されたウィットに富んだ語り口調で，選手だけでなく多くのメディアにも注目された名将は，志半ばで病に倒れた。より日本化されたサッカーがどのような姿なのかを，オシム氏のそれまでの采配から想像してみるのも，興味深いものに違いない。

そしてオシム氏の後任に，日本人監督の切り札として岡田武史氏が就任した。岡田氏はラグビーの名将・大西鐵之祐氏の打ちたてた「接近・展開・連続」というスローガンを掲げて，戦略のイメージを意識させる。マスコミを上手に利用してコミュニケートするセンスの良さは，岡田氏の監督経験による産物だろう。

自身の経験に基づいて考え出された言葉が，選手の心を動かすのだ。監督の掲げるスローガンが，選手の自発性や積極性を引き出すヒントになれば，監督の戦略は一歩前進である。反対に，チームを機能させるスローガンも，選手の自由を束縛すれば使う意味も薄れてしまう。選手は監督の言葉に敏感だ。誰もが試合に出たい。監督の要求や戦術を指示通りに実践してレギュ

ラーに名乗りをあげたい。そして定位置を確保しても教えに耳を傾け，懸命に実行を繰り返す。己の個性を捨て自己主張をあまりせず，監督の言葉に従う自己犠牲の精神は，日本人の美徳でもあり弱点でもある。Ｊリーグチームを率いた外国人監督の多くは，それを口にして母国へと旅立っていく。サッカーを深く理解していても，日本人プレーヤーの特質を，心底理解できなかったもどかしさがそこに滲んでいる。日本流の監督のリーダーシップを模索する上では，理論的・知的な面だけでなく，選手に対する対人的配慮が一層大切であるかもしれない。

監督のタイプ

　ここまでは監督のリーダーシップについて述べてきたが，まとめとして，図２−１のように，監督をタイプ別にＡ・Ｂ・Ｃ・Ｄと分類を試みた。縦軸を「カリスマ派」と「たたき上げ派」，横軸を「戦力優先」と「戦術優先」

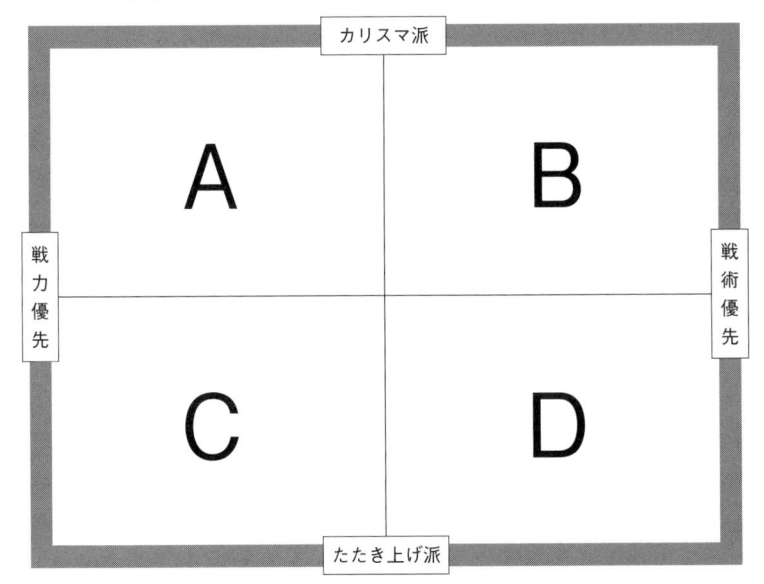

図2-1：サッカー監督のスタイル分類

第２章　Ｊリーグ監督の仕事

に分け，それぞれに該当する位置に分類する。

　監督という職に就くレベルの人間は独自のサッカー理論をもっている。2009年シーズンのJリーグでは，J1・J2合わせて36人の監督しかいない。数少ない監督の座を勝ち得た人間に理論が無いとは考えにくく，選手のあらゆる質問に対しても「自分はこのように考える」と，自身の考えを選手に伝達・納得させることができる理論を構築しているだろう。選手はさまざまなことを監督に言ってくる。それを論破して，自己の戦術を実践させないと来季の契約はないのだ。理論の深さは別として，監督はそれぞれのカラーを必ずもっているだろう。

　そうであるならば，縦軸の本来の分け方としては「理論派」，「感性派」と分類したほうが当てはまるかもしれない。しかし，開幕して20年にも満たないJリーグの中で，プロフェッショナル監督としてのキャリアを積んでいる監督の絶対数が不足している。そのため，厳密に分類することは難しい。

　そこで本章では「カリスマ派」と「たたき上げ派」の分類におきかえる。「カリスマ派」は選手としての輝かしいキャリアがあり，監督としても経験が豊富で，他クラブから監督の要請が継続する人物を当てはめたい。それに対して「たたき上げ派」は，プロ選手としての経験は少ないが，コーチとしてJリーグのチームを指導していたり，海外にコーチ修行に出て諸外国のライセンスを取得するなど，選手よりも指導者を目指してキャリアを積み上げ，現在のポジションを得た監督を当てはめることにした。

　横軸では，チーム作りの手法を比較してみる。自分の信じるスタイルを選手に当てはめてチームを作っていく「戦術優先」と，率いる選手の構成を考えてチーム全体をビルドアップしていく「戦力優先」に分類する。

　「結果が全て」と言われる世界に身を置いている以上，手法に善し悪しは語れないが，監督が描いたビジョンを選手が具現化できれば，「勝利」という目的は達成しやすい。チームに関わる全ての人達が勝利を求める。監督のタイプは異なっても，理想と現実の距離を測る能力と独自性ある理論が，自身を成功者へ導くのだ。

◎A：カリスマ派の戦力優先タイプ

　かつての名選手だった指揮官にありがちなタイプである。自身の好むサッカーを，現役時代の成功体験を元に具現化しようとする傾向がある。現役時代の体験が拠りどころであり，選手の目線でプレーを解析・指導することができる。監督として，目線の高さをコントロールできる強みがある。選手経験の少ない監督には無い細かな技術の修正，それを指摘できる眼力は鋭い。ピッチでの輝かしい経験値が采配の骨格をなしているのは言うまでもない。

　また，自身が有能な選手であっただけに，「個」への信仰がチーム・マネジメントに現れる。制約されることの少ないポジションで現役時代を過ごした経験から，監督としても選手に自由を与え，個の織り成すアイデア豊富な攻撃的サッカーを志向するケースが多い。

　日本代表を指揮して2006年ドイツW杯に出場したジーコ氏は，現役時代にブラジル代表の「黄金のカルテット」を形成し，W杯優勝はできなかったものの世界最高のプレーヤーの1人として名を馳せた人物だ。筆者も現役時代に対戦したが，ボールをもっているジーコ氏を3人で囲んだにもかかわらず，一瞬の間を突かれスルーパスを出された覚えがある。

　監督就任後は，攻撃的なMFを並べた「日本版・黄金のカルテット」を形成し，選手のアイデアに試合運びを任せたことがジーコ氏の特徴である。個の創造性のみに頼った手法は，選手任せの放任のように感じられた。組織を崩す個人技と，世界を渡り歩く逞しい精神力を併せもつブラジル代表ならば対応できるに違いない。自分自身の経験が言わせる「精神面の強さ」を前面に出してチームをまとめる人心掌握術も，戦術面の「無策」という印象を際立たせた。

　戦術ディティール無きままに挑んだW杯本大会では，予選リーグの途中に慌てて決めごとを作るという準備不足を露呈した。そしてなによりも，最後の最後に戦術を変更し，選手に対して動揺を与えたことが予選リーグ敗退の理由だろう。

　しかしジーコ氏は，日本代表監督退任後に就任したトルコのチーム，フェネルバフチェを，2007～08年UEFAチャンピオンズリーグの決勝トーナ

メントに導いた。トルコリーグのレベルは決して高くはない。その中でヨーロッパの強豪に勝利していった事実は賞賛に値する結果だ。監督としての成長もあるが，あきらかに結果を出している「カリスマ派」の監督である。

◎B：カリスマ派の戦術優先タイプ

　Aタイプの監督との違いは，自らの理想にチームを近づけるアプローチの差だと考える。個の輝きを戦術の力によって，さらに発揮できるように引き出していく。「カリスマ派」に分類されるように，かつて一流選手だった場合が多い。現役時代に培った経験やサッカー観によって物事に対処する傾向が強い。またAタイプと同様に，創造性を重視した攻撃サッカーを志向するタイプだ。

　だが，近年のカリスマ監督の分類に「たたき上げ派」の監督が現れてきた。勝ち続ける監督の出現である。プレミアリーグのチェルシーを率いたモウリーニョ氏は，プロ選手としての経験がない。しかし理論的かつ戦術優先のチーム作りで，FCポルトではUEFAチャンピオンズリーグに優勝し，チェルシーではリーグを二度制した実力者だ。通訳からアシスタント・コーチを経て，イングランド代表監督候補に名を連ねるほどになった世界的名監督の1人である。歯に衣着せぬ言動で周囲の注目を集めるが，それも現場での実績が彼の絶対的自信となっているのだろう。ビッグクラブの監督交代が囁かれるたびに，彼の名前はリストに上がる。彼はすでに「たたき上げ派」から「カリスマ派」に監督として移行している1人である。

　選手での輝かしいキャリアをもつカリスマ監督もいれば，卓越した理論と実績でカリスマとなる監督も存在しているのだ。

◎C：たたき上げ派の戦力優先タイプ

　自身に輝かしい選手としてのキャリアは無い。早くから自身のサッカー選手としての限界を感じ取り，その後のキャリア設計において指導者の道を歩み続けて成功してきたタイプである。

　どんなに素晴らしい理論をもっていても，監督のオファーが無ければ実現

できない。また、監督という座を勝ち得ても、選手の心を掌握できなければチームは機能しない。

　現役選手として培った経験が少ないため、指導者を志す過程で、さまざまな情報を積極的に吸収する姿勢から、サッカー観においてある種のカタチを形成しているタイプである。ただ監督としてのキャリアも無いので、任せられるチームはクラブとして未整備か、未完成な選手が多いチームの可能性が高い。そこからしっかりと選手を育成して、チームと共に成長してきた監督なのだ。

　J2の2チームで、勝ち点1差の昇格失敗を三度繰り返し、悲運の名将と呼ばれた石崎信弘氏（現コンサドーレ札幌監督）は、東芝での現役引退後に指導者となり、6チームの監督経験をもつ「たたき上げ派」の典型例だ。「中盤で激しいプレスをかけて、相手の特徴を消す」という基本方針で、筆者もトレーニングを見学したが、激しい練習量だったことを思い出す。柏レイソルでも入替戦で昇格したことから、J2のチームをビルドアップしていく手腕や若手育成に特徴がある監督である。

◎D：たたき上げ派の戦術優先タイプ

　Cタイプの監督との違いは、指導者を目指す過程において、スタイルのある国や指導者の下で学んできたサッカーを実践しているところだろう。

　現在の日本サッカーにスタイルを見出すことは難しい。それゆえにDタイプの監督は規律を重視した日本人向けのスタイルで、選手にアプローチし続けてチームを作っていく。

　選手の育成を重要視するCタイプとは反対に、このタイプの監督は、学んできたスタイルを掲げて、そのままトレーニング方法や戦術を選手に当てはめていく。そのスタイルが選手に受け入れられれば、チーム全体が同じ方向に進みやすいが、選手の心を掌握しきれずに何かのトラブルがあれば、「猿真似」と称されて、選手の信頼も失いやすいと考えられる。

　また、むやみな精神論を振りかざす指揮官とは正反対の位置づけだが、「厳格」というお堅いイメージが定着しやすいのもこのタイプだ。戦術を機

能させるためには，全員の共通理解とチームの組織化が不可欠である。日頃の指導から，規律重視のカラーが色濃く映る。学んできたスタイルに対する絶対的な自信がこうした「縛り」となり，選手のプレーを抑制し，判断力を奪う危険性も見え隠れする。

しかしこの「規律重視」に加えて「独自性」が融合されれば，たとえ個の力が劣っていても組織力で補うことが可能である。その結果，チームを勝利に導けば「監督の手腕」という印象が強くなり，前述のモウリーニョ氏のように「カリスマ監督」に進化する可能性もあるタイプなのだ。

A・B・C・Dのタイプに分類して考察してみたが，それぞれに特徴が見られる。どのスタイルが素晴らしく，どのスタイルがダメなタイプなのかは一概には言えない。全てのタイプの監督に，一夜にして，英雄にもお払い箱にもなる可能性があるのだ。

ただ，優秀な選手がビッグクラブに集中している現在は，監督のカリスマ性なしではコントロールが難しくなってきているのも事実だ。

「近年のビッグクラブを率いる人は，選手として名もあったし，監督としてもキャリアがあるという人を連れてきたほうがいい部分と，モウリーニョやベンゲルのように理論があってスタイルをもっていて，結果を残している人かどちらかだよね。」　　　　　　　　　　　　　　　(原　博実氏)

おわりに

花形だった選手時代の経験とカリスマ性で引っ張っていく名監督がいる。選手時代は平凡でも卓越した理論と指導力で名監督になる人もいる。有能といわれる監督に共通しているのは，人間味あふれる豊かなパーソナリティの持ち主であること。大事なことは，理論よりも実践の場における選手の判断力を養うことである。誰でも監督になることは可能だ。だが，優れた監督に

なるにはパーソナリティが不可欠なのだ。

　そのパーソナリティを有した上で，どのような経緯で監督になったのか，どのような経験を積んできたのか，どういうチームを率いてきたのかということがあって，監督独自のスタイルが構築されていく。そこから名監督が現れていくのだ。

　そして，散り際も名監督でありたい。

> 「サッカーは野球に比べて，監督の交代が早い。選手を一度に何人も変えられないから，手っ取り早く監督を変えて悪い空気を換えようとする。そういう原理を理解した上で自分の信念を曲げない監督もいれば，マズイ空気を察してまるっきり違うサッカーをやりだす監督もいる。そんなときに人間性が出るんだよ。どうせクビになるならとことん好きなようにやってやる。」 　　　　　　　　　　　　　　　　　（原　博実氏）

付記：本章は2008年3月に執筆したものである。

●参考文献

パトリック・バークレー　中島英述訳（2006）．ジョゼ・モウリーニョ勝者の解剖学　宝島社

ポロ・フェルナンド　横井伸幸訳（2006）．密着レポートフランク・ライカールト　揺るぎない自信　Number, 2006.12.28

林信吾・葛岡智恭（2004）．野球型vsサッカー型　豊かさへの球技文化論　平凡社

城島充（2007）．悲運の名将が支えた躍進　石崎信弘＆柏レイソル　愛と哀しみのフットボール　Number, 2007.12.6

金井壽宏・髙橋潔（2006, 2007）．経営のメタファーとしてのスポーツ　Sports Management Review, Vol.3〜5

金子達仁・戸塚啓・木崎伸也（2006）．敗因と　光文社

木崎伸也（2007）．スポーツ＆リーダーシップ　ジョゼ・モウリーニョ　通訳から名将に出世した男　週刊東洋経済, 2007.6.2

西部謙司（2004）．監督力　出版芸術社
西部謙司（2007）．イビチャ・オシムのサッカーの世界を読み解く　双葉社
山本昌邦（2004）．山本昌邦備忘録　講談社（講談社文庫）
湯浅健二（2000）．サッカー監督という仕事　新潮社

CHAPTER 3

Jリーガーと監督の相性
負の連鎖の克服にむけて

服部 泰宏

他者とともにあるということ

　近代芸術に革命をもたらしたキュビズムの主導者ジョージ・ブラックとパブロ・ピカソ。多くの人々に愛される数々の名曲を残したジョン・レノンとポール・マッカートニー。サッカーの世界でいえば、トータルフットボールを生み出したヨハン・クライフとリヌス・ミケルズ。1人ひとりをとっても、天才と呼ぶにふさわしい彼らだが、その偉業は他ならぬ、彼らによるものである。1人ではなく、他者とともにあることで、1人では到底不可能と思われるようなことを成し遂げることができる。しかし、他方で、他者とともにあることは、しばしばわれわれを苦しめる。他者との人間関係があだになって、自分がもてる力を十分に発揮できなくなってしまうことがある。

　元Jリーガーへのインタビューを通じて、筆者は、トップ・アスリートである彼らが、人間関係とりわけ監督との関係に苦しむ様子を目の当たりにしてきた。しばしば「実力主義」といわれる世界を生きてきたトップ・アスリートの多くが、監督との人間関係によって、自分の競技人生がいかに影響を受けたかを語った。

「これ（人間関係）だけに関しては，すごく，まあ，運的なものも強いと思うし，めぐりあわせっていう。だから，いくらいい選手でも監督と合わなかったら出れないし，伸びないし，廃れていってしまうっていうのもあるし。」
(内藤 潤氏)

なぜ多くの選手にとって，監督との関係がそれほど重要なのだろうか。それには大きく2つの理由が考えられる。

第1に，選手と監督との間には，そもそも，権力の非対称性が存在するためだ。権力の非対称性という言葉はわかりにくいかもしれないが，監督と選手とでは，それぞれがもっている権限の大きさが圧倒的に違っている。試合出場を決める権限は，選手本人がもつというより，監督が一方的に握っているのが普通だ。

社会的交換理論の研究者が指摘するように，ある人が他者にとって重要な資源を多くもち，かつ他者がそれを他所で容易に入手できない場合，その人は他者に対して優位に立つことができる (Blau, 1964)。監督は，チーム方針の決定やレギュラーメンバー選出といった，選手のキャリアに直接影響を与えるような権限を，クラブから与えられている。また，知識や経験といった点など，監督が選手に対して与えることができるものは多い。それに対して，選手1人ひとりが監督に対して与えられるものや，影響力は多くない。だから，そもそも選手と監督という役割の中に，選手のほうが一方的に支配され，圧倒的な影響力を振るわれてしまう関係性が含まれているものなのである。

第2に，選手と監督は一種の閉鎖的状況にあるためだ。物理的に隔離された場所にいるわけではないが，選手は非常に限られた，狭い人間関係の中にいる。選手の日常生活の中で，監督，チームメイト，家族以外には大きな位置を占めている人は少ない。だから，選手は，対人的に閉鎖された状況に置かれているといっても過言ではない。

ネットワーク理論によれば，ネットワークの中心にいるということは，それ自体で権力の源泉となる (安田, 1997)。トップ・アスリートはしばし

ば，監督やコーチ，チームメイトなどに限定された，少数かつ緊密なネットワークの中にいる。そして，その限定されたネットワークの中で，監督が中心的な位置を占めている。しかも，選手と監督のかかわりあいは，クラブやスポンサーとの契約がベースになっているため，選手側からは関係を容易に解消することはできない。そのことがまた，閉鎖的状況を助長しているのである。

この2点によって，つまり，権力が非対称な関係性と閉鎖的な状況におかれることで，選手は監督に大きく依存することになる。だから，選手にとって，監督との間に良好な関係を築くことが決定的に重要になるのだ。選手にとって，監督との相性がよいことが，どれほど彼らのキャリアを成功に導き，人生を左右することだろうか。

そこで本章では，トップ・アスリートの世界における人間関係，とりわけ選手と監督（やコーチ）との関わりあいを，相性（compatibility）という視点から考えてみたい。当然だが，選手と監督との関係がうまくいく／いかないという場合，問題の半分は選手側にあり，もう半分は監督・コーチ側にある。したがって，この問題を考える際には，個人ではなく，二者関係を包括するような視点をとらなくてはならない。監督の資質，選手の能力，性格，あるいは好き／嫌いという感情などの個人の要因は，人間関係に影響を与えはするが，二者関係を包括していない一方通行の概念だ[1]。これに対して，相性という言葉は，それ自体において二者関係を表す（伊藤，2007）。ある人とある人との「相性が良い／悪い」というとき，それはどちらか1人の問題ではなく，2人の問題なのである。

人間関係はどう捉えられてきたのか

社会科学において，選手と監督の相性はもちろん，相性という問題を扱った研究自体が，驚くほど少ない。ここではまず，人間関係全般を扱った心理学の諸研究と，選手と監督の関係に似た状況にある企業組織の上司と部下の

関係を扱った，経営学や産業・組織心理学の諸研究を概観する。その上で，相性という問題に挑んだ数少ない研究を紹介する。

◎**人間関係に関する研究**

　心理学では，人間関係を個人のパーソナリティの観点から議論していた（安東・佐伯，1995；杉野他，1999）。関係を形成する個々人のパーソナリティに注目することで，関係のあり方を探ろうとしてきたのである。オールポート（Allport, 1961）によれば，パーソナリティとは「真にその人であるところのもの」であり，「個人のなかにあって，その人の特徴的な行動と思考とを決定するところの，精神・身体的体系の動的組織」であるという。たとえば，外向的な人は見知らぬ人とも積極的に会話することが多く，反対に，内向的な人は顔見知りの人とすら気軽な会話ができないことが多い。パーソナリティ理論では，人間が対人的に一貫した行動をとるのは，その人の内部に状況や時間を超えて安定した気質が存在しているためだと考える。

　また，アッシュ（Asch, 1946）は，人が，自分と関係をもつ他者のパーソナリティについて作り上げる印象に注目した。そして，人間は断片的な情報に基づいて，他者のパーソナリティを推測・認知することを発見した。人物の印象を形成する実験の中で，被験者は，「寛大な」「賢明な」「幸福な」「気立てのよい」「信頼できる」「温かい」「冷たい」といった複数の特性形容詞の中で，「温かい」「冷たい」といった特定の形容詞のみに注目した。限られた特定の情報に強く影響され，他者の印象を形成していたのだ。つまり，人間は，すべての情報を加味するのではなく，断片的な情報をつなぎあわせることで，他者のパーソナリティを推測するのである。

　このような断片的な情報によって相手について推測するのは，「暗黙のパーソナリティ理論（implicit personality theory）」と呼ばれるものを作り上げているためである。杉野他（1999）によれば，暗黙のパーソナリティ理論とは，それまでの経験の中で培われた，パーソナリティに対する素朴な信念（人間の性格とはどのようなものか，に関するその人なりの理論・

持論）である。この素朴な信念は，断片的な情報から作り上げられることが多い。だから，人間関係はしばしば，私からあなた，あなたから私へのパーソナリティの推論をめぐる，認知の循環として捉えられている。

　しかし一方で，パーソナリティは，日本人の人間関係を捉える概念としてはふさわしくないという指摘もなされている。浜口（1977）はこうした点を，パーソナリティの文化的拘束性という点から説明している。浜口によれば，個人主義的伝統をもつ欧米においては，個人が確固とした「自己」をもっているということは自明である。欧米人にとって，自己の存立基盤が，他ならぬ自己の内部にあることは疑うべくもないことである。したがって，人間関係について議論する際にも，人間存在の本質的要素である確立された自己がまずあって，その自己が（これまた確立された自己である）他者と関わりをもつという考え方が自然と成立する。これに対し日本人は，自己の存立基盤を自己の内部にはもっておらず，自分が誰であるかということが，自分と他者との人間関係の中で規定される，と指摘する。

　　自他の間で共有される生活空間は，自らの側に配分される「自分」と，相手の側に分けられる部分——「自分」の側から見れば，「他分」とでも名付けられよう——とから成り立っている，と見なすことができる。（中略）両者は互いに独立した別個の主体ではなく，いわば共生的存在であって，自らの存立の根拠を，少なくとも一部は他に負っている。

　　　　　　　　　　　　　　　　　　　　　（浜口，1977，pp.60-61）

　日本人にとっては，まず人間関係があり，その関係によって自己の存立が確証される。相手が変われば自己の存在もまた変わる。そうであれば，他者と切り離された確固たる自己を前提とした欧米の心理学の枠組みを借用している限り，日本人の人間関係の本質にはたどり着けないだろう。このことからすれば，とくにわが国にあっては，関係性それ自体を分析することが必要であり，人間関係を検討するにあたって，個人へ分析の視座を限定することは，十分であるとはいえない。だからこそ，「相性」という概念のもとで，

個人を越えた二者の間柄を検討していくことが大切なのである。

◎リーダーシップ論における関係性の問題

　選手と監督の関係に似た関係が企業内にもある。上司・部下の上下関係だ。次に，企業組織における上司と部下の関係に関する研究を検討しよう。経営学において，上司と部下の関係は，リーダーシップの文脈で議論されてきた。人間関係とリーダーシップが同じ文脈の下で検討されてきたのは，いささか奇妙に感じられるかもしれない。しかし，グレン＝ユル・ビエン (Graen & Uni-Bien, 1995) によれば，リーダーシップとは，「リーダー（リーダーシップを発揮する人）」「フォロワー（リーダーシップに帰属する人）」「リーダーとフォロワーの関係性」といった，複数のレベルをもつ現象であるとされる。だから，リーダー個人に帰着される特性と，リーダーとフォロワーの関係性が，リーダーシップの違った次元を形作っているのである。このうち，相性の問題にもっとも近いのは，言うまでもなく，「リーダーとフォロワーの関係性」を扱った研究である。ここでは，こうした問題を扱った代表的な研究を紹介する[2]。

　上司と部下の二者関係を扱った一連の研究は，リーダー・メンバー交換関係理論（以下，LMX 理論）によって体系化されている。LMX 理論とは，上司と部下とが，交換関係を通じて関係性を発展・調整させていくことを理論化したものである。その源流は，垂直的二者結合理論（以下，VDL 理論）に求めることができる。VDL 理論を提唱したダンスリュー他 (Dansereau et al., 1975) は，オハイオ州立大学研究やミシガン大学研究以来の伝統的なリーダーシップ研究を概観した上で，過去のリーダーシップ研究がいずれも，①ある上司の下で働くメンバーは，みな同じものの見方，同じ解釈，同じ反応をすること，②上司は全てのメンバーに対して同じように振舞うことを前提にしていると批判した。その上で，上司と部下の関係は，このような「平均的なリーダーシップ・スタイル (average leadership style)」で捉えられるものではなく，より個別的なものであると主張し，上司と部下の関わりあいを垂直的二者関係 (vertical dyad) として捉える必要性を指摘し

た。

　彼らの主張は，実証研究によって支持されている。たとえば，ライデン＝グレン（Liden & Graen, 1980）は，さまざまな部署に所属する部下を対象に，上司との関係の質が部下の間で異なるかどうかを調査した。その結果，9割以上の部署において，上司は部下と質の異なる関係を形成していることが確認された。

　VDL理論は，やがてLMX理論へと名称を変え，今日に至るまで多くの研究が蓄積される研究分野へと発展していった。DVL理論の主眼が個別的2者関係の描写にあったのに対し，LMX理論は，二者関係がどのように発展するのか，それは組織に対してどのような成果をもたらすのかに主眼を置く（Graen & Uni-Bien, 1995）。そして，質の高い上下間の交換関係が生み出す成果として，「業績」「離職」「職務満足」「組織コミットメント」「イノベーション」「組織市民行動」など，さまざまな要因への影響が検討されている（Graen & Uni-Bien, 1995）。

　LMX理論は，上司と部下の関係が決して一様ではなく，それぞれの関係に個別的なものであると主張し，リーダーシップ研究に新たな視点をもたらした。また，上司部下の二者関係を視野に入れて交換関係の質を捉えたという意味で，二者関係を前提とする相性と共通する部分が多い。ただし，ほとんどのLMX研究では，上司の視点もしくは部下の視点のみから評価した関係を測定している。伊藤（2007）も指摘するように，二者関係レベルの概念として定義されながら，結局，一方の視点しか含んでいないのである。

◎相性の萌芽的研究

　すでに述べたように，相性という問題を扱った研究はきわめて少ない。そうした中でも，相性の問題に直接挑んだ先駆的な研究も出始めている。以下では，経営学の分野で相性の問題に取り組んだ一連の研究を紹介する。

　髙橋他（髙橋・大里・伊藤，2005；大里・髙橋・伊藤，2005）の関心は，上司にとって相性が良い部下と悪い部下とを区別する要因を，定量的に明らかにすることであった。上司に対して，これまでの経験から「もっとも

相性が良い部下」と「もっとも相性が悪い部下」を具体的に思い浮かべてもらい，その2種類の部下に対して，性格，行動特性，外見，価値観，サポート，嗜好，金銭感覚，といったさまざまな点を質問票上で評価させた。判別分析の結果，上司が相性が良いと判断する部下の要因として，「やさしさ」「評判の高さ」「サポート」「価値観の類似」があげられた。また，相性が悪いと判断する要因として，「年長・同年代」「一貫性の無さ」「容姿の端麗さ」が浮かび上がった。この結果は，上司が部下の相性をめぐって，実に複雑な認知を行っていることを示している。言い換えれば，相性が良い／悪いといった単純な図式では，相性の問題が捉えきれないことを示唆している。

髙橋らの研究が，上司にとっての部下の相性という一方向のみを扱っていたのに対し，伊藤（2007）は，部下から見た上司との相性を含め，双方向の相性問題を扱っている。この研究では，回答者に，「相性が良い部下」「相性が良い上司」「相性が悪い部下」「相性が悪い上司」の4者を想起してもらい，それぞれについて，第一印象，関係の期間，接触頻度，性格，価値観，補完，切磋琢磨，礼節，コミュニケーション，仕事上の行動，仕事のやりやすさ，パフォーマンス，付き合い，容姿，評判といった点を評価させた。判別分析の結果，相性が良い上司・部下の特徴として浮かび上がったのは，「一般に好まれる特性」「価値観の一致」「他者志向」「関係の質と量」であり，相性が悪い上司・部下の特徴として浮かび上がったのは，「自分志向」「関係の質（浅さ）」であった。伊藤はさらに，上司と部下を分ける項目にも注目し，「相性が良い部下」「相性が良い上司」「相性が悪い部下」「相性が悪い上司」の4群の判別分析を行っている。その結果，上司の視点から見た相性の良い部下とは，「付き合いやすさ」という特徴をもっており，部下の視点から見た相性の良い上司とは，「他者志向」という特徴をもっていることがわかった。つまり，上司と部下とでは，相性の良さの意味合いが異なっていたのである。この結果を受けて，伊藤（2007）は，「相性を考える上では，ただ漠然と二者を想定するのではなく，その二者を何らかの立場によって限定する必要がある」（p.54）と述べている。言い換えれば，役割や立場によって，相性の捉え方が変わってくるのである。

加えて，部下は相性の良い上司と相性の悪い上司の両方を明確にイメージしているのに対して，上司は，相性の悪い部下というものを必ずしも明確にイメージしていないことがわかった。相性が良い部下については，「付き合いやすさ」という共通項目が浮かび上がったのに対し，相性が悪い部下に対しては，回答者間で共通の特徴が見出されなかったのである。この結果を受けて，伊藤は，上司は，相性が良い部下に対しては一般論的な評価を下し，相性が悪い部下に対しては個々さまざまな評価を下すという解釈を行っている。上司は，その立場上，あるいは年齢規範上，自分より若輩である部下に対して，はっきりと嫌う態度をとることは適当ではない。したがって，相性の良くない部下に対しても，上司は分け隔てなく，それなりの態度で臨んでいるのかもしれない。それに対して，部下のほうは，自分と合う上司と合わない上司について，はっきりとした「暗黙理論」を作り上げている可能性がある。立場によって，相性の捉え方は違っており，印象形成における非対称性が明らかになったといえる。

　要約しよう。相性という関係性にかかわるデリケートな問題に関しては，いまだほとんど科学的検討がなされていない。ここで展望してきた高橋他（2005）や伊藤（2007）の研究から得られる示唆は以下の2つである。

① 相性の問題は，良い／悪いという単純な図式では捉えられない。
② 上司の立場から見るのか，部下の立場から見るのかによって，相性のもつ意味が異なる。相性の問題を考えるにあたっては，異なる立場を考慮する必要がある。

　本章では，選手と監督との相性の問題がテーマである。選手と監督との間には，相性に起因してさまざまな問題が起こる。その問題を克服するためには，まず，「相性とはどのようなものか」という点を明らかにする必要がある。そこで以下では，トップ・アスリートへのインタビューによって，選手と監督との相性とはどのようなものか，さらには，選手と監督との間で相性が良くなかった場合，それはどのようにして克服できるのかという点について検討する。

相性をどう捉えるか

　トップ・アスリートの世界における相性という未知の現象を探るために，本章では，「重大事象法（critical incident technique）」という方法を採用した。重大事象法とは，極端ともいえるような具体的な事象（重大事象）について話を聞き，その内容を分析することで，特定の活動におけるキーファクターを抽出する方法である（Flanagan, 1954）。極端な出来事は，そうでない出来事よりも，精確に意識されるからである。重大事象法は，もともと，軍隊における特定の活動[3]の遂行に対して，とくに効果的・非効果的な行動を特定するための方法として提唱されたものだが，転じて，幅広く用いられるようになった。

　重大事象法の発想に従って，実際にトップ・アスリートの世界を経験した元Jリーガーに対して，これまで，「とくに合わないと感じた監督」，逆に「とくに合うと感じた監督」について，具体的なエピソードを語ってもらうという方法をとった[4]。

　データの分析方法に関しては，「グラウンデッド・セオリー（grounded theory）」（Glaser & Strauss, 1967）の考え方に負うところが大きい。グラウンデッド・セオリーとは，現象をデータとして読み取り，そのデータとの相互作用によって帰納的に理論を生み出す方法である。グラウンデッド（根付いている）とは，①理論がデータに根付いているということ，そして②データ自体が現象に根付いているという二重の意味を持っている。

　元Jリーガーが語る具体的なエピソードを分析した結果，相性の異なる次元を構成すると思われる2つの要素が浮かび上がってきた。すなわち，認知的相性と情動的相性である。これらはもともと，個人個人の語りであったものから，エッセンスを抽出したものである。それぞれについて，以下では，具体的なデータ（語り）を示しながら説明しよう。

◎認知的相性（cognitive compatibility）

　相性を構成する第1の要素は，お互いの価値観や目標が一致しているかどうかという，価値判断に関わる相性である。サッカーの場合でいえば，監督の目指すサッカーと選手のプレースタイルが合うかどうか，ということになる。この種の相性は，監督と選手が，相手の意見や考え方，プレーなどを観察・解釈し，お互いの価値観や目標が合っているか，ズレているのかを認知するようになることから，認知的相性と命名した。これは，髙橋他（2005）の研究結果で，相性が良い部下と悪い部下を判別する要因として，「価値観の類似」が浮かび上がったこととも符合する。

　　「前の年のコーチだった（方）ですけれども，そのコーチが言っていることが監督とズレていて。私は，試合に出ているわけだから，監督のいうことを聞いていたんですよね。そのコーチが監督になって，急に違うサッカーになったんですね。そうすると，なかなか難しいですよね。違うサッカーをしていた選手を使っていうのは。」　　　　　（岩井厚裕氏）

　価値観や目標は，状況に依存する。たとえば，仕事に対する価値観は，恋愛や友人関係における価値観と，必ずしも一致しない。だから，「仕事上では上手くいかないが，友人としては良い関係だ」ということもありうる。「試合では使われなかったけれど，よく一緒に飲み食いを共にしたいい監督だ」というようなことも，あり得ないわけではない。

　ただし，アスリートとりわけサッカーのようなチームスポーツのアスリートの場合，認知的相性の良し悪しは，出場機会（ときにはキャリアそのもの）に直接の影響を与えることがある。監督がある選手を起用するかどうかは，監督自身の理想とするサッカーと，選手のプレースタイルとが合うか合わないか，すなわち認知的相性によって決まるからである。監督と選手との間には，権力の非対称性があることを，今一度思い出してほしい。

　　「監督さんによっては守備メイン，守備からのカウンターが私の戦術で

すよと（いうことがあります）。だから，フォワードも守備をしながら，頑張ってボールをもったら前に飛び出すという，絶え間ない動き（が求められます）。……（にもかかわらず，選手が）『いや，俺は点取るのが仕事ですよ。守備もまあ，ちょっとはやります。でも，私の仕事はペナルティエリアの付近ですよ』と（言ったらどうなるか）。その人（選手）が，使ってもらえるかっていったら，僕が監督だとしても使わないですよ。……1人のために，サッカーっていうのは崩れてしまう。その監督さんの戦術も崩れてしまう。ということは，その監督さんの理想とする守備ができない。メインができない。（それ）じゃあ，（レギュラーメンバーから）外れますよね。」 (堂森勝利氏)

「監督によって，やりたいサッカーっていうのは違うと思うんですよ。すごく運動量が多い，走れる選手を使う（監督の場合には），逆に，ボールをもち過ぎてしまう選手は使われないとか。そういう，サッカー的な部分で合う合わないっていう。」 (伊藤 豊氏)

　価値観や目標は，その気になれば言語化することができる。相手と考え方や目標が相手と合わないと感じたとき，「なぜ合わないのか」を自覚し，言語化することができる。そして，より重要なことは，そのことに関して相手とコミュニケーションをとれることである。

「『なんで出れないんだ』とかっていうことがあれば，『(監督のところに)直接行け』って言うんですよね。人を介して話せば，またおかしくなるだろうし。何度か若い選手に（監督に聞いてくれないかと）言われたことはありますけど，『自分で聞いたらいいじゃないか』と。……『自分はなんで駄目なんだ。改善したい』って思えば，監督にとっても悪い気はしないと思うんですよね。だから『こういうとこが足りない』とか，いろいろなこと言うと思うんですよね。俺も聞きましたよ，『なんで，僕は出れないんですか』って。（監督に）『なかなか戦術にマッチ

しない』って言われましたけどね。」 （岩井厚裕氏）

「確かに，合いづらい人はいましたけど，それを僕は合わせようと（努力しました）。その人を理解しようとしました。だから，結局どこへいっても出れる選手というのは，その人（監督）の求めているものに合わせられる。……僕は（監督に）聞くことにしてました。試合に出れないことがあれば，『何がいけなかったんですか』とか。ちょっとでもコミュニケーションをとっていけば，理解できると思うんで。」
 （堂森勝利氏）

　この2人の語りに見られるように，価値観や目標がずれていても，どこがずれているのかを選手と監督が話し合うことによって，問題解決の糸口をつかむことができる。認知的相性は，コミュニケーションをとることによって，その気になれば良くすることができるのだ。

◎**情動的相性**（emotional/affective compatibility）
　一方，関係がこじれ，それがうまく解決されない場合には，相手に対する感情的な反発が生まれることがある。以下の語りは，価値観や目標の不一致とは異なる，相性のもう1つの側面を示唆している。

「プレースタイルが違って，お互い違和感を感じ始めて，そこに『なんなんだよ』っていうのがお互い芽生えてくる。プレースタイルっていう言葉はキレイな言葉で，プレースタイルだけで終わっちゃうっていうことはないと思いますよね。」 （伊藤和麿氏）

「1つは，生理的に合う合わないっていうのが，ありますよね。どうしてもコイツとはっていうのは。同じくらいのレベルの選手が2人いたら，やっぱり，こっちのほうが好きだなっていうほうを使うだろうし。」
 （内藤　潤氏）

第3章　Jリーガーと監督の相性

「生理的に合わない」といった相手に対する嫌悪や好意は，価値判断を伴わない感覚・情動に関わっているため，情動的相性と呼びたい。認知的相性というのが，価値観や目標が一致しているかどうかという，いわば頭の中で理性的に冷静に取り上げることができる相性の要素であるとしたら，情動的相性とは，もはや理性を通り越し，好き嫌いの感情や，情緒面での強い反応を引き起こす相性の要素である。また，認知的相性が特定の状況に直結しているのに対し，情動的相性は当事者間の関係全般にわたる，より一般的な相性であるとも言える。「坊主憎けりゃ袈裟まで憎い」ではないが，一旦嫌悪感を抱くと，その人の全てが嫌になる。

　情動面での相性は，相手と合う合わないを感覚的には理解できても，なぜそうなのかという理由を言語化するのが難しい。「理由はないけど好き」とか，「嫌いだから嫌い」といった循環論や感覚論に陥ってしまい，冷静な理解が進まないのである。そのため，一旦関係がこじれると，容易に修正することができない。さらに厄介なことに，情動面で関係がこじれると，相手の価値観や目標面でも，関係がこじれだすようである。

　　「結局，人間って好き嫌いなんですよ。ものすごい好きなやつが自分と
　　合わないプレーをしても，それは何とか許容しようとするわけですよ。
　　でも，人として好きではなければ，自分の好きなプレーをしたって，そ
　　のプレーが嫌に見えたり，おかしく見えたり，間違えて見えたりするわ
　　けで。」
　　　　　　　　　　　　　　　　　　　　　　　　　　　　　（伊藤和麿氏）

　すでに述べたように，認知的相性は，相手の言動の観察に基づいている。当事者の理性的な判断をともなっている。しかし，伊藤（和）氏の語りは，相手に対する感情的な反発がある場合，そうした理性的判断が感情によって歪められてしまうことを示している。相手のある部分に対する判断が，その人の他の一部や全般的な印象によって歪められることを，心理学ではハロー効果（halo effect）と呼んでいるが，情動的相性においても，同じように，相手に対して抱いた一部の感情が，相手の印象全体に波及してしまうよう

だ。

　このように，認知的相性と情動的相性とは，相互に影響し合う関係にある。そのため，ほんの些細な関係の悪化が，「相性の負の連鎖」とでも呼ぶべきプロセスをたどって，深刻な影響をもたらすことが起こりうる。たとえば，ちょっとしたことがきっかけで，「あの選手は苦手だ」（情動的相性）と監督が思い出すと，その選手のプレーまでもが「自分の理想と合わない」（認知的相性）ように見え，さらにそのことが，「やはりあの選手は苦手だ」（情動的相性）という思いを強めさせる，というように加速度的に関係が悪化することがありうるのである（図3-1）。

　これは由々しき事態だろう。競技スポーツや仕事の世界では，恋愛などとは違って，一般に理性が支配する世界であり，感情のような非合理要素を抑圧することが正しいと思われている。選手と監督との間に，感情のレベルまで下りてくるほどの相性の良し悪しがあれば，関係性だけでなく，選手のパフォーマンスにまで強い影響を与えている可能性があるからだ。しかし，伊藤（2007）の研究結果からの示唆を受ければ，選手の側からは監督に対して強い情緒的反応を引き起こすことはあっても，逆に，監督や上の立場の人からは，そのような情緒的反応を引き起こさないかもしれないと考えることもできる。

　立場が上の人にとっては，認知的・合理的側面での相性は影響しても，自分の配下にある選手に対し，情動的相性と呼べるものを感じることはないかもしれない。感情を抑えることが，リーダーの務めの1つであり，感情に

「あの人と私は，価値観（目標）が違う」

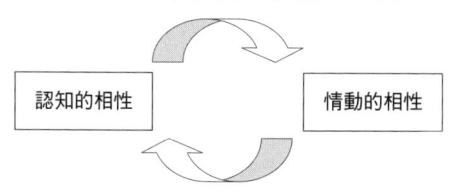

認知的相性　　　　情動的相性

「あの人のことを，どうも好きになれない」

図3-1：認知的相性と情動的相性の関係：相性の負の連鎖

流されて意思決定を行うことは，効果的なリーダーシップの対極にあるものだと考えられているからだ。

　要約すれば，本章で見てきた聞き取り調査の結果から，次の2つのことが示唆される。

> ① 相性には，少なくとも，価値観や目的にかかわる認知的な相性と，好意や嫌悪にかかわる情動的な相性とがある。
> ② 認知的相性と情動的相性は，相互に影響しあう関係にある。一旦，どちらか一方で関係がこじれると，それが他方にまで波及して，関係が加速度的に悪化することがある。

相性問題をどう克服するか：コミュニケーション

　それでは，相性の悪い相手とうまくやっていくためには，どうすればよいのだろうか。その点に関して，有益な示唆を与えてくれるのが，恋愛関係に関するスタンバーグ（Sternberg, 1999）の研究である。スタンバーグは，恋愛関係が長く続くか否かは，当事者が恋愛関係に関してもつストーリーの両立可能性（compatibility）によって説明できると考えた。ストーリーとは，「愛とは理想的にはどのようなものであるべきか」に関して当事者がもつ信念であり，一般にいうところの恋愛観に相当し，本章の言葉でいえば，認知的相性に含まれる1つの要素である。極端な例だが，常に言い争いが絶えず，第三者から見ればうまくいっていないような夫婦であっても，お互いが「喧嘩こそが愛の証だ（戦争ストーリー）」と考えていれば，うまくいく。

　スタンバーグのユニークな点は，ストーリーに注目することで人間関係を変化させることができるとしている点にある。自分のストーリーのテーマや，それが行動に与える影響を自覚することによって，相手との関係を変化させることができるという。言いかえれば，自分の価値観・目標について内

省することで，関係を改善することができるということである。

　本章のインタビューでも，選手が「自分はなぜ試合に出られないのか」を監督にたずねることによって，状況を打開したという話が多く聞かれた。監督と選手の双方が，自分は何を目指しているのかを言語化し，伝え合うことで，関係修復に向けたコミュニケーションが始まる。

　「話し合えばなんとかなる問題だから。『じゃあ，こうしましょうよ』って（解決案を探ることができる）。『試合出さないぞ』って言われてまで，『俺は，ここからしかセンタリング上げませんよ』なんて選手いないわけですよ。『お前使わないよ』って言われたら，『わかりました。どうしたらいいですか。』っていう話になるんであって。」　（伊藤和麿氏）

　「確かに，合いづらい人はいましたけど，それを僕は合わせようと（努力しました）。その人を理解しようとしました。……（それによって）僕も，考えが変わってきた。そうなってきてからは，監督さんを見る目が変わってきたと思います。自分（のこと）も，理解しようとして（努力するようになりました）。パフォーマンス落ちて交代させられる。それは，自分のせいだと思いましたし。……（監督と）合う合わないって言う人は，（監督と）コミュニケーション取れないと思うんですよ。取れてないんですよ。だから，自分の何が駄目か，何がいけないから出れないのか（を正しく）理解してないと思うんですよ。」　（堂森勝利氏）

　価値観や目標について率直に話し合うことが，自分自身の気づきにつながることもある。堂森氏は，自分自身のプレースタイルと監督の目指すサッカーのギャップについて話し合う中で，選手として自分に何が足りなかったのか気づくことができた。相性にかかわる問題の，少なくとも半分は自分自身に原因があると気づくことで，相手と真剣に向き合うことができ，結果として自分自身への洞察が深まるのである。ここから，以下の２つの示唆を得ることができるだろう。

① 相性問題は克服できる。そのキーワードはコミュニケーションである。どの部分で相性が悪いのかを内省し，コミュニケーションをとることで，負の循環から抜け出すことができる。
② 相手との関係を修復する過程は，自分を理解する過程でもある。相性問題の，少なくとも半分は自分自身の問題である。

コミュニケーションを阻害する要因

　ただし，インタビューでは，相性の悪さを克服する努力を妨げるいくつかの要因も浮かびあがってきた。

　第1は，選手自身が抱く自分への過剰な自信である。トップ・アスリートの場合，自分に対して強い自信をもっていることが多い。ときとして，それは過剰な自信と思われるほど高いこともある。そのような選手の場合，自分のプレースタイルや目指すサッカーのあり方が認められなければ，その不満が，自分ではなく，監督やコーチに向かいやすい。不幸なことに，過剰な自信が，監督との関係性を醸成する働きかけを阻害し，また，自分自身に対する正しい気づきを妨げてしまうのである。それは，とくに，若手選手に多い。

　「とくに若い子が多いんですよ。『あの人（監督）があれやった（監督だった）から駄目やった』という。『もし，あの人（別の監督）やったらいけた』とか。それは，結局は人任せ。自分は何にもしてないのに。その人（監督）に合わせようとして（努力したのに）駄目なんであれば，思ってもしょうがない。（しかし監督を）理解しようともせずに，『自分は（準備をしっかり）やってる。監督早く変わらへんかな』って思ってる選手，結構いると思いますよ。」　　　　　　　　　　（堂森勝利氏）

第2は，そもそも選手と監督との間に横たわる階層意識や心理的距離である。コミュニケーションの重要性に気づきながらも，選手と監督という，年齢も経歴も立場も違う二者の間にある社会的階層と，心理的距離の遠さによって，選手の側からは，上の立場にある監督に話しかけにくいという声は，実際，多くの元Jリーガーから聞かれた。

> 「（相手のことがまだ）わからないときに意見を言ってしまって，それが違った捉え方をされる場合もあるんで，（監督に）慣れるまでは（コミュニケーションを）取りづらい。やっぱり，監督さんの方から来てほしいなっていうのがありますね。どーんって（構えて）いられると，こっちから言いづらいなっていうのはありました。」　　　　（堂森勝利氏）

　第3は，情動面でのこじれである。これまで述べてきたように，認知面での問題は，コミュニケーションによってある程度解消できる。しかし，相手に対する情動的な反発がある場合，相手の全てが悪く見えてくる。そのため，コミュニケーションをとろうという意欲そのものがわかないことがある。コミュニケーションが起こらなければ，価値観や目標のすり合わせも起こらないから，いずれ，認知面でも相性が悪くなるだろう。このような傾向は，とくに，出場機会に恵まれない若手選手に多いという。

> 「（監督と）ものすごいわだかまりのある人もいますし。『何でこの試合，出れないんだ』っていう（不満を抱える選手もいる）。そういうのが溜まってしまうと，余計悪い。その辺（わだかまり）はどこかで，無くしていかないと。わだかまりのあるままでやっていくと，いいプレーも出来ない。……あんまり機会のない選手が，（自分と）おんなじようにしている（監督とコミュニケーションをとっている）かっていったら，そこまでコミュニケーションが取れてないのかなって思います。」
> 　　　　　　　　　　　　　　　　　　　　　　　　　　（堂森勝利氏）

監督と選手との間のコミュニケーションを阻害する要因は多々ある。こうした問題をどのように乗り越えるか，とりわけ，情動面で関係がこじれた場合にどのように克服すればよいか，今後検討するべき課題である。

結　び

　本章では，人間関係を捉える新たな視点として，相性について検討してきた。これまで社会科学は，人間関係をさまざまに捉えてきたが，それらはもっぱら個人の要因から関係性を規定していこうとするものばかりであり，いずれも二者関係を単位とする相性という問題を捉えきれていない。他者との関係によって自己の有り様が影響をうける日本人にとって，個人主義に根ざした欧米の心理学には違和感が残るし，経営学の分野で上司と部下の関係を扱った諸研究も，関係性の問題を軽視してきたきらいがある。つまり，既存研究の枠内にいる限り，日本人の人間関係は捉えられないのだ。

　このような問題意識から，元Ｊリーダーへのインタビューによって，相性の中身を特定することを目指した。その結果，認知的相性と情動的相性という２種類の相性が浮かび上がってきたのである。この２つの相性は，互いに影響しあっているため，一旦いずれかの相性において関係がこじれると，それが他方に波及し，関係が加速度的に悪化する可能性があることも指摘した。相性の負の連鎖がまわり出すのだ。

　しかし，相性の良い関係を構築することもできる。情動的相性は，感覚的には自覚できるが，理性的に言語化して理解することが難しい。それに対して，認知的相性はその気になれば言語化することができる。そのため，コミュニケーションをとることによって，相手との認知的相性をある程度向上させていくことができるのだ。相性の認知的側面を改善していくことで，少なくとも，相性の負の連鎖を食い止めることはできる。

　興味深いことに，相手との相性について理解を深めることは，結局，自分自身の理解にもつながる。自己が相手との関係に規定されるということに気

づいてこそ，自分自身への洞察を深めることができるのである。「強い信念」に支えられた「確固たる自己」の象徴だと思われるトップ・アスリートたちが，人間関係に関する苦悩を語ったという事実が，相性という問題のもつ深みを表しているように思えてならない。

　もちろん，相性研究はまだ始まったばかりである。認知的・情動的相性の良さを規定する要因はなにか。相性の良さ・悪さはどのような成果につながるのか。関係がこじれたとき，とりわけ情動面でこじれたとき，どのように乗り越えればよいか。相性の要素間の関係は，認知面・情動面どちらかで関係がこじれると，それが他方に波及するというような単純なものなのか。情動面では相性が悪いが，認知面では相性が良いといったような複雑な関係は見られないか。探求するべき課題は多い。

●注

▶1　たとえば，好き―嫌いという感情は二者関係においてのみ成立する。しかし，そうした感情自体は，どちらか一方がもつものである。その意味で，二者関係を包括してはいない。
▶2　リーダーシップ研究のメインストリームとフロンティアに関する詳細なレビューについては，金井（1991, 2005），小野（2007）を参照されたい。
▶3　たとえば，戦闘における効果的なリーダーシップ，飛行中の方向感覚など。
▶4　元Jリーガーを選択した理由は，現役選手に対して，監督に対するネガティブな発言（たとえば，「○○さんとは相性が悪い」）を求めることは，不適切だと判断したためである。

●参考文献

Allport, G. W. (1961). *Pattern and growth in personality*. Orland : Harcourt College Publishers（今田恵訳（1968）．人格心理学（上）　誠信書房）．
安東末広・佐伯栄三（1995）．人間関係を学ぶ―本質・援助・トレーニング　ナカニシヤ出版

Asch, S. (1946). Forming impressions of personality. *Journal of Abnormal and Social Psychology*, **41**, 258-290.

Blau, P. M. (1964). *Exchange and power in social life*, New York : John Wiley & Sons（間場寿一・居安正・塩原勉訳（1974）．交換と権力　新曜社）．

Densereau, F. G., Grean, G. B., & Haga, W. J. (1975). A vertical dyad linkage approach to leadership with in formal organizations : A longitudinal investigation of the role making process. *Organizational Behariar and Human Performance*, **13**, 41-78.

Fieadler, F. E. (1995). Personality, motivational systems, and behavior of high and low LPC persons. *Human Relations*, **25**, 391-412.

Flanagan, J. C. (1954). The critical incident technique. *Psychological Bulletin*, **51**(4), 327-358.

Glaser, B., & Strauss, A. L. (1967). *Discovery of grounded theory : Strategies for qualitative research*. Chicago : Aldine Publishing Company（後藤隆・大出春江・水野節夫訳（1996）．データ対話型理論の発見：調査からいかに理論を生み出すか　新曜社）．

Graen, G. B., & Uhl-Bien, M. (1995). Relationship-based approach to leadership: Development of leader-member exchange (LMX) theory of leadership over 25 years : Applying a multi-level multi-domain perspective. *Leadership Quarterly*, **6**, 219-247.

浜口恵俊（1977）．日本らしさの再発見　日本経済新聞社

伊藤雅玄（2007）．上司―部下関係における相性の探求　神戸大学大学院経営学研究科修士論文

金井壽宏（1991）．変革型ミドルの探求―戦略・革新指向の管理者行動　白桃書房

金井壽宏（2005）．リーダーシップ入門　日本経済新聞社（日経文庫）

Liden, R. C., & Graen, G. (1980). Generalizability of the vertical dyad linkage model of leadership, *Academy of Management Journal*, **23**, 451-465.

小野善生（2007）．リーダーシップ　ファーストプレス

大里大助・髙橋潔・伊藤雅玄（2005）．リーダーと部下の相性―相性のよい部下とわるい部下をわけるもの　経営行動科学学会第8回年次大会発表論文集, 260-263

Sternberg, R. J. (1999). *Love is a story ; A new theory of relationships*, New York : Oxford University Press.

杉野欽吾・安藤明人・川端啓之・亀島信也・小牧一裕（1999）．人間関係を学ぶ心理学　福村出版

髙橋潔・大里大助・伊藤雅玄（2005）．リーダーシップの相性研究：リーダーと部下の相性を決めるものは何か？　人材育成学会第3回年次大会発表論文集，179-184
安田雪（1997）．ネットワーク分析―何が行為を決定するか　新曜社

リーダーシップの理論と実践
スポーツの世界を念頭に

金井　壽宏

　ビジネス・リーダーに対する信頼が，米国では絶えず起こる不祥事により失墜し，命をかけて国家の安全保障のために働くミリタリーの世界のリーダーシップよりもはるかに，人々の期待が低くなっている（Avolio & Lathans, 2005）。ビジネス・リーダーに悪い見本が多いという事情は，日本でも変わらない。他方で，スポーツの監督に対して，人々は夢や希望を託している。それだけに，彼らを見るファンの目はきびしい。勝ち進む勢いに乗っているときは賞賛されるが，負けが続くと更迭されるのがスポーツのリーダー（監督）だ。監督は，「クビにするために雇われる（hired to be fired）」という言葉まである。ファンなのに贔屓のチームのリーダーを悪しざまにいうのは，おとなげない。しかし，それだけ熱心に応援しているということだ。好意的に見れば，ファンも選手も，監督の采配でチームの勝敗が左右されると信じているともいえるし，またそれだけ，監督の力に期待しているともいえる。だから，監督が変わればチームが強くなるという希望の下に，新監督が登場する。

　キャリアという面からみれば，いつまでも現役でやっていけるわけではない。いつか現役を離れれば，道筋の1つとして，コーチや監督への道がある。プレーヤーから指導者になったときに問われるのが，リーダーシップの問題だ。それは，プレーの熟達とはまた異なる世界なので，古くから「名選

手は名監督ならず」とも言われてきた。

　経営学では，監督の役割にかかわるリーダーシップにまつわる諸問題を広範に扱ってきた。この章では，リーダーシップ論の発展の歴史を，スポーツの世界の指導者のリーダーシップに照らし合わせながら，振り返ってみることにしよう。

リーダーシップ論の変遷その1：資質アプローチから状況アプローチまで

　リーダーシップ論の起源を，プラトンの『国家論』やマキャベリの『君主論』にまで遡ることがなければ，その研究の歴史はたかだか100年である。19世紀から20世紀になるころが経営学の起源であるので，リーダーシップ研究の歴史は，経営学の発展と同じぐらいのスパンをもっている。

◎資質アプローチ

　リーダーシップが，生まれつきの個人的資質（personal traits）で説明できるとしたら，なにかと便利である。リーダーシップが発揮できる人を識別できるなら，Ｊリーグの球団でも，監督として実績をあげる前から，監督としてやっていける人を探すための手だてとなる。

　オハイオ州立大学のR.M.スタッジル（Stogdill, 1948）は，資質アプローチに該当する124の研究を検討した。生まれつきの資質のリストを並べ出すと，調査結果は，一筋縄ではいかないものであった。ここでは，次の3点を，スポーツの世界との関連で指摘しておきたい。

　1つには，矛盾する発見事実が多すぎて，どうも生まれつきの資質だけでは，リーダーシップの問題をうまく解決できないという点だ。生まれつきの資質の代表格は，身長や恰幅などの外観，パーソナリティ（性格），IQ（知能）などだ。これらについて夥しい数の研究が行われたが，その結果には一貫性がない。

　たとえば，長身のリーダーもいるが，ナポレオンや源義経のように小柄な

リーダーもいる。リーダーシップにはビジョンを伝え，活発なコミュニケーションが要請されたりするので，パーソナリティ特性としては，外向的な人のほうが望ましいように思われるかもしれない。しかし，非暴力を貫き，インドを独立へと導いたモハンダス（敬称はマハトマ）・ガンジーは，シャイで内気な性格であった。言葉を選んで語ったから，かえってよかったと回想している。また，もしIQがリーダーシップの資質なら，大学にはすぐれたリーダーがもっといてよさそうなものだが，けっしてそうではない。

第2に，身長や容姿など目に見える資質は除外して，目に見えないパーソナリティ特性を考えてみよう。たとえば，ヤマト運輸に宅急便の事業を興した小倉昌男氏は，経営リーダーの条件の1つに「明るい性格」をあげている（小倉，1999）。しかし，性格だから変わらないとあきらめるよりも，行動なら変えられること，行動パターンなら育むことができることを大切にしよう。

小倉氏に仕えて後に自らも経営者になった人たちの証言によれば，小倉氏はネクラだったと言われる（これは，敬意の念を払いつつの発言ではあったことも申し添えたい）。ヤマト運輸における後続の経営者の1人は，「世の中に陰と陽というのがあるとしたら，小倉さんが陰で，わたしが陽だった」と明言され，別の1人は，「TNB（東大出のネクラのB型）が役員たちによって小倉さんに対してつけられた渾名だった」と披露された。

元々の性格はどうであれ，明るい性格が示すような行動をめざしてきた小倉氏には，独特のユーモアがあり，実際に，場の雰囲気を明るくしていた。明るい性格が個人に安定したパーソナリティ特性であったとしても，フォロワーの目に見えるのは，その個人が実際にどのような行動をとるかという側面だ。ここから，資質よりも行動に注目すべきだという主張が生まれた。

資質アプローチへの第3の批判は，リーダーシップが生まれつきだと考えたら，それを学ぶことができなくなってしまうということである。経営学は実践に役立つことが大切な学問分野であるため，後天的に学習することができないパーソナリティやIQ等の個人特性よりも，学習することができる行動面に注目する傾向がある。もちろん，生まれつきの資質をまったく無視

していいわけではないし，行動面なら学べるといっても限界もある。そのため，リーダーシップは生まれつきか，後天的に身につけるものなのか（made or born, nature or nurture）をめぐる論争にむりして決着をつけるより，両方とも大事だという方向も示されている（Avolio, 2004）。

ともに大事だと認めたうえで，生まれつきの資質よりも，学ぶことのできる行動を重視するアプローチに，実践を重視する立場からは軍配をあげたい。ただし，元々外向的で明るい人のほうが内向的に深く自分を見つめるタイプの人よりも，元気よく屈託のない明るさをもって振る舞いやすいだろう——長嶋茂雄氏のほうが王貞治氏より，明るく「メークドラマ」と言ってのけやすいだろう。

指導者については，天才監督などという概念はない。監督者になるための経験と学習，また監督者になってからのさらなる経験と学習が，リーダーシップを磨くうえで不可欠だろう。運動特性のように生まれつきが利く世界とは違うことに，現役を引退して，指導者をめざすようになってはじめて気づくだろう。

◎行動アプローチ

1950年代以降のリーダーシップ論は，行動アプローチに大きく傾斜することになった。行動アプローチの代表格が，ミシガン研究，オハイオ州立研究である——わが国でも同時期に，この分野で世界レベルの研究がなされた（九州大学・大阪大学のPM理論）。

ミシガン大学は，高業績をあげているチームのリーダーと低業績にとどまっているチームのリーダーを，行動面から比較することから研究を始めた。その結論は，次の特徴をもつリーダーシップ行動スタイルの有効性を体系化したことである（Likert, 1961）。

- 支持的関係の原則（メンバーの期待，要望に耳を傾け，それが実現するように支持する）
- 高い業績目標

- 監督の集団方式（チームとしてメンバーたちに接する監督のやり方）

　支持的関係の原則は，高い業績目標とセットになっている。これは，スポーツの世界でもピンとくるところがあるだろう。選手を思う気持ちが前提にあれば，ワールドカップなど高いところをめざす目標もしっかり共有され，高い目標の共有は，チームの団結を促進する監督の下で実現しやすくなる。選手を支えるつもりがなく，目標だけが高いと，選手に納得感が生まれにくく，目標達成への強いこだわりが生まれにくい。この意味で，支持的関係の原則と高い業績目標とは，両方存在してこそ初めて，大きなパワーを発揮する相乗効果をもつのである。

　オハイオ州立大学は，ほぼ同時期になされた九州大学における三隅二不二教授による研究蓄積（三隅，1978）とともに，リーダー行動の基本となる2次元（基本2軸，もしくは不動の2軸とも呼ばれる）を見つけ出した。あわせて，これらの2軸において，ともに高度の行動をとっているリーダーが，もっとも効果的であることも発見した（これをHi-Hiパラダイムと呼ぶ）。

　この2次元は，オハイオ州立研究では構造づくりと配慮，九州大学の（後に大阪大学を拠点とする）研究ではP（パフォーマンス）とM（メンテナンス）と名付けられている。構造づくりやPは，強いチームをつくるという課題に直結した行動で，たとえば，どのようなチームにしたいかを構想したり，そのための体制や決まりをつくり，決まりを守らせたりするような行動のことをいう。配慮やMは，チームスピリットが乱れ，関係がぎすぎすしてきたりすることがないように，メンバーの気持ちに気を配る行動を指す。

◎状況アプローチ

　Hi-Hiパラダイムの結論はわかりやすい。たぶん1回聞いたら忘れないだろう。産業，階層，職能分野，産業以外の場面（学校や家庭）を問わず，あらゆる場面でHi-Hi型が，PM理論の場合には，P行動もM行動もともにうまくできているリーダーシップ行動のスタイルが，結果（部下たちの業績

や満足）に対してもっとも有効である（三隅，1966，1978）。P行動やM行動をよく取っている場合には，炭坑の現場監督者（棒心）でも，企業や自治体の管理職でも，エンジニアリング産業のプロジェクト・マネジャーでも，家庭の親でも，学校の先生でも，それがもっとも有効なスタイルであったのだ。唯一最善のアプローチが存在するところから，行動アプローチの到達点は，ワン・ベスト・ウェイの発見と言われる。

　しかし，状況によっては，課題中心の行動をとらないとにっちもさっちもいかないことや，課題でいきなりぐいぐい引っ張る前に，信頼を勝ち得て，人間関係を良好にしなければならないこともあるだろう。特定のスタイルがいちばん有効であることを証明するよりも，状況ごとに適切なリーダー行動が変わってくるという理論枠組みのほうが，現実的ではないかという認識が高まった。

　そこで，リーダーシップ研究に大きなシフトがまた起こった。状況アプローチの先駆けとなる研究（Fiedler, 1967）が出された1960年代後半より，「ノー・ワン・ベスト・ウェイ」というスローガンの下に，特定のリーダーシップ・スタイルの有効性はリーダーが置かれた状況に依存するという流派が，にわかに隆盛となったのである。このアプローチは，状況アプローチ，条件適合理論，環境適応理論などと呼ばれてきた。

　注目すべきは，リーダーの資質や行動を見るだけでなく，ほかならぬそのリーダーがおかれた状況が大切だということが，1960年代後半にはっきりと提示されたことだ。たとえば，タスク特性の違い，部下の成熟度の違い，リーダーが直面する意思決定問題の違いによって，その状況で有効なリーダー行動がどのようなものになるのかをめぐって，多数の状況アプローチの研究が蓄積されることになったのである。

　スポーツの場面でも，チームの発展の段階による違い，また，チームに変革が求められている程度の違い，さらにメンバーの成熟度によって，リーダーに求められる行動はちがってくるだろう。スポーツ・ジャーナリズムの中でも，トルシエからジーコ，ジーコからオシム，オシムから岡田へという日本代表チームの監督のリーダー行動を議論するときには，ごく自然に，こ

のような議論がなされてきた。また，ゴールをめざして状況判断しながら選手が連携して動く，また，攻守のターンオーバーがいつでも起こりうるサッカーやラグビーと，スタメンの打順や守備位置が決まっていて，攻守もイニングごとに表と裏で順繰りに交代する野球とでは，有効なリーダーシップのスタイルに，種目という状況要因による違いがあるかもしれない。

　リーダーは真空の中にいるのではない。ある時代，ある場面，チームの発達段階というような局面の中にいる。そして，リーダー自身の持ち味にもまた個人差があり，企業トップに戦時・緊急時代に向いたリーダーと，平時・安定成長期に向いたリーダーがいる。同様に，スポーツの世界でも，これしかない，これでやれば間違いないという定石がなさそうだと思ったら，状況要因と自分の持ち味の両方を検討して，自分の生かす場を探すことも必要だ。こんなときには，状況アプローチを思い出してもらうのがいい。「コンテクスト（脈絡）の中にいるリーダー（leader in the context）」（Mayo & Nohria, 2005）という言葉が，「ノー・ワン・ベスト・ウェイ」と並んで，このアプローチの標語となった。

　しかし，1980年代に入ってくると，またリーダーシップ論に新たなギアシフトが起こる。それが，変革アプローチ，経験アプローチである。

リーダーシップ論の変遷その２：変革アプローチから育成アプローチまで

　いろいろな状況を想定して複雑な理論をつくるよりも，今私たちのおかれた時代にあった理論に集中するほうがいい。時代のキーワードは，変化（チェンジ）だ。そこから変革型のリーダーが鍵を握るようになってきた。1980〜90年代に，コンテンポラリーなリーダーシップ論が相次いで生まれた。それぞれ，変革アプローチと経験アプローチ（とそれを支える持論アプローチ）と呼ぶことにしよう。

　リーダーは状況を読まないといけないが，それをできあいのモデルに依拠して行うよりも，自分なりの状況診断力を高める自覚や経験，そこから引き

出された自分の持論が大事になっている。スポーツの世界でも，今成功しているやり方だけでは立ち行かず，プレーにもフォーメーションにもプレスのかけ方にも，変革が鍵を握っているのなら，変革アプローチに一理あるだろう。また，選手から指導者になる節目をくぐる苦労を考えると，経験を通じて実際にリーダーシップを身につける育成論が望まれているはずだ。

◎変革アプローチ

　平時と戦時，安定期と移行期，やるべきことが比較的確実にわかっている時期とそれが不透明で不確実な時期によって，リーダーに求められる行動が異なってくる。それが状況の認識のエッセンスであるなら，あらゆる方向に状況アプローチの範囲を広げるよりも，変化の時代にあった変革型のリーダーシップに焦点を合わせるのが適切であろう。そのような観点からの研究が，1980年代に入ってから増えてきた。

　企業でもそうだが，変革する目的は，より強くなるため，競争で生き残り上位にいくためである。チームスポーツでは，チームが強くなるために，監督もコーチも存在するといってよいだろう

　ここでは，ミシガン大学のノエル・ティシーのモデルを取り上げてみよう(Tichy & Devana, 1986)。変革型リーダー（transformational leader）という言葉を最初に広めたのは，ピュリツァー賞受賞者で政治学者のJ.M.バーンズ（Burns, 1978）であったが，これを経営学やビジネスの世界に浸透させたのは，ティシーらであった。トランスフォーメーションという言葉は，単なる量的な変化ではなく，生物でいうと変態するぐらいの大変革，変容を指す。

　10名の経営者の調査を通じて解明された変革のドラマは，図4-1のように要約され，そこには組織の側，個人の側にそれぞれどのようなダイナミクスが働くかが記入されている。

　この変革のドラマの底流には，次にあげる4通りの対立項の緊張，もしくは闘争が見られる。

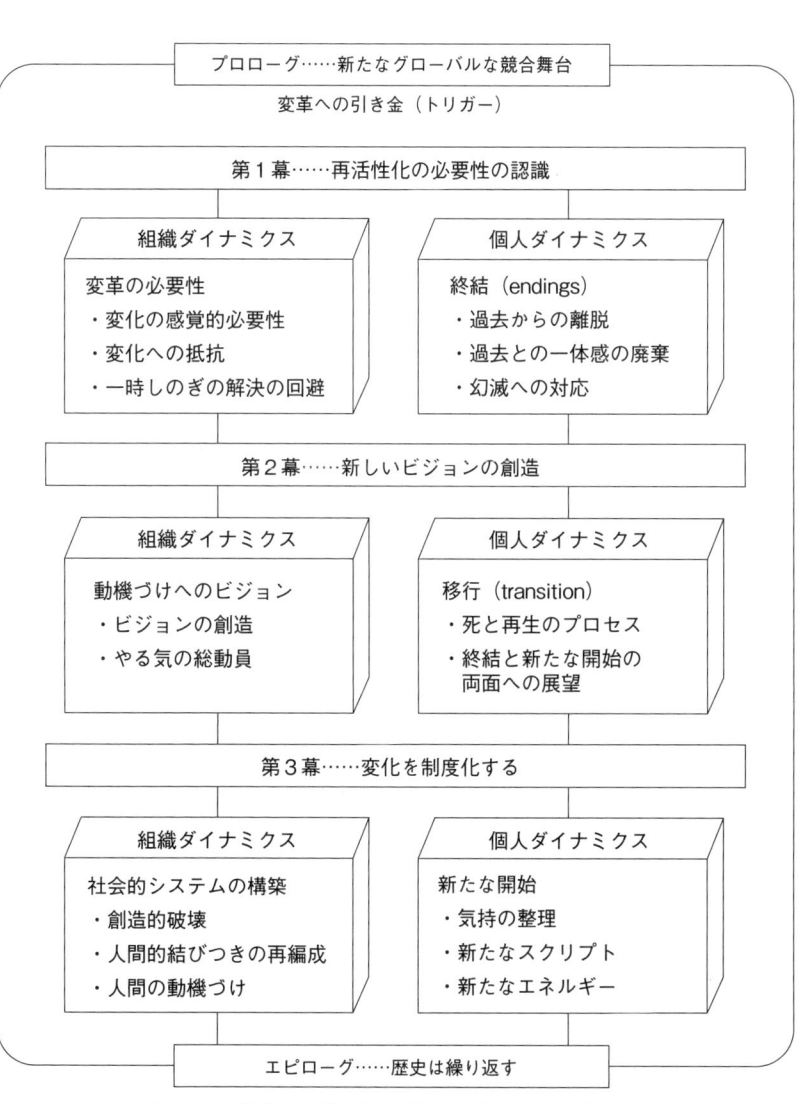

```
┌─────────────────────────────────────────────────┐
│        プロローグ……新たなグローバルな競合舞台       │
├─────────────────────────────────────────────────┤
│              変革への引き金（トリガー）             │
│                                                 │
│  ┌───────────────────────────────────────────┐  │
│  │       第1幕……再活性化の必要性の認識        │  │
│  └───────────────────────────────────────────┘  │
│                                                 │
│   ┌─────────────────┐   ┌─────────────────┐     │
│   │  組織ダイナミクス │   │  個人ダイナミクス │     │
│   │                 │   │                 │     │
│   │  変革の必要性   │   │  終結（endings）│     │
│   │ ・変化の感覚的必要性│ │ ・過去からの離脱 │     │
│   │ ・変化への抵抗  │   │ ・過去との一体感の廃棄│ │
│   │ ・一時しのぎの解決の回避│ │ ・幻滅への対応 │   │
│   └─────────────────┘   └─────────────────┘     │
│                                                 │
│  ┌───────────────────────────────────────────┐  │
│  │         第2幕……新しいビジョンの創造        │  │
│  └───────────────────────────────────────────┘  │
│                                                 │
│   ┌─────────────────┐   ┌─────────────────┐     │
│   │  組織ダイナミクス │   │  個人ダイナミクス │     │
│   │                 │   │                 │     │
│   │ 動機づけへのビジョン│ │ 移行（transition）│   │
│   │ ・ビジョンの創造 │   │ ・死と再生のプロセス│   │
│   │ ・やる気の総動員 │   │ ・終結と新たな開始の│   │
│   │                 │   │   両面への展望  │     │
│   └─────────────────┘   └─────────────────┘     │
│                                                 │
│  ┌───────────────────────────────────────────┐  │
│  │         第3幕……変化を制度化する           │  │
│  └───────────────────────────────────────────┘  │
│                                                 │
│   ┌─────────────────┐   ┌─────────────────┐     │
│   │  組織ダイナミクス │   │  個人ダイナミクス │     │
│   │                 │   │                 │     │
│   │ 社会的システムの構築│ │  新たな開始     │     │
│   │ ・創造的破壊    │   │ ・気持の整理    │     │
│   │ ・人間的結びつきの再編成│ │ ・新たなスクリプト│ │
│   │ ・人間の動機づけ │   │ ・新たなエネルギー│   │
│   └─────────────────┘   └─────────────────┘     │
│                                                 │
├─────────────────────────────────────────────────┤
│          エピローグ……歴史は繰り返す               │
└─────────────────────────────────────────────────┘
```

図 4-1：変革型リーダーシップ論の展望：その3幕ドラマ

出所：Tichy & Devana (1986), p.29；邦訳書, p.40。訳語を一部変更した。

- 安定化をめざす力と変化をめざす力の間の闘争
- 現実の否定と現実の受容の間の緊張
- 恐怖と希望の間の闘争
- （秩序と予測可能性を好む）マネジャーと（変革と革新をめざす）リーダーの間の闘争

　変革は，これら対立項の間で編み上げられるダイナミクスの中から生じる。サッカーの世界でも，ナショナル・チームが世界のひのき舞台で勝てないときや，シーズン中に常勝の名門チームに低迷が続いたときには，チームを強化するための変革型リーダーが待望される。では，変革型リーダーは，どういうドラマをくぐっていくことになるのか。それを完遂したCEOたちの語る物語を元に，ティシーとディバナの2人は，次のようなステップが肝要であると主張している。

　第1幕は，変わることの必要性にしっかり気づくことだ。このままなんとかなると思っていたら，変革のドラマの幕は開かない。監督も選手も，すき好んで慣れたやり方を変えるわけではない。それなりの危機感や緊張感がないと人は動かない。このままではだめだという危機感をもち，変わりたくないという気持ち，変わるのは面倒だという気持ち（変革への抵抗，resistance to change）を克服することが第1幕の中身だ。

　変革型リーダーシップがアクションを起こすときには，未知の領域に踏み込むことになるので，どうしても変化への抵抗が起こる。変化への抵抗があるかどうかは，ほんとうに変革型に振る舞っているかどうかの試金石となる問いだ。希望が恐怖を上回り，未知の世界に向かう幸福が，慣れ親しんだものの喪失感を超えるときに，それが始まる。そのためには，危機感（マイナスのエネルギー）だけでなく，ビジョン（プラスのエネルギー）がいる。

　第2幕は，新たなビジョンの創造だ。「やる気の高まるビジョンを創造する」のが第2場のテーマだ。ビジョンは納得のいくものでなければならない。そのためには，フレームワークやロードマップがいる。ものごとをどう捉えて，またそこに向かうには，どのような道筋があるかを論理的に示すも

のでないといけない。他方で，人は論理だけでは動かない。やる気の高まるビジョンになるためには，これに加えて感情的な訴求が必要となってくる。ビジョンについて聞けば，またビジュアルにその夢が実現した姿を思い浮かべれば，わくわくするようなものでなければならない。

チームや球団を変革していく監督や球団経営者にも，このようなビジョンが不可欠である。一方で緊張感をもたせ，他方で，緊張感をもって進む限り，チームが強くなるという希望や見通しが必要となってくる。緊張と希望は，人が自発的に動き，リーダーが他の人々に働きかけ，彼らの動きに発破をかけるときに，不可分のペアとなる（金井，2009）。

第2幕は，ビジョンを実現していく実行段階にかかわっている[1]。コミットメントづくりを計画的に行うために，教育を活用したり，新しいチーム編成を試したり，また，移行期をくぐるメンバーに対するケアができるリーダーとして振る舞うことが大事だ。「世話役（執事）としてのリーダー（leaders as stewards）」「変革のツールとしての教育（education as a change tool）」というティシーたちの言葉をここではぜひ覚えておきたい。前者は，変革の移行期（トランジション）には，サーバント・リーダー[2]（Greenleaf, 1977）のような振る舞いが大切なこと，後者については，「変革型リーダーは自ら研修の場に立つべきだ」と主張し実行したJ.ウェルチを思い起こしてもらえばよい。教育や研修の場が，「変革型リーダーが変革型リーダーを育む場」となれば，事情は好転する。革命を起こすときに革命家は，革命そのものによって鍛えられるのだが，同時に革命家は，学校を革命の追い風となるように活用するものだ。

第3幕は，変革を制度化する（institutionalizing change）と題されている。第2幕で変革のドラマが終わると，組織の制度の中に，変革を絶えず奨励するような仕組みを定着させておかないといけない。そのためには，既存の組織では足りない部分を，ネットワーク状のつながりで生み出していき，それが軌道にのると，組織を絶えず有機的に揺さぶるメカニズムを組み込む。戦略面でも，組織機構の面でも，人事面でもそういうことが可能なはずだ。変革型リーダーが変革の成功を宣言したとたんに，守旧的になってし

まうのでなく，ホンダの藤沢武夫氏が好んで用いた「万物流転」という発想を広めることだ。

　変革型リーダーが，変革を1回かぎりにとどまらせずに，変革の二の矢，三の矢を打ち続けるためには，人事や組織文化にもかかわる必要が出てくる。スポーツの世界でも，名門球団やチームにおいて，長い歴史の中で「1回だけあのときはうまく変われたなぁ」と言われて終わるチームと，「いつも絶えざる革新のあるチームだ」とライバルからも賞賛されるようなチームとの違いがここにある。

　戦略的課題や変革課題と，人材マネジメントの仕組みを連結させることが，変革型リーダーの役割の一部である。スポーツの世界でリーダーシップを発揮する人も，変革に歯止めをかけず，組織を永久革命体，いつまでも絶えず革新をつづける球団，チームを生み出すために，人事とのコラボレーションが必要となる。

　スポーツでも，ビジネスでも，変革型リーダーは，資生堂の池田守男氏が，社長時代に変革を敢行したさいに行ったように，以下に引用するニーバーの祈りを座右の友とするのがいい（Brown, 2002）。

　　Give us
　　Serenity to accept what cannot be changed,
　　Courage to change what should be changed,
　　And wisdom to distinguish one from the other. (Reinhold Niebur)
　　変えることのできるものについて，
　　それを変えるだけの勇気をわれらに与えたまえ。
　　変えることのできないものについては，
　　それを受け入れるだけの冷静さを与えたまえ。
　　そして，変えることのできるものと，変えることのできないものとを
　　識別する知恵を与えたまえ　　　　　　　　　　　　　　（大木英夫訳）

◎育成アプローチ（経験アプローチと持論アプローチ）

リーダーシップ研究の流れを捉えると，ようやくにして，リーダーシップ開発もしくは育成（leadership development）が本格的なテーマになってきたと言える。

　経験や研修を通じて持論をもつようになることが，リーダーシップを育む。たいへんな状況に置かれてもぶれないリーダーを生み出す土壌を，自らも修羅場のような変革経験をくぐってきた強者（つわもの）なら提供することができる。リーダーシップを発揮している人に，自らが育つうえでどのような出来事が有益だったかを調べてみると，70％という圧倒的比率で，仕事上の経験があげられてくる。リーダーシップ育成に興味をもつ研究者と実践家が，経験の研究あるいは経験アプローチに向かった理由がここにある。

　たとえば，経営幹部としてリーダーシップを発揮できるように育つうえで，注目すべき経験としては，次のようなものがあげられる。

　経験が占めるウェイトが70％であるが，残りの30％の内訳はどうか。1つは，直接薫陶を受けた人との関係の中で学んだ出来事があげられている。リーダーシップに開眼する出来事の20％がこれに該当する。仕事上の経験をしているときに，上司から（場合によっては社長から）薫陶を受けることもあるし，また，きびしい顧客や取引先の経営者に鍛えられることもある。もう1つは，研修やセミナーなどであり，残りの10％の出来事がこれに該当する。ここでは，この70-20-10という数字よりも，次の基本認識をもってもらうことが大事だ。

　つまり，リーダーシップを学ぶのは，現役時代，現役引退後も，経験を通じて学ぶという面と，コーチや監督など直接に接した人から学ぶという面と，研修で指導者としてのリーダーシップについて学ぶという面があり，この3側面のうち，経験がいちばん大事で，次に，だれのもとでその経験をしたかということが大事で，けっして座学（研修やセミナー）だけで，リーダーシップが身につくのではないという認識である。

　薫陶を受けた上司などから学ぶ機会が20％しか占めないのは，いつも上司からよきアドバイスをもらっているとは限らないし，上司が学ぶべき，モデルとすべきよいリーダーであるとは限らないからである。自分を鍛え上げ

第4章　リーダーシップの理論と実践

表4-1:経営幹部に至る「一皮むけた経験」に観察されたキーイベント

I. アジェンダの設定と実行
1. 専門的スキル,専門職的スキル
2. 自分が携わっている事業の全貌にかかわる
3. 戦略的思考
4. 責任をまるごと背負う
5. 組織機構やコントロールの仕組の構築や活用
6. 革新的な問題解決方法

II. 人との関係を扱う
1. 政治がらみの状況に対処する
2. 人びとに動いてもらって解決案を実行に移す
3. 経営幹部とはまさにそのようなものと知る
4. 経営幹部たちといっしょに働く方法
5. 交渉の戦略
6. 自分が指示・命令権をもたない人びとに動いてもらう
7. 他の人たちのいろんな考え方・視点を理解する
8. 対立状況に対処する
9. 部下たちに指示を出し動機づける
10. 他の人々を育成する
11. 業績不振の部下と話し合う
12. かつての上司や同僚にうまく動いてもらう

III. 基本的な価値観
1. なにもかもすべてを1人で管理できない
2. 経営管理の人間的側面への感受性
3. 基本的な経営管理にまつわる価値観

IV. 経営幹部としての気質
1. 必要ならタフに(きしびく)振舞える
2. 自信
3. 手におえない状況を乗り切る
4. 逆境での落ち着き
5. 権力の活用(と濫用)

V. 個人的な気づき(自分をもっと知る)
1. 仕事と私生活のバランス
2. 仕事のどこが自分をほんとうに生き生きさせてくれるかを知る
3. 1人の人間としての自分の限界と盲点
4. 自分のキャリアを納得して引き受ける
5. 機会を見つけて掴み取る

出所:McCall et al. (1988), p.6. 大元の資料は,CCLの1987年のテクニカル・レポートだが,同じCCLのメンバーによるこの書籍に引用されている。

た出来事の中で,上司に恵まれ,その人がリーダーシップに長けていて,「リーダーを育てるリーダー (leader-developing leader)」として自分にヒントをくれた出来事が,2割程度もまじっていたら感謝すべきだろう。

日本のサッカーの世界では、Jリーグを創り上げた川淵三郎氏は、Jリーグのさらなる発展のためには、選手を育てることとあわせて、自らが「リーダーを育てるリーダー」となり、選手の中にも、球団にも、やがてすばらしい変革型のリーダーシップを発揮できる人材を育てることが重要な役割となるといい、著書には、そのような方向性が示唆されている（川淵, 2009）。

　すばらしいリーダーでも、無口で背中から学べというタイプであれば、ヒントやコーチングの機会もそう多くないだろう。また、経験豊かな上司や経営者でも、自分なりの持論をもっているとは限らない。ジャック・ウェルチ氏、松下幸之助氏、小倉昌男氏など、自分のリーダーシップ持論を体系的に言語化し、書籍にも記している人となると、いっそう稀な存在となる。

　スポーツの世界で、指導者として大きな足跡を記した方々の書籍を読めば、たとえば、サッカーの世界では、長沼健（2008）、イビチャ・オシム（2007）、川淵三郎（2009）などから、指導者としてのリーダーシップの持論と、その人なりのサッカー観を読み取れるだろう。また、そういう持論、サッカー観をもつようになった経験や、その指導者が薫陶を受けた人からの教えを知ることもできる。同様に、野球の世界では、『野村ノート』を読めば、野村克也氏の指導者かくあるべしという持論と、独自の野球観そのものまで、学べる。曰く言い難いことの言語化や実践家にこそ理論武装が必要だと表明される代表格は、ラグビーの平尾誠二氏だ（たとえば、平尾・金井, 2005；2010参照）。理論や先人の持論を学びながら、自分の経験と薫陶から自分なりの持論をもつようになるのが、リーダーシップを磨く有効な方法である。

　筆者自身は、ここ10年そのような立場から、ビジネスの世界で経営者や開発のスターなどに、「一皮むけた経験」と経験からの教訓を引き出すようなインタビューを実施してきた（金井, 2002）。経験からの教訓のいくつかはリーダーシップにかかわるものであり、それらを読み解けば、経験と持論を聞き出すインタビューが可能であることもわかってきた[3]。

　育成アプローチと一口に表現しているが、内容的には、経験アプローチと

持論アプローチを含む。経験を重視するアプローチと，持論を大切にするアプローチが大事だと指摘することは，決してアカデミックな理論や研究が不要だと主張しているわけではない。経験と薫陶から磨かれる自分なりのリーダーシップ持論が，著しく自己流に陥らないために，一方で，自分の持論をどこかで理論と関連づけ，持論の理論的裏付けを求めることが必要であり，他方で，すぐれた実践家の持論に複数ふれ，多数の実践家が指摘する持論の項目を豊かに深めることが大切だ。

リーダーシップ論の変遷その3：フォロワー視点のリーダーシップ理論

最近のリーダーシップ論の動きとしては，育成への関心，経験への注目があげられるが，リーダーシップそのものととらえる視点として，帰属アプローチとフォロワー視点のリーダーシップ論が注目に値する。ほかにも新たな試みはあるが，フォロワー視点では，スポーツの世界を例にとると，監督にリーダーシップが帰属されるのは，フォロワーである選手たちの判断を重視するからだ。監督がリーダーシップを発揮しているつもりでも，後ろを振り向けばだれもついてこなかったら，そこに社会現象としてのリーダーシップは存在しない。リーダーが1人立ちつくすだけだ。だから，帰属アプローチとフォロワー視点のリーダーシップ論とは関連している。

◎帰属理論

リーダーシップとは，リーダーのフォロワーに対する対人的影響力なので，それは社会現象である。大半のフォロワーが，自分たちのグループあるいはチームがうまくいっているのはリーダーのおかげだと思ったときに，その人物にリーダーシップが帰属されるのなら，リーダーシップはリーダーの側ではなく，フォロワーの意識の持ちようにあると言える。このような考え方をリーダーシップの帰属理論（attribution theory of leadership）と呼び，コールダー（Calder, 1977）に起源をもつ。

ボイエット＝ボイエット（Boyett & Boyett, 1998）は，リーダーシップという影響力，社会現象は，いったいどこに存在するかという問いを立てた。そのうえで，大半のフォロワーの頭の中（意識の持ち方）でその影響力は認識されるのだが，フォロワーにそう思わせた契機はリーダーの言動にある。だから，リーダーシップは，リーダーとフォロワーの間にあると考えるのがいちばん自然な見方ではないかと彼らは主張した。リーダーは実在する人物だが，リーダーシップは，その人物とフォロワーの相互作用を通じて，リーダーとフォロワーからなる社会現象として，あるいは，リーダーのフォロワーに対する対人的影響力の一形態として，リーダーとフォロワーの間に生じるのである。

　阪神の監督が野村克也氏から星野仙一氏に替わったときのことを考えてみよう。星野監督時代に阪神が優勝した下地は，才能ある選手の獲得と起用など，野村監督時代につくられた面も確かにあるだろう。野村監督を慕い，恩義に感じている度合いは，もちろん選手によってばらつきがあるだろうし，楽天の監督になってからテレビで好んで放映される野村監督のつぶやき，ぼやきがまた好きだというファンもいるだろう。また，野村ノートとして知られる野球観，監督論を含む持論をしっかりと言語化し，ID野球（情報野球）というメソッドを確立している。

　しかし，平田勝男元ヘッドコーチに伺ったところでは[4]，情熱ある星野監督の下だからやっていけたと感じる選手やコーチがいたことがうかがい知れた。たとえば，阪神が3連勝した後の4戦目で敗戦を喫したときに，口さがないファンにやじられ，おもしろくないと思っていた選手は，移動バスに乗るなりカーテンを引いた。あとから乗り込んで来た星野監督は，「今日は結果として負けたけれど，胸を張れるいい試合だった。カーテンを開けろ。堂々と帰ろう」と叫んだそうだ。こういう言動にふれ，この人ならいけそうだ，3連勝したのもそのおかげだというフォロワーの意識が生まれ，それが共有されれば，リーダーシップは，星野氏自身によってではなく，選手の側から星野氏に帰属される（言葉は難しいが）社会的構成物なのである。

　ぶちぶちとつぶやいてぼやくのも，引退まぎわの野村監督の魅力となって

いたが,阪神を去るころには,自チームの選手について,「あいつは次にカーブきたら空振りしてアウトになる」とつぶやいたり,実際に空振りしたときに,「やっぱりあかんなぁ」と一言添えたりされたそうだ。フォロワーがリーダーシップを帰属するかどうかは,リーダーの言動の積み重ねがフォロワーにどのように映るのかによる。そのときその場に居合わせたフォロワーたちが,どう感じるかが命なのである。これが,フォロワー視点のリーダーシップ論の特徴である。

その言動と成果から,ある人物に一度リーダーシップが帰属されていたとしても,その言動もさえず成果も芳しくないことをフォロワーが繰り返し観察すれば,選手より監督にいったん帰属されたリーダーシップの看板は,その人からおろされることになる。社会学者グラスキーは,野球の監督の更迭をこの観点から分析し(Grusky, 1963),経営学者のペファーとサランシックは,「経営者は,辞めさせるために,雇われている(Managers are hired to fired)」という名文句で,CEOの更迭にも同じような心理が働いていることを喝破した(Pfeffer & Salancik, 2003)。雇うとクビにするという言葉が,韻を踏んでいるため,耳に残る言い回しである。トップは業績不振ならクビになるが,ミドル・マネジャーは,いつも板挟みで疲れているので,「マネジャーは,疲れるために雇われている(Managers are hired to be tired)」というユーモアを言ってのけた日本人ミドルもいた。

スポーツの世界でも,自分の職場でも,フォロワー視点からリーダーシップを見ることを試してみてほしい。リーダーの更迭がなぜ起こるかもフォロワー視点で考えてみよう。もちろん,リーダー視点が大切な場合もあれば,フォロワー視点でないと気づかない場合もある。リーダーシップ現象が,リーダーの側でもフォロワーの側でもなく,両者のダイナミックな相互作用の中にあるのなら,リーダー視点とフォロワー視点を両方にらむ双方向視点が大事になってくることだろう。

野球とちがって,サッカーは,ラグビーと同様,ゴールに向かって選手がチームの一員として状況判断して自ら考え動くスポーツなので,監督が選手の動きをとめて指示することはできない。サッカーの監督は野球の監督以上

にフォロワー視点の機微に留意する必要がありそうだ。

◎リーダーとフォロワーの関係性

　ジョージ・グレンたちのVDL (vertical dyad linkage, 垂直的２者関係) 理論では，そのアプローチの特徴として，リーダーと個々の部下との関係を重視する。力のあるリーダーなら，部下１人ひとりの個性，貢献の仕方，タイプに応じて異なる接し方をしているはずである。リーダーが一目置いている部下なら，ふつうの部下以上に手厚く接したいと思うはずだ。だから，そういう部下には自分と対等に接したり，その提案を採択したりする可能性もより高いであろう。こういう部下を，「右腕 (cadre)」と呼ぶなら，残りのいわば「働き手 (hired hands)」——失礼な名付け方だが，最低限でも戦力にさえなってくれればOKというレベルの部下たち——とは，違う接し方をしているものだ。

　世論調査と組織の調査で名高いギャロップ社はここ数年，企業の大規模サーベイ（質問紙調査）にも熱心に取り組むようになってきたが，同社の調査を踏まえた議論によれば，すぐれた貢献をする右腕とより多くの時間を接するのは，すぐれた上司にとって定石だという (Buckingham & Coffman, 1999)。

　スポーツの世界では，すぐれた監督やコーチなら，よりすぐれた貢献をする選手と，より多く接するのが常識だという。たとえば，仰木監督がイチローの力を早々と認めて，その貢献を大切に思うのなら，監督としてイチローとだれよりも多く接するのが定石だというわけである。一方で，選手にとっては，監督の注目や自分に割いてくれる時間の多さ自体が，広い意味での報酬であり，他方で，より伸びそうな人により多く指導することによって，また活躍の機会を増やしてあげることによって，主力選手にいっそう輝きをかけ，チームを勝利に導く原動力にすることができる。貢献順に並べた部下のリストと，接触時間の長さの順に並べた部下のリストとで，名前の出てくる順序がほぼ一致するのが理想であると言われる。それは，チームの即座の業績にかかわるだけでなく，伸びるべき人をもっと伸ばすという長期的

な育成にもかかわっているからである。

◎特異性信頼理論

　現役のときにプレーヤーだった人が,やがて指導者になる。現役としてプレーで貢献できるのと,指導者として強いチームづくりに貢献できるのとでは,違いがある。だから,選手として優れていたことが,そのまま,コーチ,監督として卓越した人になれるとは限らない所以だ。

　このことを考えるうえでの,1つの研究を紹介したい。よく知られた提唱者は,ホランダー(Hollander, 1974, 1978)である。

　肩書きがあり,リーダーシップを発揮することが仕事の主要な部分とフォーマルに期待されている人,つまり,会社の管理職やスポーツチームの監督は,任命されたリーダー(appointed leader)と呼ばれる。これに対して,自然発生的に生まれるリーダーのことを,創発的リーダー(emergent leader)と呼ぶ。たとえば,祭りでは皆があの人についていくという人がいたり,あるいは,小火(ぼや)があったときに,だれかがてきぱきとバケツリレーを指示し,自分も動く形で,消火活動が実現したりすれば,それが創発的リーダーである。後者は,文字通り,緊急時(エマージェント)のリーダーでもある。

　ホランダーは,リーダーシップが創発もしくは出現(emergence)していくダイナミックなプロセスを,実験室実験に依拠して解明した[5]。

　リーダーになっていくかもしれない人物は,すでに存在する集団規範にいきなり逆らわずに,それに忠実に,もっといえば,他のどのメンバーよりも忠実であることを通じて,集団がそれまで大切にしてきたことを尊重していることを示さなければならない。しかし,その人物がゆくゆくは変革型のリーダーシップを発揮するのであれば,集団規範を変化させ革新を促進するのも自分の役割であるということを,自覚しなければならない。既存の集団規範に忠実であることと,それを変化させ革新を導く必要があるというパラドクスに,潜在的リーダーは直面する。以下のプロセスは,これを時間軸で解決していくプロセスでもある。

　まず,将来リーダーになる可能性のある人物(潜在的リーダーと呼ぶ)

は，最初に集団の目標達成に貢献しうるという有能性(コンピテンス)があることを，証拠をもって示すことが望まれる。サッカーならいいパスを出す，シュートを決める，というように。同時に，それを今までのチームのやり方を否定しながら行うのではなく，これまでの集団規範に忠実に行動しているという意味での忠誠，あるいは同調性(コンフォーミティ)を周りの人に示しながら実現していく。

このような積み重ねは，たとえていうならば，銀行に貯金をするように，この人物は，将来リーダーになりえそうだと予知させるような信頼性(credibility)をもたらし，地道にそれを継続するならば，かなりの信頼が蓄積されてくる。それをホランダーは，信頼蓄積(credit accumulation)と呼ぶ。いわば，有能性と同調性(忠誠)の集積からなる貯金のようなものだ。

貯金ばかりして，それを使わない人が，吝嗇家として嫌われるように，継続して集団のこれまでの規範を守りつつ有能に貢献できることを，何度も証明してきた人は，その信頼の貯金というファンドを取り崩して，新機軸を打ち出すことが，リーダーになっていくころには期待され始める。今のやり方で十分貢献できるのはわかったので，リーダーになればもっとすごいことをやってくれそうだという期待を抱かせてくれるかどうかが問われる。これまで忠実に既存の規範を守って，しかも業績貢献をしてきた有能さも相俟って，この人なら，これまでと違うことをやってもいいという信頼（これを特異性信頼，idiosyncrasy credit と呼ぶ）が付与される。

換言すれば，信頼蓄積が十分にあるのに，なにも新機軸を打ち出さないのはいくじなしであって，そこまで信頼の貯金があるのなら，貯金をくずして，大きなことに賭けてほしい，新しいことをやってほしいとメンバーは願うようになる。既存の集団規範に飽き足らなくなっているメンバーがいれば，彼らは，信頼蓄積のある人に，今までとは違うことという意味での特異性を期待し始める。これまで貯めてきた信頼のうえにあぐらをかいて，安住してなにもしない人，ある時点をすぎても，これまでのやり方に忠実であることを示し続ける人は，むしろ信頼を失うことにもなる。これだけ信頼しているのだから，特異なことをやってもいいというだけでなく，特異なことを

第4章 リーダーシップの理論と実践

やってほしいという期待がメンバーから生まれる。

このようにホランダーは，時間軸からダイナミックなプロセスで変革型リーダーの出現を説明した。選手としての信頼蓄積は，試合の流れの中の特定のプレーに直結したものであり，コーチや監督の信頼蓄積は，チームの強化にかかわるものと，それぞれ違いはあるが，選手に，あるいは，コーチや監督といった指導者に，変革や革新が求められていくプロセスの説明に，この特性信頼理論もしくは信頼蓄積理論と呼ばれるホランダーの学説は，興味ある視点を提供している。

結 び

リーダーシップは，政治でも，社会運動でも，宗教でも，教育界でも，ビジネスでも問題となるが，ここでは，経営学における組織行動論という分野でよく紹介される理論を取り上げた。ビジネスの世界に応用される理論だが，スポーツの世界に当てはめるのを念頭に記述した。Jリーグに限らず，スポーツの世界でリーダーシップを発揮したいと思う方々，また同時に，ビジネスの世界で仕事をして，そこでなんらかのリーダーシップを発揮している方々に，この章を通じて，リーダーシップという現象を実践的に学んでほしい。

資質アプローチ，行動アプローチ，状況アプローチ，変革アプローチ，育成アプローチ（経験アプローチと持論アプローチの融合）という研究の発展の歴史を，実践的な意味合いに留意して，紹介していった。すべのアプローチが，実際にリーダーシップを発揮できる人材の育成に合流していくのが望ましいと筆者は考えている。リーダーとして育つうえで有益な経験や教訓から，直接薫陶を受けた指導者の言葉から，また，研修のときに（あるいは，独学で読書を通じて）すぐれたリーダーシップの実践家の考えから，自分なりのリーダーシップの持論をもてるようになればしめたものである。ここで，持論とは，実践に耐える自分なりのセオリーを指す。

リーダーシップとは、つまるところ、後ろをふり返ったら、喜んでついてきてくれるフォロワーがいてくれてこそ始まる。そこで、いくつかの新しいリーダーシップの新潮流の中からは、フォロワー視点のリーダーシップを紹介した。

　プレーヤーの間から、プレーを磨くだけでなく、チームスポーツなのでリーダーシップの一翼を担い、指導者になってから、さらにスケールの大きいリーダーシップを発揮するように育っていく。また、そのような人の育成を支援するための、知恵を磨いてほしい。自らがその研鑽の結果、リーダーになっていけば、今度は、自らリーダーシップを発揮するだけでなく、リーダー人材を育てる役割を担うことが肝要だ。

　別の言い方をすれば、「リーダーを育てるリーダー (leader-developing leader)」になることが望まれる。自分が今度は、これからリーダーシップに入門してきた次の世代に、薫陶の機会を与える側になるのである。そして、リーダーを育てることによって、自分の手で育てたより若い世代のリーダーたちと、リーダーシップを共有しながら、さらにスケールの大きい意味のある変革がサッカーなどのスポーツの世界でも、ビジネスや政治の世界でも起こったら、だれもが喜びとするところだろう。

●注

▶1　これは、J.P. コッターの表現では、ネットワークに動員された人物を通じてアジェンダが実現されていく段階と定義された実行段階に対応している (Kotter, 1982)。

▶2　サーバントは、従者というより奉仕する人として理解されたい。変革の文脈でのサーバント・リーダーとは、望む変革の実現にむけてフォロワーたちが向かうときに、リーダーの側が、そのフォロワーたちに尽くす、奉仕するという姿勢をとることをいう。

▶3　経験と持論アプローチの初期の試みとしては、金井 (2002)、最近の論考としては、金井 (2008b) を参照されたい。

▶4　関西生産性本部主催の会合での対談 (2006年1月27日)。

▶5　以下の記述は，金井 (1991) pp.78-79 の記述に拠っている。

●参考文献

Avolio, B.J. (2004). *Leadership development in balance* : Made, Born, Lawrence Erlbaum.

Avolio, B.J. & Luthans, F. (2005). *The high impact leader : Moments matter in accelerating authenfic leadership development.* McGraw-Hill.

Boyett, H.J. & Boyett, T. J.(2000). *The guru guide : The best ideas of the top management thinkers−Stephen Covey, Peter Drucker, Warren Bennis, and others.* New York : John Wiley & Sons（金井壽宏監訳，大川修二訳（2002）．経営革命大全―世界をリードする 79 人のビジネス思想　日本経済新聞社〔日経ビジネス人文庫〕）．

Brown,C.C. (2002). *Niebuhr and his age : Reinhold Neibuhr's prophetic role and legacy.* Trinity Press International（高橋義文訳（2004）．ニーバーとその時代―ラインホールド・ニーバーの預言者的役割とその遺産　聖学院大学出版会）．

Buckingham, M. & Coffman, C. (1999). *First, break all the rules: What the world's greatest managers do differently*, Simon & Schaster（宮本喜一訳（2000）．まず，ルールを破れ―すぐれたマネジャーはここが違う　日本経済新聞社）．

Burns, J.M. (1978). *Leadership.* New York : Haper & Row.

Calder,B.J.(1977). An attribution theory of leadership. In B.M Staw & G. R. Salancik (Eds.), *New directions in organizational behavior.* Chicago : St. Clair Press, pp. 179-204.

榎本英明・平尾誠二・松下信武・金井壽宏（2002）．コーチングのコーチング――うまく学習してもらう方法を学習してもらうために　ビジネス・インサイト，**10** (3)，44-73．

Fiedler, F.E. (1967). *A theory of leadership effectiveness.* New York : McGraw-Hill（山田雄一監訳（1970）．新しい管理者像の探求　産能短期大学出版部）．

Grusky, O.(1963). Managerial succession and organizational effectiveness. *American Journal of Sociology*, **69**, 21-31.

平尾誠二・金井壽宏（2005）．スポーツと経営学から考えるリーダーシップ　CREO　**17** (1)，79-86．

平尾誠二・金井壽宏（2010）．型破りのコーチング　PHP 研究所（PHP 新書）

Hollander, E.P.(1974). Process of leadership emergence. *Journal of Contemporary*

Business, **3**, 19-33.

Hollander, E.P.(1978). *Leadership dynamics*. New York : Free Press.

金井壽宏（1991）．変革型ミドルの探求―戦略・革新指向の管理者行動　白桃書房

金井壽宏（2002）．仕事で「一皮むける」―関経連「一皮むけた経験」に学ぶ　光文社

金井壽宏（2005）．リーダーシップ入門　日本経済新聞社（日経文庫）

金井壽宏（2008a）．リーダーシップ論―7つの扉　Diamond ハーバード・ビジネス・レビュー，**33**（2），38-52.

金井壽宏（2008b）．実践的持論の言語化が促進するリーダーシップ共有の連鎖　国民経済雑誌，**198**（6），1-29.

金井壽宏（2009）．危機の時代の「やる気」学　ソフトバンク　クリエイティブ

川淵三郎（2009）．「51歳の左遷」からすべては始まった　PHP 研究所（PHP 新書）

Krames, J.(2005). *Jack Welch and the 4E's leadership*. New York : McGraw-Hill（沢崎冬日訳（2005）．ジャック・ウェルチ―リーダーシップ4つの条件―GEを最強企業に導いた人材輩出の秘密　ダイヤモンド社）．

Likert, R.(1961). *New patterns of management*, New York : McGraw-Hill（三隅二不二訳（1964）．経営の行動科学―新しいマネジメントの探求　ダイヤモンド社）．

Likert, R.(1967). *The human organization: Its management and value*, New York: McGraw-Hill（三隅二不二監訳（1968）．組織の行動科学―ヒューマン・オーガニゼーションの管理と価値　ダイヤモンド社）．

Lombardo, M.M., & Eichinger, R.W. (2004). *FYI: For your improvement-A guide of development and coaching*. Minneapolis: Lominger.

Mayo, A.J., & Nohria, N.(2005). *In their time : The greatest business leaders of the twentieth century*. Boston: Harvard Business School Press.

McCall, M.W., Jr., Lombardo, M.M., & Morrison, A.M.(1988). *The lessons of experience: How successful executives develop on the job*. New York : The Free Press.

三隅二不二（1966）．新しいリーダーシップ―集団指導の行動科学　ダイヤモンド社

三隅二不二（1978）．リーダーシップ行動の科学　有斐閣

長沼健（2008）．11人のなかの1人（増補新装版）（初版は，1975年），生産性出版

野村克也（2005）．野村ノート　小学館

小倉昌男（1999）．小倉昌男―経営学　日経 BP 社

Pfeffer, J., & Salancik, G. (2003). *The external control of organizations: A resource dependence perspective*. Stanford Business Books.

Stogdill, R.M.(1948). Personal factors associated with leadership: A survey of the literature, *Journal of Psychology*, **25**, 35-71.

Tichy, N.M., & Devanna, M.A. (1986). *The transformational leader.* New York, Wiley (小林薫訳（1988）. 現状変革型リーダー――変化・イノベーション・企業家精神への挑戦　ダイヤモンド社）.

若林満・南隆男・佐野勝男（1980）. わが国産業組織における大卒新入社員のキャリア発達過程―その継時的分析―組織行動研究, **6**, 3-131.

プロサッカー選手の
セカンド・キャリア到達過程
プロ化創成期の実情

重野　弘三郎

はじめに

　プロスポーツとは，競技者である選手が1つの職業としてスポーツを行い，観客を集めて興行の形で実施される競技の収益から報酬を得るものである。そのプロスポーツの競技者である選手が，競技種目にかかわらず，いずれ必ず迎えなければならないことが，選手という役割からの引退である。
　プロサッカー選手の場合，引退に至るまでの主な要因には，ケガや戦力外通告によるものがある。長年の競技生活によって蓄積された疲労や，肉体の酷使によって引き起こされる慢性的なケガ，不測の事態によって突発的に引き起こされるケガなどがある（吉田，1998）が，いずれも選手生命を危機に陥らせるほどの深刻さをもっている。一方，ケガ以外の理由としては，競技力の低下や肉体的限界によるもの，あるいはチーム方針との不一致（中込・松本・田嶋・豊田，1998），経営安定化のための放出（いわゆるリストラ）なども含まれる。さまざまな理由が存在するが，いずれの場合においても，チーム側から戦力構想外としての通知を受けた後に契約を終え，結果として引退するケースがほとんどである。多くの場合，このような判断は経

営（チーム）側によってもたらされ，そこに選手の意志が入り込む余地はほとんどない。

　プロスポーツ選手の場合，多くは，引退を迎える年齢がいわゆる働き盛りであるため，たとえば公務員や一般の会社員として定年（60〜65歳）を迎えることとは，際立って異なっている。スポーツを職業としていた選手が，ひとたび引退となった場合には，当然，選手に替わる職業を獲得する必要に迫られる。プロサッカー選手にとってはサッカーをすること自体が職業であり，選手自身が資本であるといえる。そして，興行として行われる競技収益などから報酬を得ることから，商品としての側面も併せもっている。言い換えれば，商品価値が無くなったとチーム側に判断されたときが，職を失うときでもある。このことは通常の会社員や公務員とは大きく異なる点であり，会社員や公務員に見られるような安定性はない。具体的には，定年退職制度がプロスポーツ選手には存在しないことからも，そのことがうかがえるだろう。

　引退に追い込まれた時点で，新しい仕事（セカンド・キャリア）の獲得を迫られるプロスポーツ選手に対して，選手という役割から転換するための情報を示し，選手自身によるセカンド・キャリアの自覚と関心を高めることが重要である。現役時代の実績によって個人差はあるものの，その収入の高さや，マスコミを通して有名になるといった華やかな面が見られる一方で，プロ選手の役割から引退した後に，次の役割を獲得するための取組みは，予想以上に過酷である。

　そこで本章では，すでに引退した元プロサッカー選手に焦点を当て，セカンド・キャリアを獲得するまでの過程を明らかにする。そのことが現役選手に対し，プロから引退後，別の役割を獲得するプロセスの自覚を促すとともに，選手が所属するチーム，そして選手の自治組織である選手協会に対し，今後の取組みにむけた提言となることを期待している。

スポーツ選手の引退とキャリア移行に関する研究

　スポーツ選手の競技引退に関しては，とくに欧米において研究が蓄積されてきた。一方，日本国内における競技選手引退に焦点を当てた研究は，これまであまりなされてこなかったのが実状である（中込他，1998；吉田，1998）。とくに，プロスポーツ選手が競技引退後に迎えるセカンド・キャリアに着目した研究は少なく，引退後に新たな人生を踏み出すための情報発信や講習会といった有効なサポート体制も，2002年にＪリーグにおいてキャリアサポートセンターが開設されるまでは，あまり実施されてこなかった。

　こうした背景のもと，中込他（1998）は，プロフェッショナルスポーツに従事する競技者のキャリア移行は，大きな心理的変換を迫られることとなり，なかでも競技引退は大きな出来事で，「プロ競技者としてのそれまでの自分」から「新しい自分」の獲得を迫られるようになり，そのことは容易でない課題であると指摘した。そして，キャリア移行援助プログラムの重要性を訴え，そのために早急な基礎資料の収集や有効な解決策が求められていると述べている。吉田（1998）もまた，個人差はあるものの，選手という地位から離れ，新しい職業を獲得することは，おおむね困難であると指摘している。

　トップ・アスリートになるには，少年期から，ほとんどすべての時間と努力を競技に傾注する実態があり，若い選手が引退後はもとより，人生全般のことを考える余裕がないことも問題である。欧米のようなシーズン制によるスポーツの取組みではなく，同じ競技を通年で行うことの是非，あるいは勉学とのバランスといった問題は，競技スポーツの推進と同等に取り組むべき，あるいは論議されるべき課題であろう。

　一方，スポーツ社会学における競技引退に関する研究では，引退後の社会生活の明暗あるいは社会適応・不適応の様相など，引退後の実態に着目するにとどまっている（吉田，1998）。その理由として，引退後の実態が不明

であったり，引退後の行動を説明する理論構築に関心が払われてきたことがあげられる。そして今後の課題として，現役生活中から引退後まで，一連の心理的，現実的プロセスを視野に入れた包括的な研究が求められていると，吉田は指摘している。

　スポーツ競技者のキャリア移行という側面からは，国内における研究の蓄積が見られている。しかしそれは，スポーツ・キャリアを職業としてではなく，競技種目として考え，キャリア移行を競技変更としてとらえた研究が多い（海老原・横山・池田・武藤・宮下，1985；海老原・横山・池田・宮下，1986；植松・海老原，1991など）。たとえば，前田・川西（1991）は，日本リーグに所属する女子サッカー選手に焦点を当て，女子サッカー選手が競技を専門的に始めることになった時期，競技の継続あるいは競技からの離脱，また活動母体となる所属機関について検討し，その参加種目のパターンを明らかにすることを試みている。

　中込他（1998）は，プロサッカー選手のキャリア移行に関する研究の中で，諸外国におけるキャリア移行援助プログラムを紹介するとともに，日本国内における関連分野の研究の遅れを指摘し，援助プログラムの創案・企画・運営は，近い将来必ず取り組んでいかなければならない課題としている。また，スポーツ選手には体力の衰え，取り巻く環境の変化，転職などによって，一般の中年期に訪れる危機と類似した心理的危機が早く訪れるという印象を抱き，周囲がスポーツ選手のそのような状況に理解を示すとともに，専門的介入のよりどころとなるべきキャリア移行援助プログラムが必要であると指摘している。日本国内におけるスポーツ選手引退に関しての研究は，このようにようやく着手されてきたとはいえ，有用な理論構築がなされていないのが実状なのである。

サッカー界におけるセカンド・キャリアへの取組み

　セカンド・キャリアに対する取組みについて，ここではプロサッカー選手

の活動を支える自治組織である選手協会を取り上げ，サッカー発祥の地であるイギリスの選手協会と日本の選手協会の例をあげて述べていく。

◎**イギリス**

　近代サッカー発祥の地であるイギリスにおいて，プロフットボール選手協会（Professional Footballers Association，以降PFAと略す）が創立されたのは1907年である。実に100年以上の歴史を有している。PFAは選手の社会的地位の確立や権利に関すること，また選手の利益の促進と保護などを目的にしている。PFAは，プレミアリーグ，フットボールリーグ，ノン・リーグに所属するプロ契約選手とセミプロ選手，および練習生で構成されており，会員数は4000人を数える（『JPFAニュース』Vol.11）。特筆すべき点は，常任理事長をはじめ，役員理事が全員選手経験者であるという点である。

　PFAの主な活動概要であるが，会員である全選手の法的，社会的，そして財政的な地位を揺るがすあらゆる制約を廃止し，いかなる事態においても，選手である会員の権利を保護することを責務としている。PFAの主な収入源は，各リーグで取り決めた協定事項から受け取る収入，有料TVの放映権料収入のうちから10％，そして会員である選手からの年会費によって確保されているが，このうち放映権料からの収入がかなりの割合を占めている。

　「すべての選手は，いつかは生活の基盤を他に求めなければならない。そのために，今から学び始めることは理にかなう」。PFAによって示されたこの文章が，イギリスサッカー界のセカンド・キャリアに対する取組みを示す，最も象徴的な考え方だろう。イギリスでは引退後の生活に備え，セカンド・キャリア獲得に向けた教育プログラムが用意されている。16〜18歳までの練習生契約の選手（イギリスではプロ契約は18歳以上から）の中から，クラブ側によって選抜された750名に対し，政府とリーグ側との共同出資で作られた育英基金制度に基づき，選手活動を行いながら，週に1回カレッジに通うことを条件に，奨学金が給付されることが決められている。

実際にカレッジでは，サッカー関連以外の職業に就くために必要な知識・技術・資格などが習得できる。ただし，あらかじめ選択肢が用意されているということではなく，選手の希望に応じて適切な受講コースが提供され，そのためのアドバイスが行われている。また，さらに専門的な教育を望む選手に対しては，アメリカの大学院に進学するシステムも整備されている (JPA, 1997)。このような取組みが，政府の指導により義務づけられているという事実が，セカンド・キャリアへの取組みに対するイギリスの積極的な姿勢をうかがわせ，またサッカー界だけの問題として捉えていない点も高く評価される。

◎日　本

　日本におけるプロサッカーの歴史は1993年5月に開幕したJリーグとともに始まったが，選手自身のプロ化への動きは，それよりも8年早い1985年にすでに始まっていた。日本のサッカー界におけるプロ登録選手が，1985年に承認されたからである。1985年には，選手の登録区分は3つに分けられ，プロサッカー選手はスペシャルライセンス・プレーヤー (LP) という呼称で，ノンプロ (NP)，アマチュア (A) と区別されていた。

　初年度は，すでに西ドイツ（当時）でプロ選手として9シーズンの実績をもつ，古河電工所属の奥寺康彦と，日本代表選手として国内サッカー界で活躍していた，日産自動車に所属する木村和司の両氏が，プロ選手と同義語のスペシャルライセンス・プレーヤーとして，日本サッカー協会から登録を承認された。翌年迎える日本サッカーリーグ (JSL) 1986－87年度シーズンからプロ選手として登録し，リーグ戦を戦った。これが日本国内におけるプロサッカー選手の始まりである。

　この2人のLP登録がプロ化に対する気運を高め，LP登録をする選手が，年を重ねるごとに他のチームにも波及・増加していき，1993年のJリーグ開幕以降は，プロサッカーに対する過熱気味の人気とチーム数の増加にともない，プロサッカー選手の数も急速に増加していった。

一方，前述の通り，年々加速する選手のプロ化を支えるための自治組織である選手協会の歴史は，Ｊリーグ開幕に遅れること３年，Ｊリーグ選手協会（J-League Players Association，以降 JPA と略す）として 1996 年から始まった。プロ契約選手が認められた 1985 年にはもちろんのこと，Ｊリーグが開幕した 1993 年にも，選手協会は生まれていなかったのである。JPAでは，創立当初より，PFA への視察を行ったり，機関誌『FRONT』を通じて JPA のさまざまな活動に関する情報を発信するなど，積極的な取組みが行われてきた。その後，JPFA（J.League Professional Footballers Association）と改名後，2006 年に法人格を取得，選手が直面するさまざまな問題についての相談にも応じている。長い歴史をもつイギリスとは比較できないが，プロサッカー選手をサポートしていく自治組織として機能している。

役割退出理論からのアプローチ

　本章では，イーボウ（Ebaugh, 1988）が提唱した「役割退出理論」（role exit theory）を用いて，プロサッカー選手が，サッカーに関与し始めた頃から，プロサッカー選手という役割を獲得し，引退を迎え，後に新たな役割・職業（セカンド・キャリア）を獲得する過程全体を，この理論によって明らかにする。役割退出理論は，「あらゆる役割からの離脱（disengagement），あるいは個人的な役割からの解放（disidentification）の過程を描写する」ことを目的とするものであり，役割からの退出プロセスは，図５−１に示したように，以下４つのステージから構成されている。

◎第１ステージ：最初の疑問（first doubt）
　このステージでは，現在の役割に疑問を抱き始めることがその特徴である。自分にとって重要な役割が変わることによって，何らかの疑問を抱いたり，その役割に対する失望や燃え尽きを感じたり，あるいは役割の中で関

```
                                    プレ・ステージ
                                   ╭─────────╮
                                  ╱ プロ選手になる前に抱く ╲
                                  ╲   疑問・不安    ╱
                                   ╰─────────╯
  第1ステージ：最初の疑問                    │
  ╭─────────╮                         │
 ╱ プロ選手である自分への ╲ ■■■■■■■■■■■■■■■■▼
 ╲    疑問・不安    ╱
  ╰─────────╯
                │               第2ステージ：可能性の模索
                │                ╭─────────╮
                └──────────────▶ ╱ サッカー以外，または新たな ╲
                                 ╲   職業の模索    ╱
                                  ╰─────────╯
  第3ステージ：転換点              │
  ╭─────────╮                │
 ╱ 戦力外通告または契約の終了 ╲◀──┘
  ╰─────────╯
         │          第4ステージ：新たな役割の獲得による
         │                以前の役割からの脱皮
         │                ╭─────────╮
         └──────────────▶╱ 新たな役割の獲得による ╲
                         ╲ 以前の役割からの脱皮 ╱
                          ╰─────────╯
```

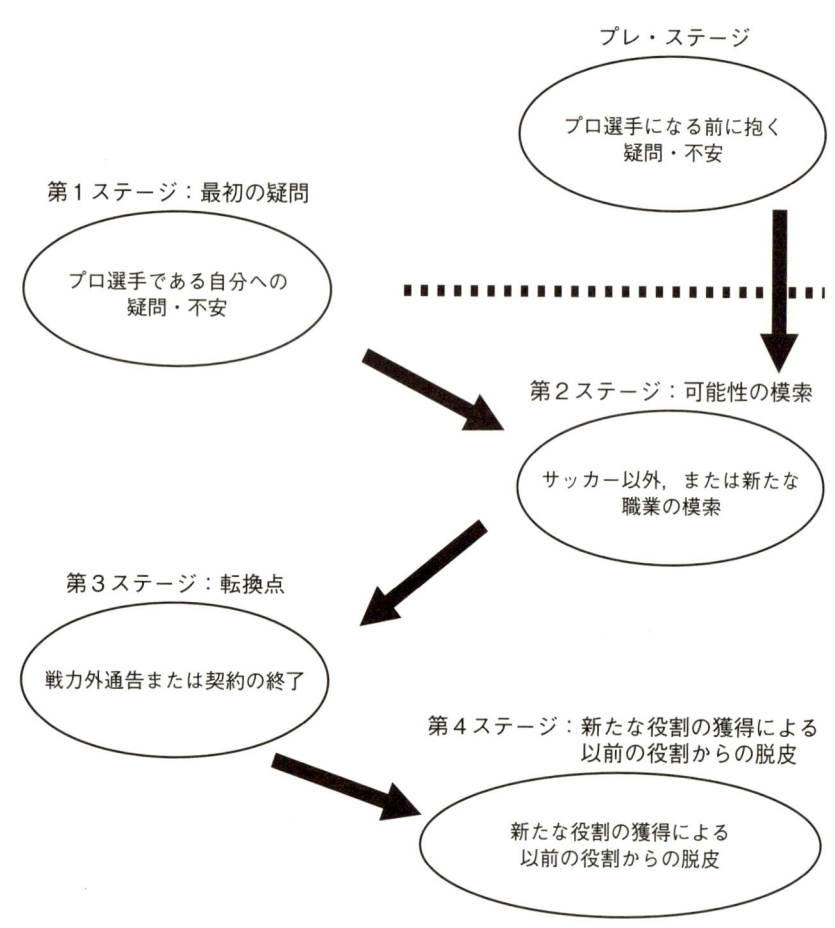

図 5-1：役割退出理論の枠組み (Ebaugh, 1988 ; Drahota & Eitzen, 1998)

わっている重要な他者の態度変化を察するなどして，さまざまな出来事から疑問を感じ始める。本章ではプロサッカー選手である自分の役割に対して，疑問や不安を抱いたときといえる。具体的には，あとどのくらい選手として長くプレーできるかといった疑問や，選手自身が能力的な限界を感じ始めるといったことである。

◎第2ステージ：可能性の模索（seeking alternatives）

　不安や疑問を体験したあと，個々で選択肢を考え始め，探索する段階である。プロサッカー選手の場合，現役でありながら，サッカー以外の職業に思いを馳せたり，具体的に職業を探すための探索行動を起こすということである。いわば引退後の準備段階といえよう。

◎第3ステージ：転換点（the turning point）

　選択肢を熟考したあとに迎えるのは，役割の転換点である。この時期には，5つの特徴的な経験をともなうことが指摘されている（Ebaugh, 1988）。すなわち，①特有の出来事（たとえば，戦力外通告や契約の終了など），②感情の高揚，③老化の認識，④役割退出の正当化（たとえば，ケガだから仕方がないと考えること），⑤自発的離脱・強制的離脱のどちらかを選択することである。

　転換期には，本人の主体的意思決定と並んで，社会的サポートが必要である。とくに，役割から成功裏に離れるためには，家族のサポートと友人からのサポートが不可欠である。また，ドラホータ＝エイツェン（Drahota & Eitzen, 1998）によれば，スポーツの世界では通常，転換期は突然，予測不可能な形で訪れるため，不本意なものであると述べている。

◎第4ステージ：新たな役割の獲得による以前の役割からの脱皮（creating ex-role）

　このステージでは新たな役割を獲得し，再度自信を取り戻す時期である。それはプロサッカー選手に置き換えると，引退後のセカンド・キャリアの獲得であるといえる。ただし，ドラホータ＝エイツェン（Drahota & Eitzen, 1998）の研究では，プロスポーツ選手は，スポーツから得た役割から決して完全に離れることはないことが示されている。本来，どのようにして古い役割から新しい役割に切り替えていくかということが問題なのだが，元プロスポーツ選手の場合，役割と役割を切り離すのではなく，ともに担いながら生きているということが明らかにされた。

◎プレ・ステージ

　さらに，この4つのステージの前にプレ・ステージが加えられている。プレ・ステージの特徴としてあがってくるのは，ある役割を獲得する以前に感じる疑問や不安である。プロサッカー選手の場合，プロ選手になる以前に，プロの世界でやっていけるのであろうかと疑問や不安を感じることを指す。

　この5つのステージの枠組みを用いた研究が，ドラホータ＝エイツェン（1998）により，米国のプロスポーツ選手を対象に行われている。

本章のポイント（仮説）

　本章のポイントとして，以下の通り仮説を立て，20名に対し聞き取り調査を行った。

ポイント1：日本人元プロサッカー選手がセカンド・キャリアに到達するまでの過程を，役割退出理論の枠組みから明らかにする。

ポイント2：プロ選手になる前に，あるいはプロ選手になってから，疑問や不安を抱くことが，引退後のキャリア・トランジションに影響を与えているかを明らかにする。

仮　説1：プロ選手活動中に，具体的に引退後の準備を行っている選手は，セカンド・キャリアをスムーズに獲得できる。

仮　説2：チームから戦力外通告を受けて引退を迎えた選手は，サッカー選手であることに対しての未練が本当に強い。

調査方法

　本章における調査対象者は，元選手が所属したリーグで7群に分けられた。プロ化が始まったときに行われていたJSL，Jリーグ開幕1年前から始まったJFL，そしてJリーグの3つのリーグを元にして，①JSL，②JFL，③J，④JSL＋JFL，⑤JSL＋J，⑥JFL＋J，⑦JSL＋JFL＋Jに分類した。さらに，調査当時の職業をサッカー関連とサッカー関連外に分けて28名（＝7×2×2）を，調査対象者の目標として設定した。対象者の選出に関しては，特定の層の対象者にねらいを定めて任意抽出を行う意図的サンプリングと，対象者自身から別の対象者を紹介してもらう雪だるま式サンプリングを用いた。実際の調査ではそのうちの20名（$n=20$）に対し，直接面接法による聞き取り調査を行った。リーグごとの調査対象者の内訳は，①JSL群1名，②JFL群1名，③J群1名，④JSL＋JFL群3名，⑤JSL＋J群4名，⑥JFL＋J群3名，⑦JSL＋JFL＋J群7名である。

　本研究における調査は，1対1の直接面接法を用いて行われた。面接調査は1時間から1時間半をかけて行われ，記録のため，対象者の許可を得て録音し，後に文章化した。調査は，設定された質問項目に対して順番に聞いていくという方法ではなく，元選手がサッカーに関与し始めた頃から引退するまでのサッカー史を話してもらうという方法で行った。

表5-1：対象者の属性

年齢の幅	25－46（歳）
引退後経過年数	1－10（年）
プロ契約年数	1－10（年）
最終学歴	高校－大学院
公式戦出場数	1－170（試合）
年俸の幅	10－60（百万円）
調査当時の職業	サッカー関連　9名 サッカー関連外　11名

調査対象者の年齢は，25歳から46歳までであった。調査当時20代であっても，高校卒業と同時に，当時のJSLチームに加入した元選手などは，選手経験が10年と長い。一方，Jリーグ開幕以降に大学を卒業して加入した選手の中には，わずか1年で戦力外通告を受けた元選手もいた（表5－1）。

結　果

◎役割退出理論による分析

　ポイント1を検討するために，イーボウならびにドラホータ＝エイツェンが提唱した役割退出理論を用いて，分析ならびに図式化を行った。その結果は，ケースごとに詳細に検討して，章末に示している。

　その結果から，日本人元プロサッカー選手のセカンド・キャリア到達までの過程は，役割退出理論でほぼ説明できることがわかる。Case1～20のいずれを見ても，プレ・ステージから第4ステージに至る段階を経て，新しい役割を獲得していくプロセスが明らかになっている。

　しかしながら，ケースごとに微妙な違いも見られる。たとえば，Case7とCase9の元選手は，転換期を二度迎えていた。また，Case14の元選手は，サッカー以外の職業を模索するステージを二度体験していた。したがって，プロサッカー選手のキャリア・トランジションには，大枠では役割退出理論があてはまるものの，いくつかのバリエーションもあるといえる。

◎プロ選手という役割に対する疑問と不安

　プロ選手になる前に，プロとしての生活や引退後の人生について疑問や不安をもっていた元選手は，20名のうち7名（35.0%）であり，プロ選手として活動している日々の中で，自分の能力や地位に不安や疑問をもち始めた元選手は，8名（40.0%）であった。いずれにせよ，20名中15名（75.0%）の元選手が，何らかの形でプロとしての疑問や不安を感じており，相当数のプロサッカー経験者が，トランジションの最中に疑問や不安を抱いてい

ることがわかった。

 プロになる前に疑問をもち，プロ選手になることを当初考えていなかった例が，Case19に見られる。この元選手は，埼玉県内の公立中学校の教職に就いた。この選手の場合，高校では全国大会で優勝を経験したが，その実績に頼ることなく，大学を選択する際は，保健体育の教員資格が取得できる大学を選んでいる。将来設計は，実業団に入る前にすでに形成されていたといえる。プロサッカー選手となる以前は，サッカーを職業とすることに関して疑問をもっており，むしろ非現実的な世界のこととして捉えていた。

　「[会社員としてプレーしている間に，プロになるということは意識していたのですか？] いやいや，全然。プロなんて言ったって，（リーグが）無いわけですから。……長い目で見れば，そのときはサラリーマンの方が良いっていう，そういう時代でしたから。サラリーマンでサッカー何年かやって，その後仕事がね，きちっとあればそれで良いと思ったんですけど……（当時は）Jリーグなんてありませんし。サッカーだけやっていてもその後やることがない，それは困るなぁと。」

 会社員からプロ選手になり，引退後，セカンド・キャリアをスムーズに迎えられなかった1名はCase16の元選手で，当時の自分の年齢（27歳）や家族がいたことで，10カ月の時間を掛け，会社員のまま選手を続けるか，あるいはプロ契約選手になるかということを熟考した後，プロ選手へ転向を図っていた。4年目に他チームに移籍したあとは試合への出場機会が激減し，選手生活の終盤には反発するような感情も芽生えていたことを告白している。

　「[プロに切り替える際に，何か不安はありましたか？] 若手はどんどんプロ契約していたけど，ホントに迷っていて……10カ月は迷った。27歳という年齢もあったし，家族もいたし。5年後に後悔したくなかったからね。もちろん試合に出られるかわからない不安はあったけど，自分

よりも下手くそな奴らがプロになっていたから，俺もできると思ってね。……でも最後の方は，自分も試合にでていなかったし，『負けろ負けろ』って思ってましたよ。」

　一方，スムーズにセカンド・キャリアを獲得したCase4の場合でも，会社員からプロ選手に変わる前に，自分自身に課題を与えて熟考していた。プロに転向することを決意するまでに1年間の時間をかけ，それまでは業務が午前中だけであったのを，午後の練習後に再度出社して仕事をこなし，社内における自分のポジションを確認した。この選手の場合，そもそも会社に魅力を感じて入社したため，プロ選手に転向することについての疑問が生じたのであろう。

　「[サッカーから引退した後に会社に戻れなくなるということで，何か不安になるようなことはなかったですか？] サッカーが終わって（引退して）から，会社できちんと仕事ができるのかということで，1年間働いたわけよ。残業みたいなことをしながら会社のいろいろなポストについて，今後，仕事でどうやってやっていけるかということを考えたときに，『これならば俺にはサッカーだけの方が向いているよな』という判断をしたわけ。」

　また，Case1の元選手は，ケガによって自分の選手活動に不安を感じていた。

　「（ケガを）隠し隠しはやっていたんだけど……ちょっとしたきっかけですね，『あぁ，これは長くはないな』と思ったのは。……左足が，蹴ったら痛みが走るようになって，蹴れなくなったんですよね。」

　同じように，ケガによって自分のサッカー選手としての役割に不安を感じていたのは，Case17の元選手である。

「毎日が不安だったね。この状態（ケガ）じゃなかったらって。自分がプレーできないのは楽しくない……一番つまらなかった。（そのことを）サッカーをしていて初めて感じて。グラウンドに出るのがこんなにおもしろくないのは（今までに）ないというくらいに……。」

　兵庫県内でフットサル場や飲食業を展開している Case5 の元選手は，高校卒業後にプロ選手になることを目指してブラジルに渡った経験をもっている。2年後に帰国し，日本国内のプロチームと契約を結んだが，プロ選手になることに対して，あるいは引退後のことに関しては何も考えていなかった。しかし，プロになった後では，一転して，プロ選手である自分に疑問をもち始めた。同じ時期に，選手として長く続けていくための目標設定を，真剣に考え直さないといけないところでもあり，複雑な心境であったことを告白していた。

「［プロになる前に，何か引退後のこと，あるいは選手を辞めた後のことなどを考えていましたか？］その頃，先のことなんてまったく考えてなかったですよ。［どのようなことにストレスを感じていたのですか？］何か，『ちょっと違うんじゃないかな』という状況（思い）が募ってきまして……人を蹴落としてまで勝利を求めにいくというか，そういうところが，だんだん自分の中でストレスになってきて……それはけっこう大きかったですね。」

　Case20 の元選手は，現在，整骨院に勤務しながら，鍼灸師の資格を取得するために専門学校にも通っている。大学卒業後，当時 JFL に所属していた関西のチームと契約，初年度にチームがJリーグへ昇格した。3シーズン目の終わりに戦力外通告を言い渡されたことがきっかけになり，引退した。公式戦の出場はわずかに1試合であったが，試合に出場できない日が続いた不安を告白している。

「[サッカー選手としてやっていけるかどうかという不安は？]できるかなぁという不安と，ここをクビになったらどうしようかな（という不安）と．……そっちのほうが大きかったね．どうやってご飯食べていこうかと．だから，サイクルとしてはめちゃくちゃ良くないよね．そんなことばっかり考えながらサッカーやっているんだから．[クビになったらどこにも行くところがないという不安？]そう．それでコーチのところに行って，『とにかく，試合に出られないのだったら，2部のチームでもいいから行って（移籍して）出させてください，出させてください』って言っていたのに，『ちょっと待ってろ，ちょっと待ってろ』って言って．（結局移籍ができずに）生き殺しだよね．」

これらの生の言葉から，元選手それぞれが，そのときに起こった状況により，不安や疑問を感じている様子が明らかになったといえるだろう．
　一方，プロ選手になる前や，プロになってからも，自分の能力や職業としてのプロスポーツに疑問や不安をもっていなかった元選手は，20名中5名（25.0％）であった．そのうちの2名（10.0％）が調査時点で定職を得ていなかった．また，引退後にスムーズなキャリア移行を果たせなかった4名のうちの半数が，プロ選手という職業に疑問や不安をもたなかったということからしても，現実の状況を直視し，自分の職業キャリアを見つめるための疑問や不安をもつことが，引退後の第2のキャリアを獲得するためには，いかに重要であるかがわかる．本人が問題を感じることが，長期のキャリア展開のための第一歩なのである．
　Case11の元選手は，高校卒業と同時に，JFLに所属していたチームに社員選手として加入した．2年目にチームはJリーグ昇格を果たした．この機会をきっかけに，家族の反対があったが，自ら志願してプロ選手に転向した．だが，引退後のことに関しては何も考えておらず，選手として成功することしか考えていなかったことを告白している．また，社員選手として加入したものの，たとえ選手を続けられないような状況になったとしても，会社に戻って仕事を続ける心づもりはまったくもっていなかった．

「［いずれは引退を迎えるわけですが，終わった後のことは何か考えていましたか？］そこで何とか成功することを第一に考えないといけないと思っていて……保険のように，資格を取るっていうことは考えたくなかった。絶対成功するぞと思ってやっていたところがあったので。それがよくなかったのかもしれないけれど。……後のことは全然考えていなかったですね。選手やっているときは，ここで成功することしか考えていなかったですね。［社員のままだったら，引退した後に会社に残ることができるということは考えませんでしたか？］実際に（戦力外通告で）辞めた後でも……そのときは選手でずっとやるって思っていて，このチームをクビになっても，他のチームでやるつもりでした。会社に戻る気は全然なかったんで。」

　ポイント2は，プロ選手になる前に，あるいはプロ選手になってから，自分自身の能力や職業としてのプロ選手に疑問や不安を抱くことが，引退後のキャリア・トランジションに影響を与えているかどうかを見極めることである。

　実際，疑問や不安を感じた選手が大多数を占め，その多くが，次のキャリアを順調に得ることができた。一方，何の疑問も不安ももたなかった選手は，選手自身のキャリアに対する考慮不足が災いしてか，相対的に多くの選手が，スムーズなキャリア移行を経験できないでいた。このことからして，トランジションの課題の第一は選手本人の自覚にあり，子どもの頃から描いていた夢をがむしゃらに追い求めるだけでなく，自己の現実を冷静に受け止め，将来に対する考えをあたため始めることが，次のキャリアにつながりやすいようである。

◎セカンド・キャリアのための準備
　現役中であれば，プロ選手としてのキャリアに集中し，新たな職業選択のための活動を行うケースはそう多くない。その一方で，現役中から，新たな職業を模索していた元選手は20名中8名（40.0％）おり，そのうち明確

に考えていた，あるいは具体的に行動を起こしていたのは6名（30.0%）であった。

Case1の元選手は，プロ選手として早い時期から引退後の生活を強く意識しており，具体的な行動を起こしていた。この選手の場合，複数年契約を結んで移籍したチームに在籍している際に会社を立ち上げ，引退後の生活に備えていた。

> 「(3チーム目の移籍は) 2年契約で行ったんですね。そのときには，もう次の準備にぼちぼち入っていたんですよね。……（引退は）いずれは来ますし。だから，まず自分で会社作って……必ず引退するときって来るんですよね。……準備っていうのは，選手のときにやっておかないとダメでしょ？……大多数は（プロとして）成功しにくいから，そしたら，やっぱり例外なく，選手のときから次の準備をしておかないと。……まず，アパートというか，マンションを建てましたよね，もっている自分のお金で。(チームメイトの)みんなは外車を買いましたよね，1000万（円）そこらでしょ。僕はその3倍か4倍でマンションを建てたんですよね。そのときに，たとえば，僕にベンツを買う価値観があれば，ベンツ買っているでしょうね。ポルシェも買うでしょうね。……身体の手入れについて，お金をかけてでもマッサージを受けるという価値観はありますよ。ただし，ベンツに乗っても，それはビジネスとして何も発生しないじゃないですか。」

同じく，引退後の生活に関して現役生活中に具体的な行動を起こしたのが，Case19の元選手である。この元選手は，引退を迎えることになったシーズン途中に，教員採用試験を受験した。シーズン中に試験を受けに行くというケースは非常にまれであるが，強い意志で，セカンド・キャリア獲得の取組みを積極的に行っていた。

> 「引退は，はっきり言って，試験を受けるときには決めてますよね。だ

から，だいたい4月末に（教員採用試験の）要項を中学校の先生に送ってもらって……5月に出すんですね，願書を。……このとき，7月12日に試験があったときに聞かれますよね，面接で。『あなたは，受かったときにはサッカー辞めるのですか？　あなたは今サッカー選手をやっているけれど，もし受かった場合はどうするんですか』と。そりゃもう，辞めるつもりじゃなきゃ（試験に）行かないですよね。そこで，『受かってから（辞めるかどうか）考えます』じゃ，合格出さないだろうし。まず言ったのは『辞める』と。『受かったら辞めます』とはっきり言いましたけど。」

Case6の元選手は，現役中に自分の実力に関して冷静に評価しており，現役選手を長く続けていくことに関してのこだわりはもっていなかった。

「だいたい自分の実力を把握できていたから，いつまでもできることではないと思っていたから……現役には固執していなかった。［グラウンド上でサッカー以外のことを考えたことがありましたか？］何となく……ただサッカー以外のことをしたことがなかったから，サッカーかなぁと。まったく違う世界は大変だぞという周りの話もあって……ただ，まったくサッカーに関係ない仕事でも，実際には何の抵抗もなかったですね。」

Case7の元選手の場合，サッカー以外の職業を模索したのは，プロのときではなく，戦力外通告を受けて退団後，アマチュア選手として再びサッカーに関わるようになったときであった。大学卒業と同時にJリーグのクラブと契約したものの，公式戦出場が1試合もないまま，1年で戦力外通告を受けた。大手通信会社に入社した当時は，プロ選手として再びJリーグでプロを続ける道を模索しており，サッカー以外の職業に就く考えはもっていなかった。しかしながら，その後3シーズンを過ごしたあたりから，サッカーで生計を立てていけないことを実感し始めた。

「1年くらいは,どうやってサッカーで飯を食っていこうかって考えてた。……地域リーグからJFL入りをめざして,JFLへ昇格して,再びプロでやろうと。下(のリーグ)から着実に。このままでは終わらないぞって。[いまサッカーをしていない理由は?]サッカーでは飯を食えないから。またよそのチームに行っても,1,2年で(その先が)わからない。それから将来を考えるのは,先が見えてるから,チャレンジしてもしょうがないと思った。」

現役中には,選手としてのキャリアに集中し,すべてを忘れてサッカーに専念することが,多くの選手が抱く考えであり,価値観である。そのため,現役中に,次の職業について思いを巡らせたり,具体的に職業選択のための活動を行うケースは多くない。現役中にサッカー以外の職業についてまったく考えていなかったのは,半分以上の11名(55.0%)であった。そのほとんどが,サッカーに没頭していた例であり,質問に返ってきた答えは「何とかなるだろう」という言葉であった。

日本人として最初にプロ契約したCase15の場合では,次のように回想している。

「[サッカー以外のことを考えたりしましたか?]考えられないね。何とかなるやろうと。(これまで)サッカーで食ってきたから,(これからも)サッカーで食っていこうと。」

この回答だけを見れば,何の準備も行っていなかったように思われるかもしれない。が,この元選手は,社員選手からプロ契約に切り替える際,個人で会社を設立していたため,引退後はスムーズにセカンド・キャリアに就いている。

仮説1は,現役中からの職業準備と,引退後のキャリア展開との関係を探ろうとするものである。本調査の結果では,8名の元選手がサッカー以外

の職業の模索を積極的に行っており，いずれのケースもセカンド・キャリアをスムーズに獲得していた。このことからすれば，現役中からセカンド・キャリアを意識し，早期に準備を開始することが，次の職業へのスムーズな移行につながっていると言えそうだ。

◎戦力外通告による引退と未練との関係

　本調査で，プロ選手であった自分に対して未練を感じているのは，20ケース中8名（40.0％）であった。その8名のうち，2名が引退を納得して迎え，逆に6名が不本意に引退を迎えている。一方，サッカー選手であった自分に未練を感じていなかったのは20名中12名（60.0％）あった。

　Case20は，選手であった自分に対して強く未練を強くもっている典型である。

　「［未練はない？］あるある。たまに勉強とかしていて，サッカーのTV見て……，『いやぁ，俺もホントはあのピッチに立っているのかな』，そういう風な未練タラタラで。……サッカーに関してはね，まだまだやり残したことはたくさんあると思う。［実際にサッカーを離れることになったっていうのは，自分の中で納得していた？］全然納得してない。まだできると思っている，どこかで。［サッカーで燃え尽きたってことはない？］全然！　まだ火がついているよ。」

　ケガによって選手を続けられなくなり，未練よりもあきらめの心境になっているのがCase17の元選手である。

　「［もしケガがなければ，まだやれていると思いますか？］やれているっていうか……やっていたいよね。一度離れると……やはり現役のほうがいいよね。［選手に未練はありますか？］ないと言ったら嘘になるけど，できないからねぇ。」

一方，学生時代に日本代表に選出され，国際Aマッチ9試合に出場，Jリーグでは1993年の開幕年度から登録し，約50試合出場の実績をもつCase1の元選手は，未練がない理由を次のように語った。

　　「未練みたいなやつは，全然なかったです。なぜかというと，一番良いときから，ケガをして悪いときまで，全部見ましたよね。」

　これらのケースから，選手としての実績の違いによって，選手時代に対する感じ方や未練のもち方にも違いがあることが明らかになっただろう。
　一方，戦力外通告により，Jリーグから1年で離れたCase7の場合は，プロ選手であった自分を振り返り，プロサッカー選手という職業がプレッシャーであったことを告白している。

　　「プロって，プレッシャーだったよね。結果を出さないとおしまいっていう……高校なら，結果出さなくても大学がある，大学でプロに入れなくても社会人があるっていう……一度プロに上がったら，あとは落ちるしかないっていう……。」

　セカンド・キャリアを獲得し，プロ選手であった自分を冷静に振り返ることができたCase13の言葉は，とくに興味深い。

　　「俺はね，そもそも，今思うとプロ選手になりたかったんだけど，なってみたら，……サッカー選手っていう商売は，自分には合っていなかったんだよね。要するに俺にとって遊びだったわけよ，サッカーっていうのが（笑）。……それが，あるとき自分の職業に変わっちゃって，それで生活していかなきゃならなくなったわけよ。……そうすると，ものすごいプレーの制約もされるし，監督の求めるプレーをしなきゃいけない。当然なんだけど，プロになると，まず結果でしょ？　でも，俺にとっては，結果より過程のほうが楽しくて。……プロになりたての頃

は，これでお金もらえて，これで生活できてって，楽しくてしょうがなかったんだけど。……あるとき，そうだね，ケガが続いたり，監督とかと合わなくなって。そっちのほうがつらかったね，俺にとっては。逆に言ってみたら，給料，金いらないから好きなことやらしてくれよっていう感じのほうが大きかった。」

そして，最後に，チームから戦力外通告を受けて引退を迎えた選手は，サッカー選手としてのキャリアに未練を強くもつのかという仮説2に関しては，20名中16名（80.0%）で戦力外通告によって引退を迎えたが，調査当時，選手であった自分に対して未練を感じている元選手は，半数に満たない6名であった。よって，戦力外通告によって引退を迎えたからといって，未練を強くもつかどうかは明らかではなく，人それぞれで感じ方が違うようだ。とくに，選手として残した実績の高さが，未練とより密接に関連しているかもしれない。

考　察

　日本の各種スポーツリーグは，伝統的に，経済力のある企業がスポーツクラブを所有し，企業の福利厚生部門としてスポーツを育てるという，企業主導による運営のもとに組織されたリーグがほとんどであった。そうして，その企業チームに所属する選手は，グラウンドあるいはピッチの上では選手であっても，1人の会社員として企業に属し，引退した後は職務に復帰することができた。この図式が選手とチームのプロ化にともない，選手は個人が資本となる事業主と見なされ，選手が続けられなくなった場合には，新たな仕事（セカンド・キャリア）を獲得する必要性が発生したのである。

　日本サッカー界においても，プロ化が認められるまで，ほとんどすべての日本人選手は会社に所属し，午前中は仕事を行い午後から練習というスタイルで，仕事とサッカーを両立することが当たり前とされていた。そして，選

手は引退後,必然的に職務に復帰することができるという図式があった。それは選手に安定を提供していた反面,競技に対しての甘さを産んでいたことが,今回調査した複数の元選手の声によって明らかにされている。

　1985年にプロ選手登録が承認され,翌年の1986年シーズンより,プロサッカー選手がJSLに登場した。当時,西ドイツでプロ選手として実績をもつ奥寺康彦氏の帰国にともなって,受け皿的な組織づくりの必要性が叫ばれていたことと同時に,日本でも選手間でプロ化の気運が高まっていたことは,奥寺氏と同時にプロ選手登録が認められた木村和司氏の以下の発言からも明らかである。

　　「午前中会社行ってさ,昼からサッカーっていう……セミプロだからね,やっぱり。会社行っても昼までしかいないから,責任もてないよね。仕事なんかも,だからできない。何のためにお茶飲みに行ってるの？　あの時間がもったいない。メキシコ・ワールドカップの最終予選で韓国に負けたとき,（初戦）1-2,（第2戦）0-1で負けたけど,1点の差をものすごく感じた。甘えがあるって。絶対に日本にはプロが必要だって,チームメイトと話し合っていたよ。だから,今考えると……ワシだけでなく,日本サッカーのターニングポイントだったね,あの試合は。」

（木村和司氏）

　日本のサッカー界は,Jリーグの誕生にともない一気にプロ化が進み,各チームは戦力補強として,有名外国人選手の招聘を行うとともに,選手を大量に獲得・保有し始めた。1999年度シーズンからは新たな契約体制が導入され,年俸480万円以上の選手の登録は,1チームあたり25名に制限されたが,一時期,50名近いプロ契約選手を保有するチームも見られた。有名外国人選手の獲得に象徴されるように,年々高い戦力レベルが求められてきたが,その結果,戦力外通告を受ける選手も,年々増加するに至った。そうして,契約を断たれた選手の中で,やむなく引退をし,新しいキャリアの獲得を迫られた選手は,Jリーグ開始以降年間平均80名を超えていたにも

かかわらず，2002年にキャリアサポートセンターが設立されるまでは，ほとんど何の取組みもサポートも行われてこなかった。

　セカンド・キャリアの取組みについて，イギリスでは，政府主導でプロスポーツ選手のセカンド・キャリア獲得に関心を示し，奨学金の提供で教育プログラムを推進・敢行するほど，体制が整備されている。一方，日本の状況では，選手を保有するチームの取組みに物足りなさが見られるとともに，なにより選手自身の，セカンド・キャリアに対する自覚が不足していたことは否めない。子どもの頃から思い描いていたプロサッカー選手という夢の側面だけでなく，職業としてのサッカー選手とは現実的にどういうものなのかについて，選手自身の自覚が不足しており，プロフェッショナルという名前ばかりが先行していた部分が大いにあったといえよう。

　本章で，元プロ選手が，役割転換の各ステージで，どのような意思決定を行ってきたのかを垣間見ることができた。とくにJリーグが存在していなかった時代にプロサッカー選手であった人たちは，ほとんどが会社員から転換を図っており，プロ入り前にプロサッカー選手になることに対して疑問や不安を経験していたのは，すべて社員選手からプロに転向した元選手であった。

　一方で，高校卒業と同時にプロ契約を結んだCase5に典型的に見られるように，引退後のことをまったく考えていなかった13名の元選手は，ゲームや自分のプレーに没頭し専念するがゆえに，自己のキャリアに関して考える余裕も，関心もなかったと考えられる。セカンド・キャリア獲得に時間を要した4名の元選手は，すべて現役中にサッカー以外の職業に関して模索することはなかった。シーズン途中に，次の職業のための準備に取組むことは難しいかもしれないが，積極的に情報を入手し，選択の余地を広くすることは決して無駄ではない。

　実際に，本章の結果では，現役選手のあいだにセカンド・キャリアのための取組みを行っていた元選手は，スムーズに移行したケースが多い。Case1の選手は，複数年契約で移籍したチームでケガをしたが，引退後の人生を明確に捉え，現役中に会社を設立した。Case19の元選手のように，シーズン

途中に教員採用試験を受験するというのは特別な例だが，そのプロセスは実に用意周到で，教員という第2の職業が，決して偶然に得られたキャリアではないことは明らかである。

　この2つのケースには共通する要因があり，そのことが選手に余裕をもたせたことが考えられる。それは，複数年契約である。結果を出さなければ淘汰されていくことに，契約年数は関係ないが，単年契約の場合，たとえケガでも結果を出さなければ，その年の終わりに戦力外通告を受けるかもしれないというプレッシャーが，常につきまとう。プロ選手とは，どのような状況でも結果が求められるシビアな職業であるが，複数年契約は，選手に大きな精神的余裕をもたせる要因であることが，この2つのケースから示唆されるのである。

　以上を踏まえ，本章では，元選手への調査によって，今後のいくつかの重要なポイントが得られた。それらを総合すると，

① プロ選手になる前に，あるいは現役選手のうちに，漠然とでも選手引退後のことを考えておくこと
② プロ選手をステイタス化し，簡単に契約，戦力外通告される図式をなくすこと
③ ユース年代にキャリア教育を実施すること（欧米諸国のカレッジを参考に）
④ オフシーズンに参加できる講習会や情報提供の機会を増やすこと

の4点が指摘できる。これらを通して，選手自身のセカンド・キャリアへの意識を向上させると同時に，周囲のサポート体制の充実化が図られることが望ましい。

　最後に，本章が抱える限界にも言及しなければならない。調査対象者として協力が得られたのは，20名の元プロサッカー選手である。プロサッカー選手というかなり特殊な職業世界を映し出すには，不十分だとはいえないものの，依然として，対象者数の制約からくる限界もある。本章では，プロ選手としての実績や年齢にかかわらず，調査対象者を抽出した。今後の研究では，たとえば，プロ選手として5年以上，あるいは10年以上経験した元選

手，日本代表（ワールドカップ出場）歴のある元選手，1年で引退した元選手といったように，その実績から分類し，集中的に調査を行うことによって，さまざまなセカンド・キャリア獲得までの実態が，より明瞭になると考えられる。また，それによって，選手1人ひとりの立場に合わせたサポートのためのアプローチや，選手自身のセカンド・キャリアへの自覚と取組みに対して，何らかのヒントが見いだせるだろう。

●参考文献

Drahota, J.A.T., & Eitzen, D.S.(1998). The role exit of professional athletes. *Sociology of Sports Journal*, **15**, 263-278.

Ebaugh, H. R. F.(1988). *Becoming an Ex : The process of role exit*. Chicago : University of Chicago Press.

海老原修・横山文人・池田勝・武藤芳照・宮下充正（1985）．一流競技者のキャリア・パターンに関する研究—大学威信の影響について　日本体育学会第36回大会号，142

海老原修・横山文人・池田勝・宮下充正（1986）．年代別に見る一流競技者のキャリア・パターンの特徴　日本体育学会第37回大会号，130

JPA (1997). *The J-League at the FRONT*. **3**, 12.

前田博子・川西正志（1994）．女子サッカー選手のスポーツキャリアパターン—日本女子サッカーリーグ選手について　鹿屋体育大学学術紀要，**12**，41-48

中込四郎・松本光弘・田嶋幸三・豊田則成（1998）．プロサッカー選手のキャリア移行に関する研究，平成8年度プロフェッショナルスポーツ研究助成報告書　筑波大学大学院修士課程体育研究科，pp.45-54

豊田則成・中込四郎（1998）．運動選手の競技引退に関する研究，自我同一性の再体制化をめぐって　体育学研究，**41**，192-206

植松秀也・海老原修（1991）．流競技者のスポーツキャリアに関する比較研究—第9回・第11回アジア大会日本代表選手を対象として　日本体育学会第42回大会号，159

吉田毅（1998）．スポーツ選手の現役引退に関する社会学的研究の視点　九州体育・スポーツ学研究，**7**，75-84

付　録

役割退出理論の枠組みを用いた元プロサッカー選手の
セカンド・キャリア到達過程の分析結果

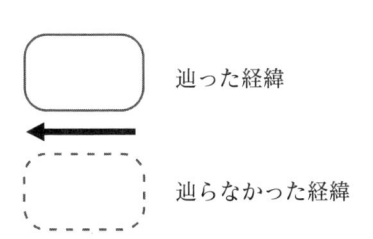

辿った経緯

辿らなかった経緯

次頁以降に，Case1〜20の分析図をケース番号順に掲載し，
次に役割退出理論に基づいたパターン別分析図を載せている。

Case 1　　納得して引退した例

32歳。サッカークラブ経営。月に数回，子どもたちを対象にサッカーの指導に携わっている。幼少時，友人からの誘いでサッカーを始め，その後は自然とのめり込むようになった。高校時は西日本大会等で優勝を納めた後，全国高校選手権大会で1回戦敗退にもかかわらず優秀選手に選出され，欧州遠征メンバーに入る。その頃より活躍は知れ渡り，大学進学後は選手権，トーナメントでチームの中心として活躍し，全国優勝を果たした。その活躍が認められ，日本代表に選出され，国際Aマッチ9試合に出場した。実業団入り当時は社員として勤務，その後プロ選手として2チームを渡り歩き，公式戦出場は「71」試合であった。プロ選手経験は7年間。

いずれ必ず引退を迎えるという意識は強くもっていたが，具体的なプランはもっていなかった。卒業後の進路に関しては選択できるほどのチームから誘いがあり，漠然と自分のスタイルに合うチームかそうでないかを考えていた。

■プロ選手になる前に抱いた疑い

■最初の疑い

「隠し隠しはやっていたんだけどもホント，ちょっとしたきっかけです。"あぁ，これは長くはないな"と思ったのは。」
「現役のときには絶対自分のポジションは渡さないですよ。」

プロ選手としてプレーしているときに起こったケガによって先が長くないことを感じる。ケガ以外の不安については一切感じなかった。レギュラーとして試合には常時出場し，ポジションを争われることすらも考えられなかった。

■選択肢の探求

「2年契約で行ったんですね。そのときには，もう次の準備にぼちぼち入っていたんですよね。……（引退は）いずれは来ますし。だから，まず自分で会社作って……必ず引退するときって来るんですよね。で，その準備は……準備っていうのは選手のときにやっておかないとダメでしょ？　終わってじゃあ，のんびりしよう。そういう余裕のある人って，選手として成功しちゃってるんですよね，ある程度。そしたらスムーズに移行できると。でも大多数は成功しにくいから，そしたらやっぱり例外なく選手の時から次の準備をしておかないと。」「まず，アパートというか，マンションを建てましたよね，もっている自分のお金で。で，（チームメイトの）みんなは外車を買いましたよね。1000万（円）そこらで。僕はその3倍か4倍くらいでマンション建てたんですよね。そのときに，たとえば，僕にベンツを買う価値観があれば，ベンツ買っているでしょうね。ポルシェも買うでしょうね。……身体の手入れについて，お金をかけてもマッサージを受けるという価値観はありますよね。ただし，ベンツに乗っても，それはビジネスとして何も発生しないじゃないですか。羨望のまなざしは受けても，それは一時的なもので，何もならない，と。」

3チーム目に行くときに複数年契約を結び，現在の会社を設立して引退後のことを意識し始める。

■転換期

「左足を使わないというのは僕は右利きだったから，別に問題なかったですよね。ただし左足で蹴ったら痛みが走るようになって蹴れなくなったんですよね。それは僕にとっては大きな，あの，原因だったですね。一般にプレーしている分にはまだプレーできるんじゃないかとかそういう風に（周りから）言っていただいたんだけれども，何て言うのかなぁ，気持ち的にモティベートできなかったですね。……あと1，2年続けたって次には何もつながらないわけですよね。」

プロ契約した最初のチームで起こったケガが原因となり引退を迎える決意をする。プロ選手として気持ちを維持できなくなったことも含まれる。

■以前の役割への適応

「あのう……その……僕自分では何もないんです。……未練みたいなやつは，全然なかったです。自分のその，選手生命っていうのには何も悔いはないですね。……僕はそのなぜかというと，一番良いときから，ケガをして悪いときまで，全部見ましたよね。」

選手であった自分に対しての未練はまったくなく，後進の指導に情熱と独自の信念で当たっている。

Case 2　不本意に引退した例

34歳。現在関西にあるJリーグチームのコーチ。友人に誘われ、小学6年生のときにサッカーを始める。中学では野球部への入部を考えていたが友人がこぞってサッカー部に入部したため一緒にサッカー部に入部し本格的に始める。高校時代は国体選抜に選出されるが全国的な実績はとくになかった。大学進学後は、3年次、4年次と2年続けて全国優勝を果たした。卒業後はJSL2チームからの勧誘を経て、静岡県にある大手オートバイ製作所に勤務しながら、午前中に仕事、午後からサッカーという生活を送る。4年目に会社とプロ契約を結ぶ。その3年後、29歳のときに現在コーチを務めるチームに移籍、チームはその年JFLで優勝を果たし、翌年Jリーグに昇格。Jリーグ昇格後は大物選手の加入により出場の機会が激減、また若手の台頭やケガにより、戦力外通告をきっかけに引退。チームとコーチとしての契約を結んで後進の指導に当たっている。

■プロ選手になる前に抱いた疑い

就職を考えることに比べてサッカーをしながら仕事もできるという条件にひかれて入社を決意した。が、アマチュア志向の強いチームに苛立ちを感じることもあった。チャンスがあればプロとして認められるような環境でやりたいと思っていた。「プロ制度ができたんやったら賭けてみようという思いが強かったね。」プロ選手になることの不安はなかった。

－契約になった場合には会社に戻れなくなりますが、それに対しての不安は？
「俺は決して技術屋さんではなかったし、まぁそうロボットみたいに毎日同じことするのもすごい嫌やったし、それだったらもっと違う、もしサッカーじゃなかったとしても、もっと違う仕事をやりたかったから……結局は会社にもそういう仕事がしたくて入社したわけではないし、サッカーで入ったから、だから多分、プロ契約でない形でサッカー辞めたとしても、そういうチームの関係の仕事がなかったから多分もう会社は辞めていたし、多分このままずっとここでは仕事できんやろうなと思っていたし。」

■最初の疑い

選手である自分への不安あるいは疑問は感じていなかった。

■転換期

－引退を決定づけた原因は何だったのですか？
「うーん、まぁ、別に肉体的には衰えているとも何とも思ってなかったけど、ケガも重なっていて、まぁ、1年通してあまり仕事ができなかったし……ケガでできなくなってきたというのが一番の原因じゃないかなと思う。そんなんゆうても、ケガしてなくてやりたいってゆうても結局はチームは……雇わないわけ。」
－じゃあいわゆる、そのケガをずっと抱えながらされてて、そのシーズンが終わりに近づく頃にはまぁ、来年は契約しませんよっていうかたちで、直接の原因ていうか、チーム側から言われて？
「まぁね、結局ね。……まぁ、何となくわかる状況ってあるやん。」

■選択肢の探求

引退後の準備に関しては、漠然としており、具体的には行っていなかった。

ケガにより満足のいく仕事ができていないという葛藤があった。ケガが治ったらまだまだできるという思いは本人に強かったが、自分と外部の評価がちがう面を自覚していた。

■以前の役割への適応

「まぁ、結局そのケガが治らないまま現役をあがったということもあって、治しても1回やりたいっていう気もあったけど……はっきり言って僕ももう1回チャレンジしたいから何チームか話を出したし、その中でうまく……兼ね合いがいかなくって、結局全部流れてしまったとこにまぁ、会社側が仕事与えてくれたというか、それやったら、今度は逆にやってた立場から教える立場になるのもええかなぁ。……（戦力外といわれた）その後もケガを治して頑張れるところがあるんであれば1年でも現役はしたかったけど。」
－選手であった自分に対して、選手を辞めるっていうことに対して自分の中で消化できましたか？
「納得はできへんでしょ、いつまでたっても。」
－今はもう飲み込めましたか？
「現実やからね。」

ケガによって納得のいく終わり方が迎えられなかったために、現役を続けるチャンスがあれば1年でも長く続けていきたいと考えていた。現役選手中にしておけばよかったと感じることもあるが、それは後悔ではなく、年齢と共に身に付く知恵であると捉えている。

第5章　プロサッカー選手のセカンド・キャリア到達過程

Case 3　不本意に引退した例

38歳。Jリーグチームコーチ。小学4年時に近所のチームのユニフォームへの憧れからサッカーを始める。高校3年時に出場した全国高校選手権大会では，1回戦で敗退するも優秀選手に選出された。社員として仕事とサッカーを両立する生活を10年間送っており，その間にJSL（日本サッカーリーグ）で100試合出場表彰を受けた。社員と選手の両立は休む時間がなくサッカーに専念したい思いが強まっていたため，プロ契約への切り替えに躊躇はなかった。JSLでは途中2部への降格も経験したが，試合にはほとんど出場していた。チームがJリーグ昇格を本格的に目標にした頃からケガで試合には出場できなかった。またJリーグ昇格後，ケガが完治した後も出場できなかったため悔いが残った。選手生活通算14年間のうち，プロ選手契約は4年間であった。

■プロ選手になる前に抱いた疑い
「親としては嫌やったと思うけど了承してくれた。」

チーム側からプロ入りに関してのレクチャーがあり，引退後は会社に復帰できないことの確認のもと契約への移行が進められていたが，引退後は実家に戻り家業を継ぐということを決心していた。

■最初の疑い
選手である自分に対して不安や疑問は感じなかった。

■選択肢の探求
－引退後のプランはありましたか？
「指導者（になるという気持ちは）まったくなかったし，田舎帰るつもりでおったし，なんとかなるやろ，と。」
－とくに準備もせずに？
「何も考えなかった。」

引退後の準備に関しては，漠然としており，具体的には行っていなかった。

■転換期
－引退の直接の原因はなんでしたか？
「（チーム側からの）"もう現役はええやろ" ともちかけられた……会社から勧められて。」
－形としては，"もう来年は契約しませんよ" と？
「うん。」
－（戦力外の事実を）飲み込むことに時間がかかりましたか？
「調子が上がってきてフルタイム（試合に出場）できる身体になったから，できるんちゃうかなぁとは思った……（一方で）監督が替わらなければ（出場は）無理やなぁとは思ってた。」

半年近くをケガのリハビリに費やしており，完治してサテライトのゲームにはフル出場できるようになっていたため，出場の機会を与えてもらえればできるという自信はあった。しかし，監督の構想に入っていないということも感じていた。

■以前の役割への適応
－選手への未練はありましたか？
「あった。だから社会人（チーム）登録してときどき試合に出ていた。」
－家族や周りからは何かありましたか？
「とくに何もなかった。"仕事がある" って安心感はあったな。」

Case 4　納得して引退した例

37歳。大阪にあるJリーグチームジュニアユース監督。10歳のとき，友人がサッカーをしていたことに影響されて始めた。14歳まで所属していたクラブチームは個人技の向上を主眼においたチームスタイルで，非常に順応していた。高校時に日本ユース代表に選出され長期間合宿に参加するも，厳しすぎる練習内容が当時の肉体的および精神的能力を遙かに上回り，燃え尽き症候群に近い感情を覚えた。結果，高校ではサッカー以外に興味が注がれ，しばらくサッカーから離れる生活を送っていた。その後地域リーグからスタートする大手電器会社に誘われ入社。社員として午前中仕事，午後からサッカーという生活を続けていた当時は，サッカーを職業にするという意識はなかった。その後JSL1部に昇格を果たし，プロ化の波が押し寄せるが，サッカーを職業とすることの適性を自ら見るため，練習後会社に戻り社業を行う生活を1年間続け，後にサッカーを職業とする結論を出した。同時に自らのスタイルに合うチームへ移籍を果たした。最後は戦力外通告を受け，他チームからオファーを受けたが，腰痛と引き際を考慮し引退，指導者の道を選択した。

入社当初は会社に魅力を感じていた。社員選手からプロへ切り替える準備として，引退後に職務に復帰することを考慮し午後の練習後に会社に戻り仕事をし，社員とも付き合いを拡げたが，サッカーを職業として生きていく決意をする。引退後のプランはもっていなかった。

■プロ選手になる前に抱いた疑い

「俺はサッカー終わってから，会社できちんと仕事ができるのかということで，1年間働いたわけよ……で，いろいろ残業みたいなことをしながら会社のいろいろなポストについて，今後，仕事でどうやってやっていけるかということを考えたときに，"これなら俺にはサッカーだけの方が向いているよな"という判断をしたわけ。会社に帰って仕事までしていろいろ上司の人やら同僚やら仕事の人らとお付き合いさせてもらって……どっちが自分に合っているのか考えて判断したわけよね。」

■最初の疑い

－プロとして不安や疑問は？
「会社員を辞めた時点で腹くくった（覚悟した）ってことやね。」
－もう"やるしかない"と？
「そうそうそう。」

自分の能力に関して，プロ選手であることに関しての不安は持っていなかった。

■選択肢の探求

「（選手としては）アカンようになる前に徐々に自分では整理していかなアカンもんやからそういうのはやってたよ。」
－具体的には？
「今後指導者として飯を食えるようにならなければならない，とかね，ちょっとずつ，本読んだり，実際指導している人たちと接して情報交換したり，話はしてたね。」

選手として続けられなくなってから次の進路を考えようとは思っておらず，少しずつ指導者への準備はしていた。

■転換期

－引退の原因は何でしたか？
「引退の原因は腰。ヘルニア分離症のようなもの。」
－チーム側からは来季契約しようという話だったのですか？
「チームからはなかったけど他からオファーはあったよね。」
－腰が続かないのが一番の原因？
「まぁ，引き際も考えたよね。まだできる自信もあったけどここが引き際ではないかと，自分のサッカー人生の。」
－精神的なショックは？　やり尽くしましたか？
「ないねぇ。やり尽くした……そうやね。引退するかどうかは悩んだね。……でも後1年やってどうなの？　ってあるやん。」

戦力外通告を受けたが，あるチームからオファーは来ていた。しかし，腰痛に悩まされ続けていたこと，地元を離れて選手を続け，数年或いは1年で再び同じ状況を迎えることに対して悩み，引退を決意した。戦力外通告に対しての精神的なショックは感じなかった。

■以前の役割への適応

－選手への未練はありましたか？
「あった。1年くらい……誰もが思うんちゃう？……」
－具体的には？
「何か完全燃焼できない，引退してから1年たって誘ってくるチームもあったしね。"まだできるよね"ってことで。でも1回そう（引退）したし，もうシンドイんやね。もう終わってたんやね，選手としては引退した時点で。未練があっても，いざ話があっても飲み込めなかったのは……。医者からも（腰が）"やばいよ"と言われていたし，じゃあもう辞めよう，と。……それが正解やったと思うよ。」

引退してからなお1年を経過して勧誘してくるチームがあったが，そのときにはもう選手に対しての思いが消えていた。引退当初は1年ほど未練を感じていた。

第5章　プロサッカー選手のセカンド・キャリア到達過程

Case 5　不本意に引退した例

29歳。フットサル場を経営。9歳からサッカーを始めたが，当時周囲では組織としての活動が少なく，遠距離にあるクラブチームで中学3年まで続けた。高校は全国大会出場等の実績はなかったものの，在学中にブラジル留学を経験し，日本国内よりも外国に対しての意識が強まった。高校卒業後はブラジルに単身留学し，試合出場の手当がもらえる程度の契約で2年間過ごした。帰国後にはプロ契約選手として横浜にあるチームに入団し，Jリーグ開幕を迎えた。が，試合出場機会の減少により，自ら移籍を申し出てJリーグ昇格を目標とするチームに移籍した。JFLで2シーズン戦った後にJリーグに昇格，1シーズンを経験した。しかし，この頃を境にして，プロ選手である自分への疑問が募り始め，選択肢を模索しかけていた。そして，そのシーズンの終わりに戦力外通告を言い渡された。戦力外通告は予想しておらずショックを受けたが，「部屋を出るときにはもう気持ちが切り替えられていた」。その後，新しい自分の役割を模索するために，かつて滞在していたブラジルを中心に南米を渡り歩き，1年間すごした。帰国後，気持ちの整理がつき，現在の職業への準備に取りかかった。プロ選手通算年数は9年であった。

■プロ選手になる前に抱いた疑い

ブラジルでプロの厳しい現実を目の当たりにしたが，とくに何の疑いもなかった。

「その頃，先のことなんてまったく考えてなかったですよ。」

■最初の疑い

「"ちょっと違うんじゃないかな"という状況が募ってきまして……人を蹴落としてまで勝利を求めにいくというか，そういうところが，だんだん自分の中でストレスになってきて……。
次の年も続けられるのなら目標設定してやらなきゃいけないなぁというところで，何かゴチャゴチャした気持ちになったというところですね…。」

選手である自分に対して疑問が生じ始める。一方で選手としての自分を向上させていく方向でも考える必要性を感じていた。

■選択肢の探求

プロ選手である自分への疑問はあったものの，具体的な準備は何もしていなかった。

■転換期

－戦力外を通告されたときの気持ちは？
「戦力外は予想がつかなかったから"何がなんだかわからない状態"。でも本当に数分後には"あぁ何か（これか）良い機会かな……"と自然に思えて。」
－気持ちの切り替えがそれほどスムーズにいったのはどんなことからですか？
「うーん，何と言っていいかわからないけど，何か"直感"というか……。」

来季の課題についての考えはあったものの，戦力外通告は予想外のことで非常にショックを受けた。しかし，気持ちの切り替えには時間がかからず，むしろ次のステップへ向けて考える良い機会であると捉えることができた。

■以前の役割への適応

戦力外通告を受けてしばらく，南米を旅行し，さまざまな人物に会い，その後の選択肢を思案した。その期間を設けたことを本人は非常に良かったと振り返っている。プロサッカー選手への未練はもっていない。

「選手であることへの疑問を感じていた部分で，何か違うことを新しくやりたいなぁという部分をもってたし……でもそれが何かわからなかった。辞めてしばらくは何も出てこなかったので……そういう意味で充電期間にいろいろあいだを置いて考える時間を作ったことは良かったなぁと思いますね。」
－その期間に選手をもう一度やろう，やりたいと感じませんでしたか？
「気持ちを切り替えられた後は1回も思ったことないですね。誘いをもらっても話を聞く前に全部断わりましたから……。」

Case 6　納得して引退した例

30歳。Jリーグチームコーチ。小学4年時から始めたが、育った場所がサッカーの非常に盛んな地域であった。高校はサッカー名門校に進学し、2年時、3年時において全国優勝、準優勝の実績を上げた。自身も一度優秀選手に選出されて欧州遠征に参加。当時の日本ユース代表にも選出された。大学進学後もチームは全国トップレベルの成績を維持し、4年時に大学日本一を経験した。卒業前には、当時強化を図っていた出身県のプロチームから誘いがあったが、試合に出場できるかどうかの不安から、会社員の道を選んで実業団入り。しかし、2年目からプロ選手に切り替えてサッカー一色の生活に転換した。現在コーチとして所属するチームには選手として移籍し、現役引退を迎えるまでにプロ選手として4シーズン過ごした。

■プロ選手になる前に抱いた疑い

プロになったところで試合に出場できるかわからないという不安、プロ選手になる前に抱いた疑いから、会社員をしての道を選んだが、元々プロ思考が強くあり、チームとしてもプロ化する意志を示していたことから入団を決意した。

■最初の疑い

「一度監督ともめてね、"ダメでもあなたたちは社員だから会社に残れる、僕らはプロだから1日1日やらなきゃダメだし、出られなきゃ、ケガしたらダメだし、立場が全然違う"って話したら、"そんなことはない、グラウンドに出たら一緒だ"って。でも結局グラウンド出て負けても、結果として負けても社員だから（会社に）残れる。」

試合で負けたときに感じる自己への無力感はあったものの、選手である自分に対しての不安や疑問は感じていなかった。むしろプロ化されていない指導陣やスタッフに憤りを感じることがあった。

■選択肢の探求

－現役のときに次のことを考えたのはいつ頃でしたか？
「だいたい自分の実力を把握できていたから、いつまでもできることではないと思っていたから、できる範囲で……現役には固執していなかった。」
－グラウンド上でサッカー以外のことを考えたりしましたか？
「サッカー以外のことをしたことがなかったから、サッカーかなぁ……と。まったく違う世界は大変だぞという周りの話もあって。でもまったくサッカーに関係ない仕事でも、実際には何の抵抗はなかったですね。」

自分の実力を客観視していた。引退後のことに関して漠然と意識し始める。

■転換期

－戦力外通告を受けたときのショックはありましたか？
「それはなかったです。だいたいわかっていたし、クビになったからといってどうしようとはあまり考えていなかったです。現役には固執していませんでした。」
－現在の仕事は退団前に固まりつつあったことでしたか？
「ええ。スカウトがしたかったのですが、人手が足らずにコーチにということで。」

戦力外通告を受けることに関してのショックはあまり感じていなかった。

■以前の役割への適応

－現在の契約、少数精鋭になってきたことに関しては？
「そのぐらいの方がいい。20番目以下の選手はお金もらってちゃらちゃらする人間も多かったし、本当にプロとしてのグループ、組織になってきたなぁと思います。」

第5章　プロサッカー選手のセカンド・キャリア到達過程　153

Case 7　不本意に引退した例

28歳。保険会社に勤務。東京都内の私立小学校に通っていた当時からサッカーを始めた。サッカー以外に遊びでゴルフや野球もよく行っていた。高校は都内にある全国でも有数のサッカー名門校に進学、全国大会に出場した。大学は、当時まだ全国的な知名度・実績の少なかった九州にある大学へ進学、1年時よりレギュラーとして全国大会に出場、九州学生選抜にも選出された。秋季に行われる全国大学選手権には4年間連続して出場した。Jリーグの開幕となった4年時は、主将をつとめ、大学トーナメントで3位に入賞した。JFLも含め数チームからスカウトされたが、Jリーグチームを選択し入団。しかし、Jリーグでは出場機会がないままに1年で戦力外通告をうけ解雇された。その後選手としての復活を狙い、九州にある大手通信会社に勤務しながらアマチュアとして地域リーグで4シーズン選手を続けたが、後に退部、同時に退社し、現在の職業を選択した。

■プロ選手になる前に抱いた疑い

プロ選手になる前に不安や疑問は感じていなかった。

「サッカーが終わった後のことは考えてなかった。どうすれば試合に出られるかを考えていた。」

■最初の疑い

「チームが負け込んでいて、俺が出たらなぁって思っていた。同じメンバーでずっと負け続けていて、何でチャンスがないんだ、メンバー変えたりして……。」
－チャンスをくれたらできる自信はあった？
「うん、チャンスをくれたらなぁって。」

チームの状態が悪かったにもかかわらずいっこうに変わらないメンバーに対して、憤りと疑問を感じた。自分の能力に対しての疑問や不安は感じていなかった。出るチャンスがあればできると感じていた。しかし「Jリーグの選手でなくなることへの不安はあった」と語っている。

■選択肢の探求1

－サッカー以外のことを考えたりは？
「1年くらいは、どうやってサッカーで飯を食っていこうかって。」
－プロへのこだわりは？
「地域リーグからJFL入りを目指してJFLへ昇格して、再びプロでやろうと。下から着実に。このままでは終わらないぞって。」

Jリーグのチームから戦力外通告を受けた後、再び選手として復活を目指してアマチュアである実業団チームに入社するものの、サッカー選手を断念する。

サッカー選手の道を断念し現実的な仕事を模索し始めた。

■選択肢の探求2

－サッカーをしていない理由は？
「サッカーで飯を食えないから。またよそのチームに行っても、1、2年でわからない。それから将来を考えるのは、先が見えているから、チャレンジしてもしようがない。」

① ② ③

■転換期

－シーズンの終わり頃通知が来るかなぁという意識は？
「ダメかなぁとは思っていたけどまったく準備はしてなかったね、次どうしようかっていう。解雇されてから捜せば何とかなるだろうって思っていた。」
－ショックは？
「ショックはショックだったけど、試合に出ていなければしょうがないと。出ていた人も切られたから。」
－ある程度仕方ないっていう？
「この体制ならいてもしょうがないから、解雇されてもしょうがないと思ったね。」

結局トップチームでは1試合も出場することなく戦力外通告を宣告された。サッカー選手として再び復活したい気持ちが強く、その方向を探っていた。

■以前の役割への適応

プロ選手であった自分には未練は感じていない。

－プロのときの自分をどう見ている？
「プロって、プレッシャーだったよね。結果を出さないとおしまいっていう……高校なら結果出さなくても大学がある、大学でプロに入れなくても社会人があるっていう……一度プロに上がったら、あと落ちるしかないっていう。」

Case 8　納得して引退した例

32歳。Jリーグチームコーチ。小学生のとき、野球少年の誘いによりサッカーを始める。高校3年時に出場した全国大会では、優秀選手に選出され欧州遠征に参加した。大学進学後、2年時にユニヴァーシアード代表、3年時には日本B代表に選出され、将来を嘱望された。Jリーグ開幕当初からプレーしたい意志が強まり、当初プロリーグ入りを前提に社員として入団していたチームがJリーグ開幕に参加できないことが決まり、自らチームに見切りをつけ退職願いを提出し、Jクラブへの移籍を働きかける。しかしチーム側から移籍証明書を発行してもらえず、しばらくは出身地に近い実業団でトレーニングに励む。晴れて移籍できたものの現役中はケガに悩まされ続け、サッカーをプレーする間、実に四度の骨折を経験した。最終的にも試合中のケガがきっかけとなって選手から引退することになった。プロ選手として7シーズンプレーした。

いずれ引退を迎えた後にはコーチとしてサッカーにかかわるという意識を強くもっており、チームにもその旨を伝えていた。

■プロ選手になる前に抱いた疑い

「若い頃からずっとサッカーが好きで、サッカーで生きていきたいって気持ちがあって、現役が終わってからもプロコーチで自分が何か力になりたいって考えてた。」

■最初の疑い

チームの状態が悪かったにもかかわらずいっこうに変わらないメンバーに対して、憤りと疑問を感じた。自分の能力に対しての疑問や不安は感じていなかった。出るチャンスがあればできると感じていた。しかし「Jリーグの選手でなくなることへの不安はあった」と語っている。

■選択肢の探求

引退後のことに関しては具体的には準備をしていなかった。

■転換期

－ケガをしたときにダメだなと思いましたか？
「うん、もうダメかなって、やった瞬間、"あぁ、これはもう復帰してどうこうってレベルじゃないな"って、初めはちゃんと生活ができるかっていうくらいのケガだったから、初診の先生も"次のこと考えろ"って。運ばれる救急車の中で、"このケガはダメだなぁ、考えなきゃ、サッカー以外のこと"と思った。」

試合中のケガによって選手生命を断念せざるを得ない状況に直面し、限界を感じ、自ら引退の決意をする。

■以前の役割への適応

－サッカー選手であった自分に未練はありますか？
「ないね。現在の仕事の面白さがあるから。」
－先が見えないことへの不安はありましたか？
「ケガをしてもサッカーから完全に隔離されるのであれば、きっと怖さを感じたと思うけど……。」
－将来的なプランはお持ちですか？
「プロチームの監督ですね。」

現在の仕事に充実感を見いだしている。将来的なプランとしてプロチームでの指導を目標にしている。

Case 9　納得して引退した例

29歳。Jリーグチームコーチとして現在は子どもたちの指導に当たっている。小学3年時，学校のサッカークラブへの入部をきっかけにサッカーを始めた。高校時に「将来はサッカー選手になるのではないか」と確信めいた意識が芽生え始め，のめり込むようになり，学校で補習が行われてもサッカーに打ち込むようになった。しかし，無名の高校で全国的な大会に出場することとは無縁であり，かけ離れた世界として捉えていた。大学進学後に全国大会を初めて経験し，実業団入りの可能性を実感し始める。プロ入りはスカウトによるもので，入団した3カ月後にJリーグが開幕した。2年間Jリーグチームに在籍した後，現在コーチとして所属しているチーム（当時JFL）に移籍して1シーズン過ごした後，茨城県にあるチームでJFLへの入れ替え戦を経験した。選手を続けることをさまざまな問題によって2カ月思案した結果，引退を決意したが，その後九州にあるチームのセレクションを受ける。一時的に選手への未練が生じ，精神的に不安定だったことが原因であったろうということが，本人の回顧で明らかにされた。結局4シーズンのプロ生活の後に引退。

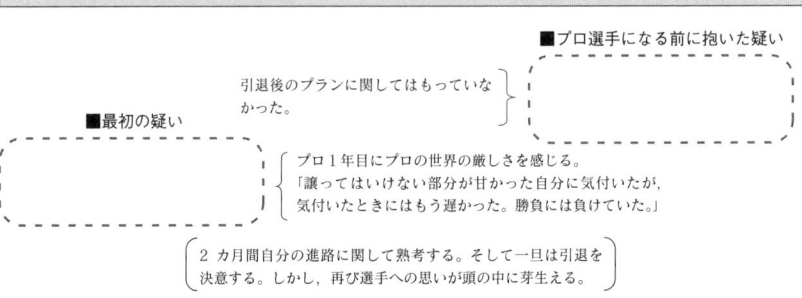

■プロ選手になる前に抱いた疑い

■最初の疑い
引退後のプランに関してはもっていなかった。

プロ1年目にプロの世界の厳しさを感じる。
「譲ってはいけない部分が甘かった自分に気付いたが，気付いたときにはもう遅かった。勝負には負けていた。」

2カ月間自分の進路に関して熟考する。そして一旦は引退を決意する。しかし，再び選手への思いが頭の中に芽生える。

■選択肢の探求1
―誰かに相談しましたか？
「ずっと1人で考えた。考えている間でも自分の中で考えが二転三転するんだよ，そうなると人から話を聞いて二転三転するよ。自分で考えていてもそうなんだから，人からの情報が入ってきたら揺れ動きまくるよ。ただ，そういう経験ってないじゃん，人生の中で何回も」

■選択肢の探求2
―辞めると決意した後にセレクションを受けたことは？
「ひょっとしたら受かっていても辞めていたかもしれない。2カ月考えたから。行くこと自体は矛盾なんだよ，あきらかに。ただそのときは不安定だったと思うんだよね。（選手を）ずっとやってきて辞めるのっていうのはすごい覚悟がいるでしょ？　その覚悟が完全にできていなかった。だからまだ他にも（選手としての）道が……捜しているのがセレクションだったかもしれない。自分で決めたときにはセレクションなど受けるつもりはなかったけど，周りから，"お前まだやった方がいい" "まだやれる" とかいう声を聞くと，やっぱり嬉しくなるじゃん，人間て。"じゃあ頑張ってみようかな" ではセレクションは受からない。受からなくて当然だったと思う。」

① ② ③

■転換期
―選手を辞めると判断したときの心境は？　あきらめ？　燃え尽き？
「そういう言い方をしてしまえばそうなんだけど，2カ月考えた中でこれからの自分をはっきりと展望できたというか，ただあきらめて辞めて，じゃあこれから何をする，ではなく，辞めて次ということを考えていたんだよ。"選手としての自分はここまでだったけど，自分はここからだと思います" って本当に思っていた。（選手として）あきらめる割り切りも，次のビジョンがはっきりしていたから，選手を続けていくことと同じくらいはっきりと抱けた。」
―選手としてもうやらないとあきらめたとき納得していた？
「納得していた。次のステップに向かいかけてた。サッカーを奪われる所までは行っていない，選手ではないけどサッカーまでは奪われないと思っていたから。」

引退を決定づけた原因として自分の思い描いていたプロとしての環境ではなくなってきたことがあった。またそのことが改善される兆しもなかった。そのために自ら選手を引退することを決意し，チーム側に伝えた。

■以前の役割への適応

一旦引退を決めたときには未練を感じていなかったが，不安定な状態でセレクションを受けたときには未練が強くあった。現在の仕事に関しては非常に満足している。

―今は充実した生活ですか？
「人生のうちにね，120％充実してないじゃん，だけど本当にそうだから，人に聞かれたら本当に充実してるって……"ここはこうだけどこっちがね" っていうのが世の常じゃん？だけどそういうところがないから。電話の声でわかるって言われるよ。」

Case10　不本意に引退した例

35歳。小学生時代は水泳に打ち込んでいた。オリンピックを目標にしていたが，挫折を味わい，サッカーへ転換。中学時代から本格的に取り組むようになった。高校進学後は2，3年時に全国高校選手権に出場し，ユース代表候補にも選出された。教員免許を取得したく体育系の大学に進学したが，教育実習で教員に疑問を抱き，再びサッカーで進む方向を探し出した。卒業後は大手建設会社に入社し，サッカーと仕事の両立を行っていた。4シーズンを過ごしているあいだ日本代表にも選出され，プロ契約への切り替えを決意したが，プロ契約に替えたシーズンから試合には出場できなくなった。プロとして3シーズン過ごした後，戦力外通告を受けた。他チームからのオファーがあったが，選手を終えた後の人生を考慮し，チームの要請に応える形で引退を決意し，スカウトとしてチームに残った。

■プロ選手になる前に抱いた疑い
「(プロ契約している他の選手と) 同じ土俵でいたほうが自分も頑張れる，会社員でいて帰るところがあるからってのんびりやるというのはいやだった……負けたくなかった……結局負けちゃうんだけどね。」

プロでやっていけるであろうかという不安に関してはとくに感じていなかった。プロ選手と同じ立場で取り組むことが最善と考えていた。

■最初の疑い

自分の能力，プロ選手であることに対しての不安，疑いは感じていなかった。

■選択肢の探求

選手である間，引退後のことやサッカー以外のことに関しては考えていなかった。

■転換期

－引退を決定づけた原因は？
「引退したくなかったですね。このチームと契約できない，と。いわゆる戦力外通告ですよ。他のチームからオファーがあったけど，30歳になるシーズンで，30歳を迎えるシーズンに他の地へ1人でいって何がある？ 条件は非常に良かったけど，できても2年だろうと。ショックでショックでね……。最後の1年でクビになったとき，"何で1年前に言ってくれなかったの？"って思ってね，1年早ければ違うチームに移籍してましたよ。」

プロ契約に切り替えてから結局1試合も出場できないままに戦力外通告を受け，非常にショックを受けた。他のチームへの移籍に関しては，1年早ければ実行していたと振り返っている。

■以前の役割への適応

－他チームからのオファーと，チーム側から (スタッフとして残って欲しいと) の要請があり，葛藤はありましたか？
「(要請されたチームに) 行っても，今度は (次に戦力外通告を受けた後には) 何もない状態で辞めないといけないことが不安でね。目の前にあるお金に飛びつくんじゃあなく，僕を入れてくれたチームが，選手がダメだったけど，違う面 (スタッフとして) で契約しましょうと，お前が必要なんだと言ってくれているところが……何か返さなきゃいけないと……」

戦力外通告を受けた当初，大きなショックを感じていたが，同時に他チームから良い条件でオファーがあり，葛藤が生じた。しかし，入団当初に自分の要望を受け入れてくれたチームに恩義を感じており，チームの役に立つ仕事に就きたいと感じていたことから現在の仕事を選んだ。選手に対しての未練は感じていない。

－サッカー選手であった自分に対しての未練は？
「今はない。中田 (英寿元日本代表，元ベルマーレ) を見たとき，"あぁ，俺なんかやってる場合じゃねえな"って。こっちが常に100％中95％出さないと抑えられない。」

第5章　プロサッカー選手のセカンド・キャリア到達過程

Case11　不本意に引退した例

25歳。7歳のときに兄の影響でサッカーを始めた。高校時に，当時JFLだったチームからスカウトされ，卒業と同時に社員として入社し，仕事とサッカーの両立生活を送った。しかし，会社に行くのは2ヵ月に1回ほどで，ほとんどサッカーが中心の生活であった。チームは，入団後2年目からJリーグに昇格し，自らもチーム側に話をもちかけてプロ選手契約を結ぶが，家族等周囲は反対していた。結局3年間プロ選手を経験したが，その間にトップチームでの試合出場は1試合もなかった。戦力外通告を受けたが，他チームのセレクションを経た後，地域リーグに所属していた地元企業に入社し，アマチュアとして仕事をしながら選手を続けた。しかし選手である自分に対しての苛立ちなどを感じるようになり，かねてから希望していた子どもたちのコーチになることを決意し，かつて所属していたチームのコーチとして再出発を図った。私立高校のアシスタントコーチも兼任している。

■プロ選手になる前に抱いた疑い

プロ選手になることに何の疑いももっていなかったが，周囲からは反対されていた。
プロ選手を引退した後のプラン等に関してはもっていなかった。

■最初の疑い

－引退後のことについて何か考えていましたか？
「……何も。……そこで成功することしか考えていませんでしたね。」

プロ選手として成功することを考えており，引退後のことなど考えていなかった。

■選択肢の探求

引退後の生活を迎えることについて，「"保険"」のように何か資格を取るようなことは考えたくなかった。

■転換期

－戦力外通告を受けたときの印象は？
「いやぁ……今年は自分なんじゃないかなって……実際に（来年は契約しません）と言われるとすごいショックでした。」
－どのくらいの期間，ショックは続きましたか？
「いろんな人に話して落ち着いたけど……その日はきつかったです。長くは続きませんでした。」

4年目のシーズンを迎えていたが，試合出場がないことなどから戦力外通告を受けるのではないかという予感はしていた。
しかしながら実際に受けた時には少なからずショックを受けた。

■以前の役割への適応

戦力外通告を受けた当初は未練を感じており，アマチュアチームでプレーする自分に苛立ちを感じていたこともあったが，納得行くプレーができなくなってきたことをきっかけに，子どもへの指導に専念することを決意した。今の仕事にはやりがいを感じている。

－アマチュアになって選手を続けることになったときには未練を感じていましたか？
「最初はあったけど，チームの監督からもプロの経験を見せて欲しいと言われ，考えを切り替えられました。」
－プロであった自分に対して客観的に振り返れますか？
「今は子どもたちと接しているのが楽しくて。もう1回選手で，とは思わないです。」
－気持ちの切り替えは早いほうですか？
「早いし，プラスの方へ考える。いい方向へいい方向へ，と。"悩みはないだろう？"と人に言われます。」
－今は楽しいですか？
「はい。」

Case12　不本意に引退した例

34歳．地方市議会議員．サッカーは小学生時，友人の誘いによって始めた．高校では全国高校選手権大会，国体を経験．当時日本ユース代表にも選出されたが，大学進学後ポジション争いで挫折を味わった．1年時から2年時にかけ半年間，ブラジルへ短期留学を経験した．帰国後は大学サッカートーナメントなど3冠獲得を達成し，日本学生選抜，また4年時には日本代表Bチームにも選出された．卒業後にサッカーを職業にする意識はまったくなく，仕事を優先的に，引退後においても確実に取り組むことができることを条件に，複数チームの誘いの中から考えた結果，国内大手航空会社に入社，仕事とサッカーを両立させる生活を始めた．しかし，Jリーグ開幕に向けたプロ化への波，また当時所属していたチームの方針等に疑問を感じ始めたこと等が重なり，移籍をきっかけにプロ選手契約に切り替えた．現役時代はたびたび出場停止処分や謹慎処分を受け，最長7カ月間プレーが禁じられた経験もした．市議会議員への立候補に関しては周囲からの勧めからであったが，このような体験により周囲の人間に救われていることを痛感し，何か役に立ちたいという意識を強くもっていたことが現職につながっているといえよう．プロとして2チームに在籍したが，腰のケガが原因となり，思うようなプレーができないことから戦力外通告は予想していた．Jリーグ出場は通算100試合を越える．

■プロ選手になる前に抱いた疑い

―プロ契約に切り替えたのはなぜ？
「プロリーグができるのであれば実力と経験を試してみたい感じが芽生えてきた．」
―引退後のプランはお持ちでしたか？
「賭けでした．(引退のことについて)考えられなかった……まだできると．(家族には)"ダメだったら一生懸命頑張って，路頭に迷わせるようなことはしないから"って．とりあえずやってみよう，どこまでできるかわからないけど，って．」

会社員として身分が保障されている状況からプロ選手契約に切り替える際は両親からの反対にあった．引退後の生活については，とくに具体的なプランを持っていなかった．

■最初の疑い

―ヘルニアのときに選手である自分に不安，疑問を抱きましたか？
「いつも思っていた．(ヘルニアに)なってからは次の年の契約ができるかどうかいつも思っていた．」

ケガでプレーできなくなることの不安は常に感じていた．

■転換期

―引退を決定づけた原因は何でしたか？
「ケガもある．……腰のケガが最終的な原因．(自分のことを)非常に買ってくれていた監督がいたときにヘルニアでプレーできなかった．」
―もしケガがなければ今も選手を？
「しているでしょうね．(プレーは)やれる状態ではあったけどコーチと合わなくて……．」
「(来年の契約が)ダメなのは10月くらいに感じていた．他のチームにも持ちかけたけど条件が悪い．もう1回どこでも良いからチャレンジしたいな，とJFLでも良かったが，現実(給料が)サラリーマンより少なかったからね．家族4人生活できないということで，暮れ辺りからフットサル場の経営を考えていた．」

■選択肢の探求

戦力外通告を受ける予感はあり，他チームに移籍の問い合わせを行っていたが，条件があまりにも悪くスムースに進展しなかった．フットサル場の経営に関しても考慮していたが，具体的な準備はしていなかった．

引退の原因は最終的にケガであったとしており，ケガがなければ現在もプレーできていたと感じている．一方で，ある程度プレーすることは可能であったとしているが，当時のコーチングスタッフに買われていないことも感じていた．

■以前の役割への適応

―選手であった自分に対しての未練は感じますか？
「まったくない．まぁ，もうちょっとゲームに出たかったというのはあるけど，未練はない．なぜかというとプロは必ず辞めるときあって，今からの年月のほうが長いでしょ？　選手だったときが一番輝いている，では嫌なわけ．その先をいかに輝かすか，"元Jリーガー"であるままならしょうがない，何もならない．(プロ契約以前では)出場停止のときに仕事を一生懸命やったこと，いろんな方達から困ったときに助けられた，そういったことがこれからの人生に活きると思う．活かさないといけないと思う．そういうと格好良いけど，でも何か，すっげえ大変なんだな，これが(笑)．」

ケガをしていなければ選手を続けていただろうとしながらも，選手であった自分に未練はなく，選手時代に経験した出来事などを肯定的に捉え，選手引退後の人生を前向きに捉えている．

第5章　プロサッカー選手のセカンド・キャリア到達過程

Case13　不本意に引退した例

29歳．アウトドアスポーツ専門店経営．サッカーは幼少時に周囲の影響で自然に始めた．小学生時は神奈川県と埼玉県で過ごしたが，実力は全国的に知れ渡っており，日本国内にプロリーグが存在しなかった当時からプロ選手に対しての意識は非常に強かった．東京都内のサッカー名門高校に進学後は，日本ユース代表，日本高校選抜等に選出された．高校3年時，海外遠征で不在の間に，周囲によって希望外の大学への進学することが決められた．一旦は了承して入学したものの，年功序列やサッカーに対する取組みの差にストレスを感じ始め，当時JSLだったクラブチーム（現J1）のテストを受け入団した．大学は入学当初からケガでリハビリをしていたため，試合には結局1試合も出場しないままであった．プロ選手として3チームに所属したが，レギュラーとしての出場は約25試合であった．現在の職業に就く直前まで練習生として所属していた大手通信会社サッカー部では，アマチュア選手と接することでサッカー選手であることへの深い理解もできた．しかしながらプレーする機会が得られず，サッカーとは関係のない仕事につくことを決意し，準備を始めた．サッカーをプレーすること自体は非常に楽しいと感じていたが，職業として選択するべきではなかったと振り返っている．

■プロ選手になる前に抱いた疑い

1日も早くプロとしてプレーしたいという思いが強かった．最初は何の疑いも抱かなかった．むしろプロ的な環境でプレーできないことに対しての疑問があった．

■最初の疑い

－選手として自分がどれだけできるかということを疑問に感じたり不安に思ったりしましたか？
「ケガをしたときにはそれこそもう，大げさな話，"この世の終わり"っていう感じだったよね．もう，"やんなっちゃうよ"って感じだね．」

ケガをしているときには非常に不安を感じていた．また，ケガが続いたり，チームの監督と合わなく試合にでられないときはストレスを感じていた．

■選択肢の探求

ケガに対しての不安などは常にあったが，具体的な準備や，サッカー以外のことを考えるようなことはなかった．

■転換期

－引退となった原因は何だったのですか？
「あの当時，アレ（以前所属していたJSLのチーム）はもうプロのチームじゃないからね．もう，やっぱり選手はプロなんだけどその上に立つ人間がやっぱりアマチュア，情熱は感じたけど実際やっていることは俺達よりも経験がないし……その，プロの世界の人たちに，なんて言うかな，プロらしくクビにされるのであればそれは実力の世界で納得がいくんだけど……選手のね，選手生命がかかっているわけだからね……そういう選手を見殺しにしちゃった責任っていうのはどこかで感じていて欲しいね，やっぱり．」
－選手として続けられなくなったときに感じたことは？
「いや，かなりショックあったよ．生活ができなくなるどうのこうのより，サッカーができないっていうのは考えられなかったから……．ショックというか怒りの方が大きかったね……来年は契約できるっていうところまで行ったら，手の平返されて"外人"採るからって．俺に出す金を外人に充てたいっていう会社の方針で，予算が出せないって言われたときにはもう本当に，人間不信になったね．」

3チームとも戦力外通告でチームから離れたが，とくに最後のチームではプロではない監督・コーチ・フロントに解雇を言い渡されたことが納得のいかない部分であることを告白している．その後，チームのプロ化にともない，獲得の意志を示してくれていたチームにアマチュアとして練習参加していたが，結局採用できないと通達され，サッカー界から離れる決意をした．

■以前の役割への適応

「今思うと，プロ選手になりたかったんだけど，なってみたら，サッカー選手ていう職業は，自分には合っていなかったんだよね．要するに俺にとって遊びだったわけよ，サッカーっていうのが．……それが，あるとき職業になっちゃって，それで生活していかなきゃならなくなったわけよ……そうすると，ものすごいプレーの制約もされるし，監督の求めるプレーをしなきゃいけない．当然なんだけど，プロになると，まず結果でしょ？　でも俺にとっては，結果よりも過程のほうが楽しくて，しょうがなかったわけよ．」
－今の職業は決意してから始めるまで結構スムースでしたか？
「準備期間は約1年ありましたね．そのときはもう半分サッカー界が嫌だったから，こっちからサッカー界とおさらばだ，全然違う世界に生きたいって思って……いろんな人に会うことから始まって……1年間ホントに365日遊んだって感じ．いろんな人とどこかいって山行って，海行って，今日はクライミング，今日はサーフィン……ホントにそんな感じでそれがホント楽しくてしょうがなくて，"こんな世界があったんだ"って．」

サッカー選手であった自分を冷静に振り返り，職業にするべきではなかったことを実感している．また現在の職業についてはそれまでまったく知らなかった世界に飛び込んだという思いで，楽しさから始まった．

160

Case14　不本意に引退した例

34歳。Jリーグチームのユースチーム監督。小学生時に学校単位で行っていたサッカーに興味をもちだし，友人と一緒に始めた。当時は高校サッカーが盛んな頃であり，テレビを見てサッカーに対する思いが強まった。高校時はとくに実績もなく過ごしたが，大学進学のために1年間浪人を経験した。東京の大学に進学後は，2部リーグ所属であったが，主将を務めた4年時に，関東大学春期トーナメントで優勝を納めた。卒業後は大学院に進学し，在籍したまま実業団チームとプロ契約を結んだ。当時は大学院に在籍したまま選手との両立を図るケースがいくつか見られ，本人も希望していたスタイルであった。その後チームから戦力外通告を受けた途端に生活のバランスを崩し，1年間サッカーから離れ，飲食店のアルバイトに没頭した。1年後，調査当時ユース監督として所属しているチームから再びプレーするチャンスを与えられ，プロ選手に復帰を果たした。しかしながら，1年間のブランクが響き，思ったように身体が動かないまま，1シーズンで再び戦力外通告を受けた。同時に要請のあったコーチへの道を選択し，引退を決意した。

■プロ選手になる前に抱いた疑い
「机に向かって何かするよりも子どもたちと話ができればと当時思っていた。」

引退後のプランは具体的ではなく漠然としたものであった。学生時代に教員免許を取得したが，教職は最終的な手段であると考えていた。

■最初の疑い
－サッカー選手として限界はわかっていましたか？
「それは思っていた。監督に与えられる戦術が理不尽とわかっていてやらなきゃいけない。選手は究極のサラリーマン，それを忠実にこなせないと選手として認められないってことでしょ？　それがすごくストレスに感じたことがあった。」
－大学院在籍時に選手である自分を客観視しましたか？
「ないね。練習しているときは（知識で）頭でっかち，研究室にいるときには〝文献研究なんてしてる場合じゃない〟それは一種の逃げって思っていたけど。」

自分の能力に限界を感じ始め，次のシーズンに向けて具体的な取組み方を考えていた矢先に戦力外通告を受けた。プロ選手としての役割を疑問に思うこともあった。

■選択肢の探求

1年間のブランクの間には漠然とサッカーに携わりたいと考えていたが。

■転換期1
「大学院があったし，試合に出られない，つまらない，酒を飲むという悪循環だった。朝6時まで飲んで9時から練習に行ったこともあった。」

大学院生と選手の両立を試みたプロ最初のチームで戦力外通告を受けたときは心のバランスが保てず，乱れた生活を送っていたこともあったことを認めている。

■転換期2
－引退の原因は何でしたか？
「実力不足と考えることもできるし，監督をボイコットする事件もあって気持ちも萎えてきて……走れなくなってきて……そういうときに戦力外通告……自分のことを冷静に振り返れるようになった年に辞めろと言われたら，これがすごいストレスだった。」
－もう1年（選手を）やれたら，という？
「もう1年やれたら考え方が変わってくるだろうな，と。プレースタイルも変えていけると思っていた。長く続けたかった。……でもいつか引退するし，自分は年俸1000万，2000万稼げる選手じゃないという自覚もあった。」

■以前の役割への適応
－もう1年あればという思いと，コーチとしての安定した仕事が与えられることの葛藤は？
「チームの返答から，もう選手としては無理ということを悟った。日本人プロ選手を雇わないという方針を打ち出していたから。」
－他チームへ行くことは考えましたか？
「ない。結婚していたし，でもやりたい気持ちは強かった。事務所の中から，トレーニングをしている選手を見かけるのがつらかったね。引退後につくったチームがはけ口になってます。」

1年間のブランクの後に選手を再び続けることになったが，どこかで常に能力に限界を感じ，またブランクの時期があったことを自分自身への言い訳にしていたことを冷静に振り返っている。だが，フィットしてきたときに戦力外通告を受けてショックを感じた。

選手時代の経験を糧に現在は指導にあたっている。戦力外通告を受けた当初は選手への未練があり，プレーすることへの欲求が非常に強かった。

第5章　プロサッカー選手のセカンド・キャリア到達過程

Case15　納得して引退した例

41歳，テレビでの解説の他に，全国を回り技術指導，また自ら横浜でも教室をもち，指導を行っている。1986年シーズンより始まったプロ契約選手の第1号としてリーグに登録した。サッカーは小学生当時，熱心な先生との出逢いによって始めた。高校時よりその実力が認められ，高校選手権と国体に出場，ユース代表に選出された。大学進学後は日本代表の海外遠征で取得単位数確保に苦労した。4年時は数チームの誘いの中から，収入的に安定してなかったクラブチームと大手自動車会社の2つに絞り，クラブチーム側に決まりかけていたものの，卒業後に控えていた結婚の状況から，安定している会社員の道を選んだ。日本代表としても数々の試合に出場，プロとして通算9シーズン登録し引退した後には，S級のコーチライセンスを取得した。

■プロ選手になる前に抱いた疑い

－現在の会社はいつから？
「1986年にプロになったときに設立した。税金対策もあったし，他の契約の副収入とかの対策に」

会社員でプレーしていることからプロになることで不安を感じているわけではなかったが，会社を設立していた。

■最初の疑い

－当時会社員からプロ選手になることに対しての不安は？
「まぁ，何とかなるだろうっていうのはあったね。できなくなっても何とか食っていけるだろうっていうのは。」
「86年のときも（プロが）認められたけど，みんながなりゃいいやん，個人がプロになってもしょうがない，ずっと思ってたね。プロリーグができないと世界には追いつけないよ，ずっとあったそれは。"いつできるの，いつできるの"って。」
－選手である自分に対しての不安は感じましたか？
「周りの自分を見るイメージが全盛時のまま。……体力的に水・土のゲームは大変やった。回復力が低下，地方に移動して試合となると休みがなくきつかった。」

1985年のW杯予選最終戦で韓国に負けを喫し，会社員選手としての甘さを実感した。プロ化は進めるべきだと考えていたが，個人ではなく，リーグとしてプロ化しないと意味がないと痛感していた。プロになることの不安はなかった。

■選択肢の探求

サッカー選手であるときに他の職業に関して考えたりしたことはなかった。

－サッカー以外のことを考えたりしましたか？
「考えられないね。何とかなるやろうと。サッカーで食ってきたから，サッカーで食っていこうと。」

■転換期

－引退を決定づけた原因は？
「どうなんかな，ひらめきだね。いろんな声が聞こえてきたっていうのかな，どうしても自分に対する見方が違って来るっていうのかな，自分自身をわかってくれる人が少なくなるって言うのかな……信頼っていうのかな，どんどん，どんどんなくなってくるっていう……」
－燃え尽きた感覚はありましたか？
「多少あったね。燃えるもんがないっていうのかな……試合に出されなくなってくるけど，（出ている選手は自分よりも）"下手くそなのに"って，どんどん冷めていった，そういうのはあるよね。」
－家族には？
「"やめるど"って。……子どもが"パパ何，仕事？　会社行かないの？"って，サッカーでお金もらっているのがわからなかった。」
－引退が決まって心の空虚は？
「名前があったからっていっても……あるよね。」

案外あっさりと認められて逆に拍子抜けした。チーム側やチームメイトからの慰留があると思っていたので寂しさを感じた。

■以前の役割への適応

「早かったかどうかわからないけどね，まぁ選手をいつまでも続けられないっていうのはあるよね，これだけの激しいスポーツ今考えれば36, 7（歳）まで良くやったと思うね。」
「スポーツってのはやった方が面白い。今でもあるよ，未練……。」

選手であった自分には多少の未練を感じながら，後進の指導が現在の仕事であると認識している。

162

Case16　不本意に引退した例

35歳。元プロサッカー選手と共にサッカー教室を行っている。小学生当時から厳しい練習を行っており，当時サッカー自体をあまり楽しいと思わなかった。中学に進学後，選抜チームに選出されるようになりサッカーの楽しさを感じ始める。高校進学後は一気に能力が開花し，ユース代表選手としてワールドユースの予選に出場。高校選手権にも出場し，優秀選手に選出され欧州遠征を体験した。しかし，この時点で達成感を味わってしまい，燃え尽きてしまう感覚を覚えた。大学時は一転してサッカーに打ち込めず，パチンコや遊びに夢中になっていた。大学では目立った成績等もないまま，当時JSL1部チームに誘われるが，自信がなく2部リーグに所属していた大手自動車メーカーに就職してサッカーを続ける。そこで再びサッカーへの情熱に目覚め，悩んだ末にプロ契約に踏み切る。Jリーグでは開幕から4年間で通算96試合に出場。

■プロ選手になる前に抱いた疑い

年齢の問題，会社に戻れないということで不安を感じ，プロ契約に切り替えるまでに時間を要した。しかし，具体的な準備をするまでもなく，サッカー以外のことは考えていなかった。

－プロへ切り替えるときには？　午前中仕事，午後練習することに対しては？
「それが普通と思っていた。……若手はどんどんプロ契約していたけど，迷っていて……。10カ月は迷った。27歳という年齢もあったし，家族もいたし。5年後に後悔したくなかった。試合に出られるかわからない不安はあったけど，自分よりも下手くそな奴らがプロになっていたから，俺もできると思った。」

■最初の疑い

プロ選手として続けることへの不安・疑問はほとんど感じていなかった。

■選択肢の探求

サッカー関係の仕事に就きたいという希望は抱いていたが，特に準備はしなかった。

■転換期

－引退の原因は？
「戦力外ということです。」
－当時まだできるという思いは？
「あったですよ。でも一方で身体が動くうちに指導者になりたいという思いもあった。当時たてていた5年間という目標も達成していたし。」
－戦力外を通告されたときはどんな気分でしたか？
「"あぁ，やっぱりか"って。」

試合に使われなくなることによって一種あきらめに似た感情をおぼえ，最後はさばさばした気持ちになっていた。"負けろ，負けろ，そしたら早くオフになるから"って思ってましたよ。」

■以前の役割への適応

選手に対しては未だ多少未練を感じているが，コーチングに楽しさを見いだしており，現実に選手への復帰を考えているわけではない。

－サッカー選手だった自分に対して未練はありますか？
「ありますよ……子どもたちと一緒にゲームをやるときにスピードで抜いたらダメなんですよ。テクニックを見せつけて一緒にゲームするので，多分今の方が，現役の時より上手くなってますよ（笑）。」
－今の感覚で選手をできればいいと？
「そうです。」
－将来的には？
「段階的に上がっていって将来的にはプロチームのコーチにチャレンジしたい。」

第5章　プロサッカー選手のセカンド・キャリア到達過程　163

Case17　不本意に引退した例

29歳。東京都内にあるレストランに勤務しながら、横浜市内で子どもを対象にサッカーを指導している。Jリーグには開幕から参加しており、優勝も経験した。日本代表として国際Aマッチに2試合出場した。サッカーの非常に盛んな土地柄で育ったが、家族は野球派であった。中学校時代から本格的に選抜等に選出されるし、全国選抜チーム大会で優勝した。個人技を重視するスタイルで有名な高校に進学後は、2カ月のブラジル留学も経験、同世代のプロ意識の高さを実感した。高校3年時に1週間、その後入団することになるJSLのチームに練習参加し、実力を認められた。卒業後はプロ契約で入団し、当時のブラジル人監督のもと、1年目から試合に出場した。プロ通算年数は10年で、JSLには50～60試合、Jリーグには通算100試合以上出場した。

■プロ選手になる前に抱いた疑い

18歳でプロの世界に入り、引退することや、その後の具体的なプランはもっていなかった。ただ漠然とした考えとしてもっている程度であった。

「プロとして3年できればいいと思っていた。」

■最初の疑い

－不安ってありました？
「毎日が不安だったね。この状態じゃなかったらって。自分本来のプレーができないのは楽しくない……一番つまらなかった。」
－ケガしてから自分の思い通りのプレーができましたか？
「1回もないね。いつもならドリブルで勝負するんだけど、パスを出したり、バックパスしちゃったり、そういうプレーばっかりになって……」
「夏くらいに気持ちがなくなってきた。」
－きっと治せばできるっていう自信は？
「スピードがね、戻らないのが一番。元々特別速いわけではないけど。キレがなくなってきて。」
－自分の中で今年までっていう納得した部分はありましたか？
「夏までだね。夏過ぎはもう厳しいなぁって。」

ケガによって毎日不安に感じ、グラウンドに行くことを初めてつまらないと感じるようになっていた。自分自身への苛立ちもあった。

■選択肢の探求

しかし選手を引退した後の選択肢に関しては何も持たなかった。

■転換期

－引退の原因は？
「膝のケガだよね。すべてだった。……こんなんで切れちゃうの？　っていう感じで切れちゃって信じられなかった。」
－当日のコンディションは？
「何でこんなに軽いの？　っていうくらい軽かった。ちょっとふわふわ状態。変な緊張感もあった。」
－移籍先で切れたときはどんな気持ちでした？
「真っ白だね。いろんなことが悪い方悪い方だから……実際春に取ったランニングの数値と、夏過ぎに取った数値……夏の方が落ちていた。普通だったらグンと上がっていないといけないのに。半年トレーニングしても上がらない……」

両膝の度重なるケガによって引退せざるを得なかった。プロとして入団1年目に右前十字靭帯、移籍後に左前十字靭帯と半月板を損傷。

■以前の役割への適応

－選手への未練は？
「ないといったら嘘になるが、できないからね。でも、昨日なんかもフットサルやってて、コーチとして教えるよりも自分がやっていた方が面白いからね。おかしいもんで最近膝の調子がいい（笑）時々勘違いしちゃう。」
－今の仕事は？
「非常に楽しくさせてもらっています。リラックスできて。子どもに教えられてますよ。」

選手であった自分への未練はもうないが、遊びでサッカーをするとプレーヤーとしての楽しさを思い出す。子どもたちへのコーチングで教えられることの多さを実感している。

Case18　納得して引退した例

46歳。日本人初のプロサッカー選手。サッカーは中学時代から始め、高校時代に本格化し、ユース代表にも選出された。卒業後は、最終的に引退を迎えることとなる実業団チームに入り、午前中は仕事、午後からサッカーという生活を送っていた。1972年日本代表に初めて選出された。1977年に日本代表の一員としてドイツへ遠征したことをきっかけに、ホストチームの監督に見初められスカウトされる。JSLでは100試合に出場した後に渡独。ドイツでは通算9シーズンのうち3チームを渡り、235試合出場、25得点を記録した。帰国後は古巣のチームに復帰し、初のプロ契約選手として登録した。引退後は全国でサッカー教室や講演を行い、1996年にはJリーグチームの監督を務めた。その後サッカー解説者等を経て、調査時はJFLに所属するチームのゼネラルマネージャーを務めていた。

自分がプロで、しかも海外でプレーできるかどうかということに関し、本当は非常に不安であった。しかし、監督の、チームに必要であるとする意見が彼の気持ちを動かした。また、家族が移住することに関しても問題ない、という説明をうけた。

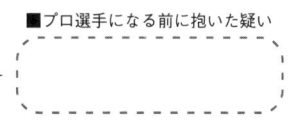

　　→ ■プロ選手になる前に抱いた疑い

■最初の疑い

－感覚的な違いは感じられましたか？
「やっぱりあったね。"何でここ (のポジション) にいないのだろう"、とかさ、まぁ、ベテラン選手は経験も豊富だし、気持ちもプロみたいに意識が高かったよね。若い選手の方がやっぱりそういう面では"できませんよそんなこと"とかね、簡単に言ってくる。だからやっててもね、サッカー面白くなくなって来るんだよね……"僕らプロじゃないですから"とかね……。」

日本に復帰後感じた、サッカー選手としてのアマチュアとプロの意識の差に戸惑いを感じる場面を多々感じていた。少々燃え尽きた感情があったことも感じていた。

■選択肢の探求

－サッカーを後進に伝えていこうとお考えになったというのは選手の頃に考えていましたか？
「将来はやっぱりね、自分のやってきたこと (ドイツでの選手経験) は大きいことだと思うからさ、そういうのをどこかで何かの形で伝えられたらいいなぁというふうには思っていたよね。」
－選手である間はあまりこういうことは考えずに？
「そうそう。そのときはもう集中して (選手としての仕事を) やったよね。」
－最後の年を迎えるときには帰国を決意していたのですか？
「そう。年齢も高くなってきてね、"日本でもやりたいから"……」と。

ドイツを離れる1年前から帰国して選手を続ける意識が強くなり、日本のチームに打診をするようになった。選手を引退後は自分の経験を伝える重要性も考えていた。

■転換期

－引退の具体的な理由というか決断は？
「そうだね……俺はホントはもう少しやりたかったんだけど……。でも、うーん、ま、俺自身ももういいかなって思ってたし……。」
－ (当時の監督から) もうそろそろ (引退すれば？) ……
「そうそう、そういうこともあったという気がする。」
－もう少しやりたいなっていう気持ちと、やり尽くしたという気持ちはありましたか？
「そうだね、ある面ではやり尽くしたんだろうね。それだけ楽しくないと感じるのであれば、多分僕の精神的なものだと思うよ、今思えば。"なにくそっ"って思って、まだ俺はやれるんだってね、気持ちになれなかっていうのは。もう……1つは、俺は向こう (ドイツ) で9年やってきたから、それである程度燃焼しきったというのはおかしいけど……もっと上手く (チーム内に) 伝えられて影響が見えてくれば、"あ、もうちょっとやろう"と思ったろうけど。」
－あまりにも反応がないから？
「反応がないからさぁ……。」

プロとしての役割に徹し、チームや若手選手に何とか良い影響を与えたいと考えていたが、思惑とは裏腹に上手くいかないことが多く、そのことが引き金になって選手を続けていく動機の喪失にもつながったことを語っている。

■以前の役割への適応

これまでの経験を次世代の人間に伝えていくことの重要性を感じている。

第5章　プロサッカー選手のセカンド・キャリア到達過程

Case19　納得して引退した例

32歳。現在埼玉県内の公立中学校教員。小学5年生当時、学校の先生に誘われてサッカーを始める。高校はサッカー名門校に進学、全国優勝2回、どちらの年も優秀選手に選出され、欧州へ日本高校選抜チームの一員として参加した。大学時代はリーグ戦、選手権でも優勝を経験し、ユニヴァーシアード日本代表、並びに日本学生選抜に選出された。卒業後は仕事の面を重視し、国内大手航空会社に入社した。入社当時は社員として、職務とサッカーの両立を期待され、本人もプロへの意志はなく、引退後は職務に専念するか、あるいは教員への道を考えていた。しかし実業団入り後4年目に当時の監督・コーチから強く勧められ、熟考した末にプロ契約に切り替えた。プロ転向後は順調に実績を積み、Jリーグ2チームを渡り歩き、公式戦には通算170試合出場した。チームでは主将を務め、引退直前にはリーグ2部制への移行にともなうリーグ残留戦も経験した。プロ経験年数は7年であった。

■プロ選手になる前に抱いた疑い
－プロは意識していましたか？
「全然。プロなんて言ったって、無いわけですから。まぁ、そんなのよりはサラリーマンでいいやって……まぁ、長い目で見れば、そのときはサラリーマンの方が良いっていう、そういう時代でしたから。サラリーマンでサッカー何年かやって、その後仕事がね、きちっとあればそれで良いと思ったんですけど。」
－高校時代に全国優勝を2回もされて、大学へ進学する以前に日本リーグのチームからの誘いはありませんでしたか？
「自分自身大学に行くって決めてましたから。教員免許取りたかったんで、とにかく教員免許の取れる大学にいきたいって……Jリーグなんてありませんし。サッカーだけやっててもその後やることがない、それは困るなぁ、と。」

サッカーで生活をする意志は当時無かったものの引退後のリスクは常にもち、引退後は教員になることを考えていた。教員免許（保健体育）の取得できる大学への進学を希望していた。サッカーを仕事にすることに対しての疑いは強くもっていた。

■最初の疑い

■選択肢の探求
「4月末に（教員採用試験の）要項を中学校の先生に送ってもらって……5月に出すんです、願書を。……7月12日に試験があったときに聞かれますよね、面接で。"あなたは、受かったときにはサッカー辞めるんですか？……"とそりゃもう、もう辞める積もりじゃなきゃ（試験を受けに）行かないですよね。」
－チーム側には伝えてあったんですか？
「いや、まったく伝えてなかったですよ。」
－でも試験受けに行くこと自体は……
「うーん、だからもうね、終わったからいいですけど、そのときは仮病ですよね。」

チームのコーチの勧めによってプロへの道に入ることを決意する。"いっちょ賭けてみるかな" って、そんな感じでしたね。」2チーム目のチームへ移籍する際には、複数年契約がポイントとなり移籍。移籍2年目に、コーチから監督に昇格した外国人と折り合いが付かず、ほとんど出場できないシーズンを過ごす。そのことで納得がいかず、引退して教員になる道を先延ばしにする。引退する最後のシーズン中に、チームに内緒で教員採用試験を受験した。

■転換期
－自分から来年辞めますって話をされたのですか？
「入れ替え戦を控えていたので、シーズンが終わってから考えるっていうことでチームとも合意してましたけど、心の中ではもう絶対行くぞ、と何があっても。だから、もうチームからは "もうお前いいんだろ？" みたいな、"契約する意志はこっちはないよ。" って、"いいですよ、それで、僕ももちろん無いから。" ってそういう感じでしたね。」

契約期間の満了であったが、本人は選手として続ける意志はまったくなく、チーム側も本人の意志を尊重した結果の、両者納得した形での退団であった。

■以前の役割への適応
－自分が選手だったことに対して未練というかそういうのもまったくなく？
「うーん、まぁ、納得ですね。未練がないといえば嘘かもしれませんけど、そういう意味ではもう決めてましたから、だから案外あっさりと "あぁ、これで負けても俺帰れるしな、入れ替え戦に勝って帰れば一番いい" みたいな、だから僕は全然緊張しなかったですけど。"あぁ、逆に最後注目されていいかな" みたいな。」

サッカー選手であった自分に対しての未練はなく、現在の職業である中学校教員を楽しんでいる。選手の立場から現在の職業への移行はスムーズであった。

Case20　不本意に引退した例

28歳。調査当時整骨院に勤務しながら、鍼灸師の資格取得に向け専門学校に通学中。小学2年時、その後同時期にプロに進むことになる友人に誘われてサッカーを始めた。当時よりプロサッカー選手になるという意識が強く心の中に芽生えていたが、周囲には理解されていなかった。高校は、とくに個人技の向上を主眼とする私立高校へ越境入学、ブラジルへの短期留学を経験するなどサッカー一色の生活であった。関西にある大学へ進学後は地域学生選抜に選出され、この頃を境に本人の中に明確なプロ選手への意識が固まった。加入したチームは当初JFLだったが、Jリーグ昇格をかけて大幅な強化に乗り出しており、スカウトされる形での加入であった。しかし、本人の意志が固まる前に新聞によって加入が発表され、戸惑った経験もあった。3年間在籍したチームでは、同じポジションに外国人選手がおり、公式戦出場は1試合であった。選手であった自分に対していまだに強い未練を感じている。

■プロ選手になる前に抱いた疑い

プロ選手になることに対してとくに不安を抱いているわけではなかった。

■最初の疑い

―それはどういった不安？　自分がサッカー選手としてできるかどうかという不安？
「できるかなぁという不安と、ここをクビになったらどうしようかな、と。……そっちのほうが大きかったね。どうやってご飯を食べていこうかと。だからサイクルとしてはめちゃくちゃ良くないよね。そんなことばっかり考えながらサッカーやっているんだから。」
―クビになったらもうどこにも行くところがないやっていう不安？
「そう。それでコーチのところに行って、"とにかく、試合に出られないのだったら、2部のチームでもいいから行って出させてください、出させてください"って言っていたのに"ちょっと待ってろ、ちょっと待ってろ"って言って、結局何もなく……生き殺しだよね。」
「(当時いた外国人中心選手と) 重なっていたじゃん、ポジションが。それもちょっと (試合に出場することは) 無理だなぁと思ったね。」

外国人の中心選手と同じポジションで、試合に出場できないことで不安が生じる。チーム側に懇願しても何も変わらなかった。

■選択肢の探求

「もう半年経ってダメだったら、こりゃダメだな、と。だったら先に頭働かせて他の道へ行くしかないなと思ったね。」
―それは具体的にいつ頃から、どうやって？
「8月か9月頃……で、チームのトレーナーに"どうしたらトレーナーみたいな道になれますか？"って、それがそのくらいの時かな」

■転換期

最後の1年では途中から進路を模索し始める。

―3年目で戦力外って言われたときに結構精神的なショックは受けた？
「うんうん、そうだね。だいぶ……だいたい試合にも出ていなかったから来るなとは思ってたけど、言われたら言われたでショックだよね。」

試合に出場していない現実からある程度戦力外通告を受けることは覚悟していたが、実際に宣告されるとショックであったことを告白している。

■以前の役割への適応

―今は選手であった自分に未練はない？
「あるある。たまに勉強とかしていて、サッカー (中継の) TV見て、"いやぁ、俺もホントはあのピッチに立っているのかな"、そういうふうな……すっごい未練タラタラで……。サッカーに関してはね、まだまだやり残したことはたくさんあると思う。」
―実際にサッカーを離れることになったっていうのは、自分の中で納得していた？
「全然納得してない。まだできると思っている、どこかで。」
―トレーニングきっちりやって？
「うん、やったら絶対できるよ、と思うことはある。そりゃ、試合見てて何で？悪いけど、(実力が) 自分らの下の選手が出ていることってあるじゃん。何で？と思う。」
―サッカーで燃え尽きたってことはない？
「全然！　まだ火がついているよ。」

選手であった自分に対して未だ強い未練を持っている。しかし、その後定期的にトレーニングを積んでいるわけではない。

第5章　プロサッカー選手のセカンド・キャリア到達過程

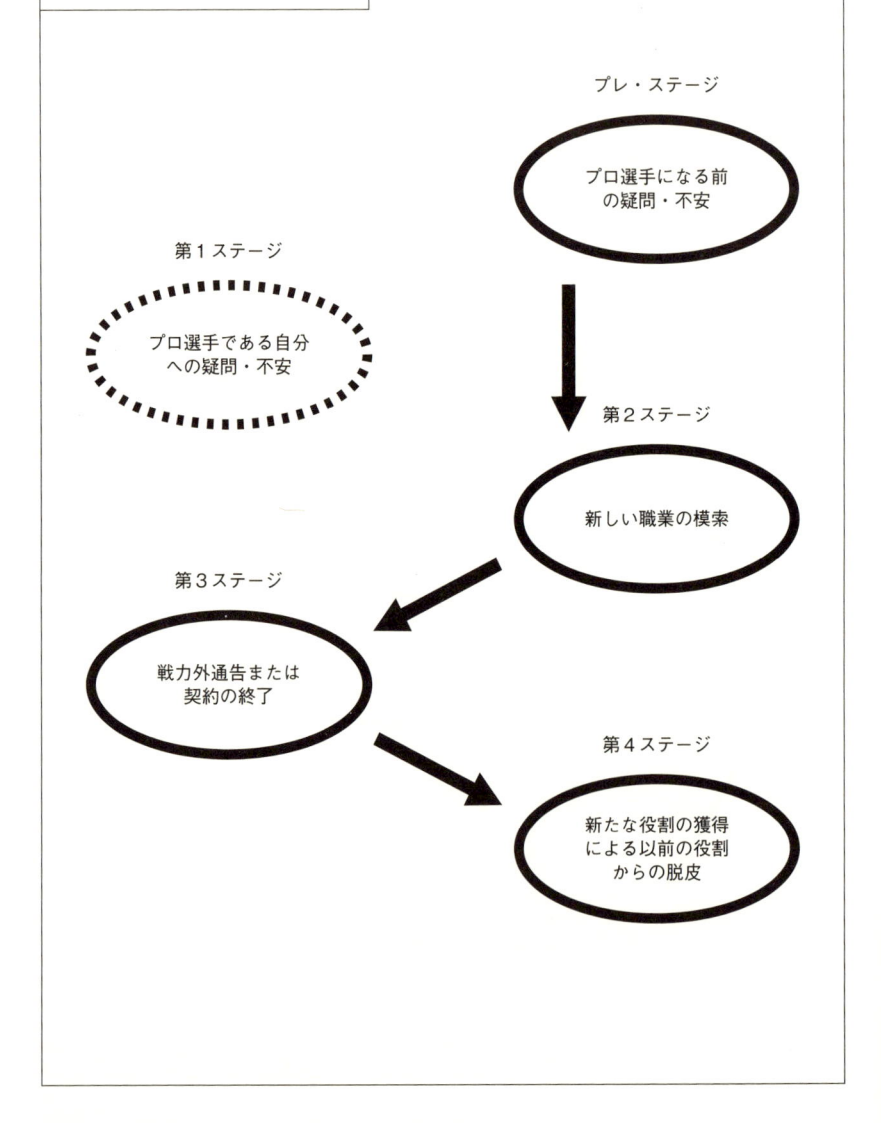

パターン別分析図

パターン1に該当する元選手
　Case4
　Case6
　Case19

プレ・ステージ
プロ選手になる前の疑問・不安

第1ステージ
（プロ選手である自分への疑問・不安）

第2ステージ
新しい職業の模索

第3ステージ
戦力外通告または契約の終了

第4ステージ
新たな役割の獲得による以前の役割からの脱皮

パターン2に該当する元選手
　Case3
　Case8
　Case15
　Case16

プレ・ステージ

（プロ選手になる前の疑問・不安）

第1ステージ

（プロ選手である自分への疑問・不安）

第2ステージ

（新しい職業の模索）

第3ステージ

（戦力外通告または契約の終了）

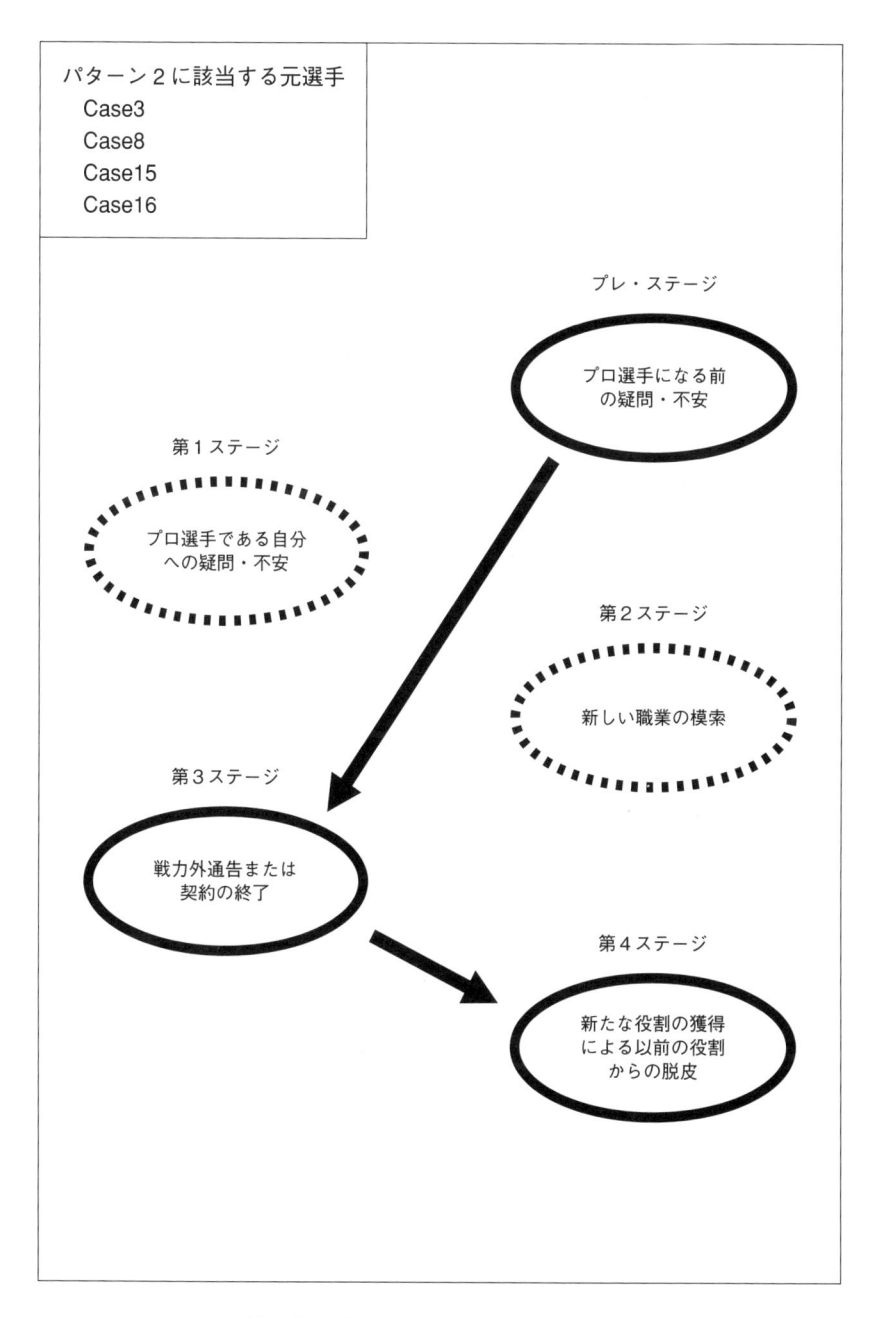

第4ステージ

（新たな役割の獲得による以前の役割からの脱皮）

第5章　プロサッカー選手のセカンド・キャリア到達過程　　*169*

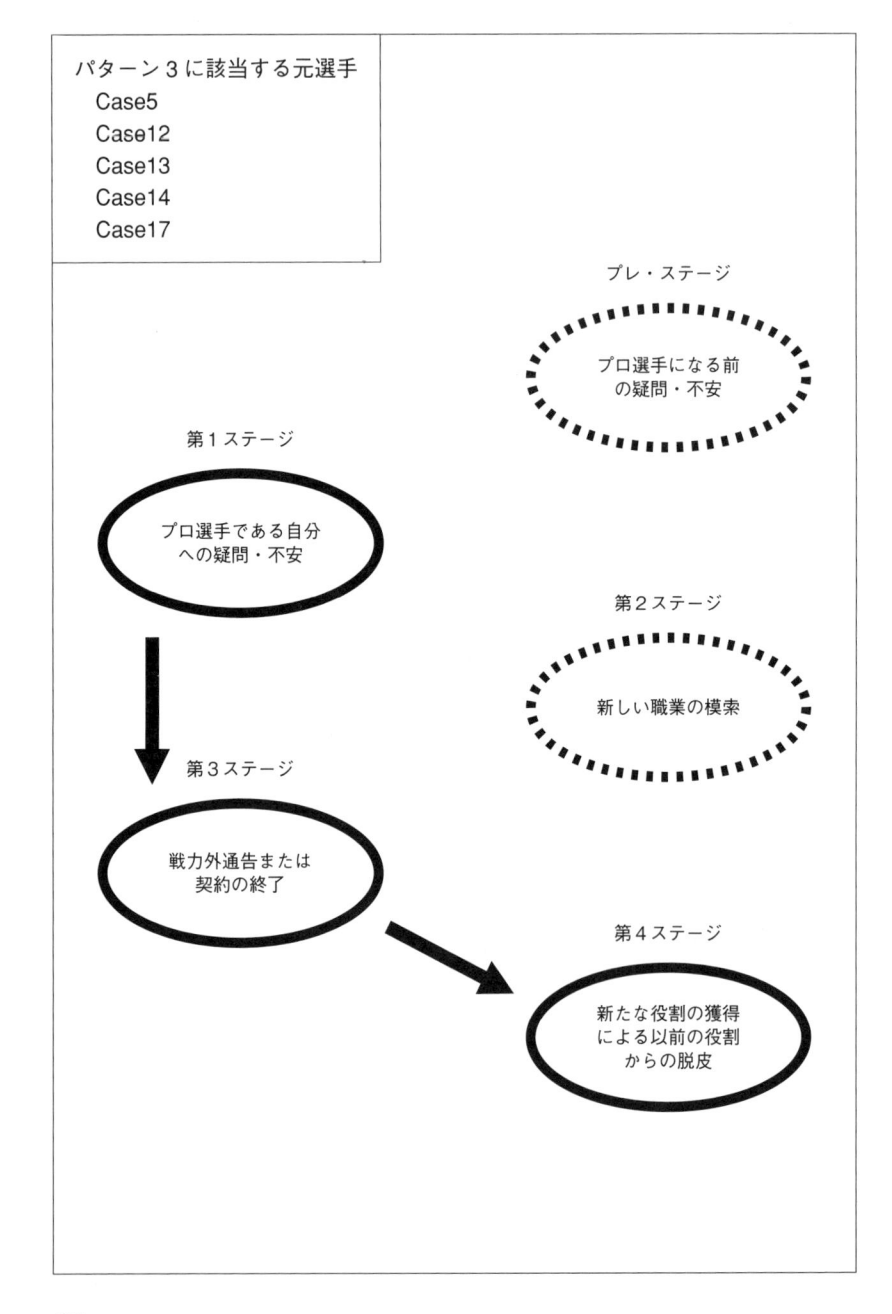

パターン3に該当する元選手
Case5
Case12
Case13
Case14
Case17

プレ・ステージ

（プロ選手になる前の疑問・不安）

第1ステージ

（プロ選手である自分への疑問・不安）

第2ステージ

（新しい職業の模索）

第3ステージ

（戦力外通告または契約の終了）

第4ステージ

（新たな役割の獲得による以前の役割からの脱皮）

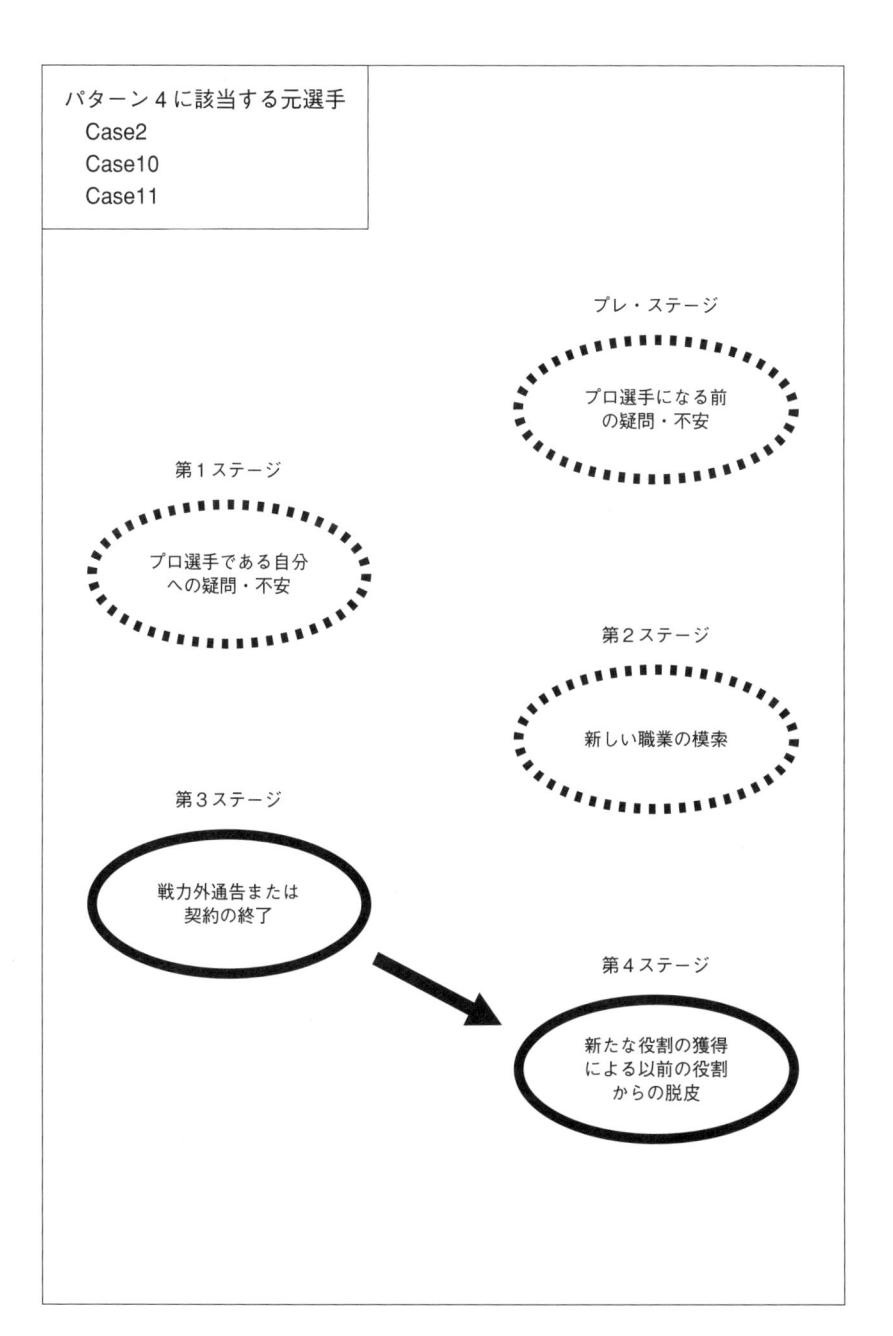

パターン4に該当する元選手
　Case2
　Case10
　Case11

プレ・ステージ

（プロ選手になる前の疑問・不安）

第1ステージ

（プロ選手である自分への疑問・不安）

第2ステージ

（新しい職業の模索）

第3ステージ

（戦力外通告または契約の終了）

→

第4ステージ

（新たな役割の獲得による以前の役割からの脱皮）

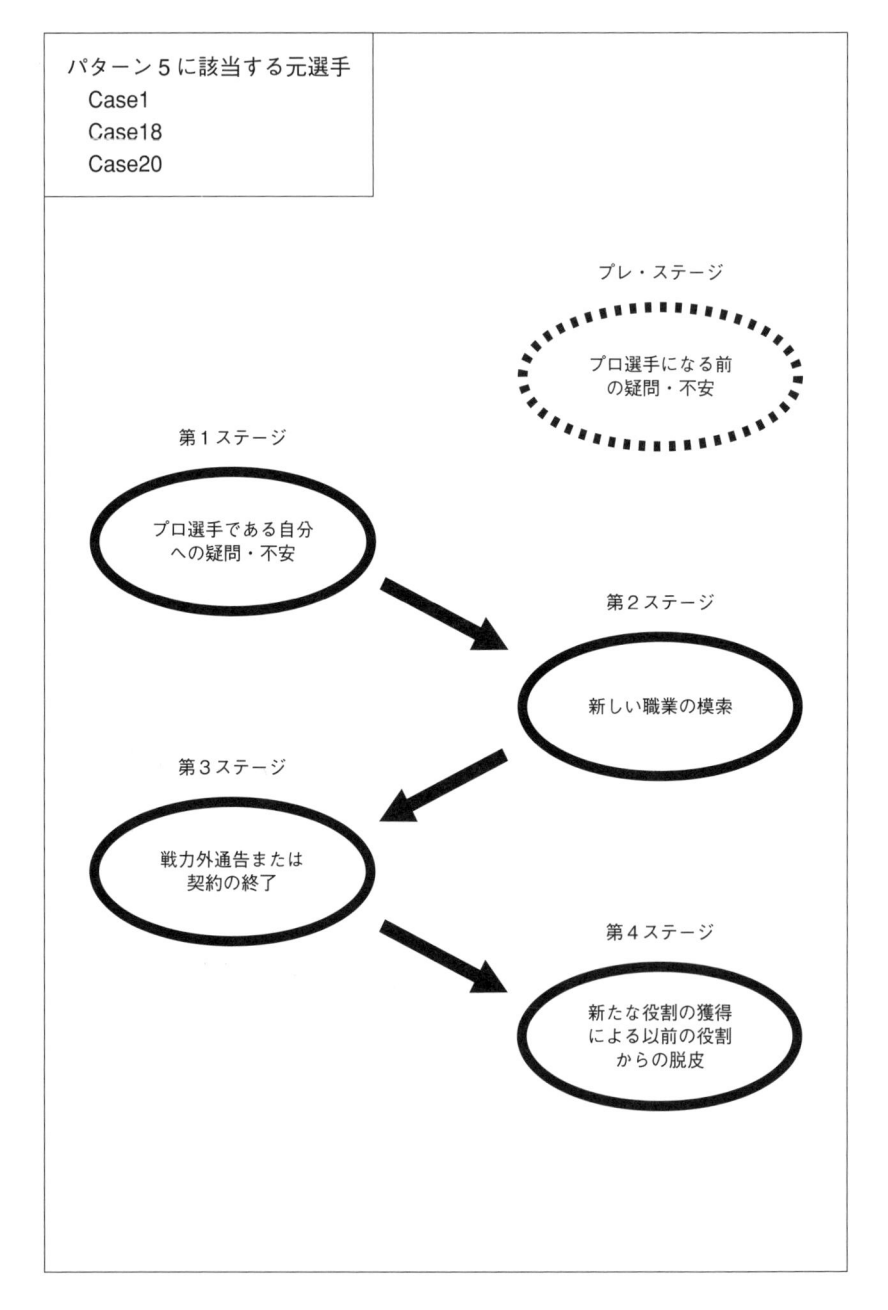

パターン5に該当する元選手
　Case1
　Case18
　Case20

プレ・ステージ

（プロ選手になる前の疑問・不安）

第1ステージ

（プロ選手である自分への疑問・不安）

第2ステージ

（新しい職業の模索）

第3ステージ

（戦力外通告または契約の終了）

第4ステージ

（新たな役割の獲得による以前の役割からの脱皮）

パターン6に該当する元選手
　Case7
　Case9

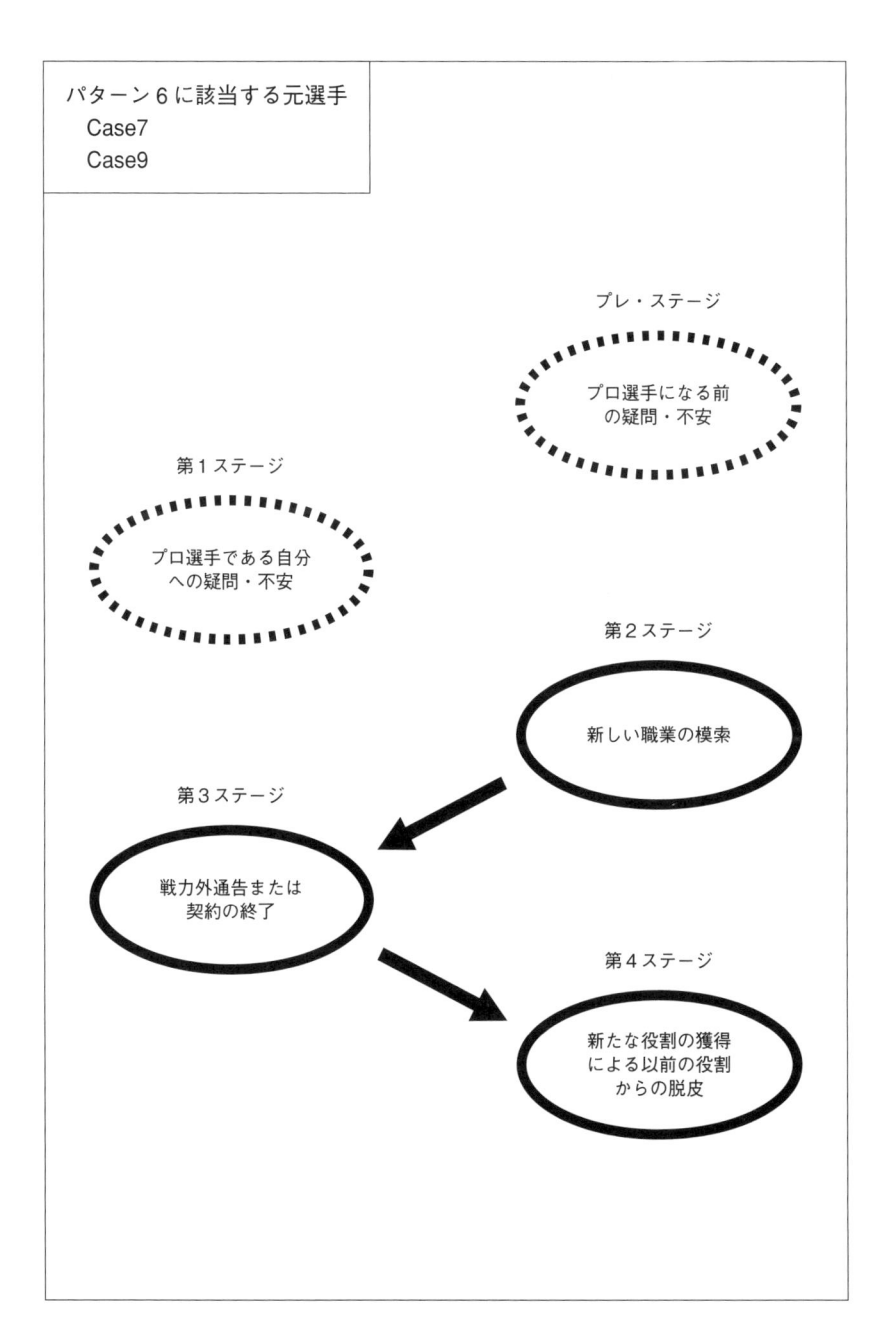

プレ・ステージ
プロ選手になる前
の疑問・不安

第1ステージ
プロ選手である自分
への疑問・不安

第2ステージ
新しい職業の模索

第3ステージ
戦力外通告または
契約の終了

第4ステージ
新たな役割の獲得
による以前の役割
からの脱皮

第5章　プロサッカー選手のセカンド・キャリア到達過程

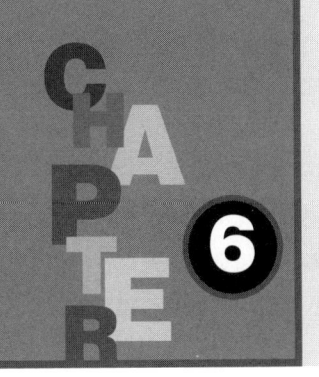

CHAPTER 6 Jリーガーがピッチを去るということ

髙橋　潔

職業キャリアのスタートと競技キャリアの引退

　青年期に競技スポーツに専心するトップ・アスリートについて，その職業キャリアの問題を考えれば，逆説的だが，それは競技選手としてのキャリアの「引退」から始まる。トップレベルにあるスポーツ選手の場合，競技生活あるいは選手としてのキャリアは，小・中学校期から始まり，10数年間の専心的な競技への取組みを経て，20代に選手としてのピークを迎える。わが国の場合，スポーツ興行がビジネスとして成り立っているのはプロ野球やJリーグ，大相撲，ゴルフくらいである。これらの競技では，プロスポーツ選手という職業によって職業面でのキャリアが開始される。しかし，ほとんどは20代にアスリートとしてのキャリアを終える。たとえば，Jリーグに在籍する選手の平均引退年齢は25.6歳であり，20代で引退するケースが7割を占めている。その他の競技で競技スポーツから生活の糧を得ることができるのは，陸上競技，競泳，柔道，ラグビー・トップリーグ選手など，一握りの有名選手に限られる。プロスポーツとして成り立っていないほとんどのアマチュア競技では，選手はスポーツに特化するがために，学生生活を終

え社会人として何らかの仕事を得ていても，それはあくまで仮の職業であり，競技中心の生活を送っているため，職業キャリアを意識し始めるのは引退後であるといってもよいだろう。

いずれのケースであっても，スポーツへのコミットメントが大きかった分，引退にともなって起こる喪失感が大きな障壁となり，次に迎える職業キャリアへの移行がスムーズにいかないことが多い。言い換えれば，引退をうまく受容できていない状況は，職業キャリアへ移行する準備状態（レディネス）にないといえる。

本章では，トップ・アスリートのキャリア・トランジションに焦点をあて，スポーツ・キャリアから職業キャリアへの移行（トランジション）の際に起こる心理的問題について論じていこう。

トップ・アスリートの引退

トップ・アスリートは，自らの意思に基づいて引退を決断する印象がある。オリンピックを頂点とするアマチュア競技の場合はとくにそうだろうし，プロスポーツにおいても，スター選手の引退セレモニーを見れば，選手の意思が働いているように感じられる。しかし，実際には，多くの要因がきっかけになって，引退を決意することになる。プティパ他（Petitpas et al., 1997）は，アスリートの引退の理由を，いくつかの典型にまとめて論じている。

第1は，冒頭にもあげた，選手自らの自由選択である。目標の達成やアスリートとしてのキャリアへの満足を経験して，自ら引退を決意する場合である。アマチュア選手の場合にはオリンピックや世界大会でのメダル獲得が，プロスポーツ選手の場合にはリーグ優勝などがその典型であり，自己の掲げた目標が達成され，やり残した課題やそれ以上の到達目標がなくなった場合に，大いなる達成感と満足をもって引退を決意することがある。納得できるまでやりきった，現役を全うしたというような感覚があり，スポーツ選

手としてのキャリアに未練を感じることはない。しかし，ときとして，燃え尽き（バーンアウト）の状態に陥ることもある。

　自分が求めていた目標達成に至らなくとも，自己選択の結果として引退を決意することがある。スポーツ以外のことに興味をもったり，アスリートを続けるより次のステップに進んだほうがよいと思ったり，他の選択肢を選んだほうが自分にとって有益であると判断した場合である。自ら引退を選択した場合には，ケガや戦力外通告などのように，自分がコントロールできない要因によって引退せざるを得なくなった選手と比べて，トランジションがスムーズに展開することがある。その理由は，スポーツ以外の生活について熟慮し，計画を立てていることがあるからである。しかし，十分に事前準備を行わずに引退を迎えたとしたら，うれしい経験や喜ばしい成果が引退のきっかけとなっていたとしても，その後のキャリア展開が有利であるというわけでもない。

　第2に，自己選択の対極にある引退のあり方として，戦力外通告や年俸のゼロ呈示など，マネジメント上の理由によるものがある。プロスポーツ選手であれば，チームやスポンサーが翌年の契約を更新しないことがある。契約更改の不調は，それ自体が即引退を意味するわけではないが，愛着の対象であったチームやスポーツから，手のひらを返したような手痛い対応を受けた精神的ショックは相当なものだ。心理的契約（psychological contract）の不履行を憤って，不誠実や不正義を感じることがある。

　ここでいう心理的契約とは，報酬やその他の条件などに関して明文化された契約とは異なり，従業員と組織との間に暗黙に約束される明文化されない相互の責務に関する観念を指す（Rousseau, 1989）。プロスポーツ選手の場合には，チームとの間に選手契約を明示的に結んでいるため，経済学的契約の概念によって，雇用関係が取り結ばれている。しかし，心理的契約とは，契約書に盛り込まれる責任条項のようなものではなく，チームが提供する年俸や報酬，施設，練習機会，その他の便益に対して，チームへの忠誠と貢献，チームメートへのサポート，個人的努力などを含めた無形の貢献を求めるものである。心理的な形での契約だから，明文化されにくい幅広い期待

や責任を内包する。

　心理的契約違反が起こった場合には、法的もしくは理性的対応ができないため、感情的な対立を引き起こすことになる。心理的契約の不履行によって、たとえば、チーム・監督への不信感、被害者意識、怒り・憤り・恨みの感情、移籍の申し出、チーム貢献の低下、チームワークの低下、報復的行動、攻撃的行動など、その影響は大きい（Robinson & Rousseau, 1994）。トップ・アスリートの中には、「紙っきれ一枚でクビを切られる」ことを嫌って、セカンド・キャリアを決めるにあたり、人に使われるのではなく、自分で事業を起こすことを考える人が多くいるのは、その1つの証左かもしれない。

　マネジメントの理由からする半強制的引退であっても、それは突然起こるものではない。多くは、芳しくない前年実績や現状の成績などから、戦力外通告の予感をもっているものである。出場機会に恵まれなかったり、思うような記録がないために戦力外の予感を感じている選手の大半は、チームに残れるようにさらに猛練習をし、契約更改のチャンスに賭けるよう準備をすることが多い。本人にとって受け容れがたいことであれば、それを先延ばしにするために、懸命な働きかけと交渉を行うことがあるだろう。しかし、そのような働きかけを行っても、実績主義のプロスポーツの世界であれば、解雇を免れることは難しいだろう。「時計の針を戻す」ような活動は、あまり成功の確率が高くないことなのだ。

　第3は、ケガや加齢による身体的理由である。トップ・アスリートであれば、肉体の酷使や過剰な練習などが災いして、慢性的にケガをしやすい状態にある。また、勝負のかかった状態で起こるプレー上の身体接触は、鍛えられたアスリートであっても、大きなケガを招きやすい。スポーツ選手のケガや手術、その後のリハビリテーションについてはよく見聞きするところであるが、一般の人と同じく、あるいはそれ以上に、アスリートにはケガに対する心構えがなく、万一大きなケガに見舞われた際には、大きな精神的ショックに直面しなければならない。また、ケガが治癒した後でも、リハビリテーションが必要な場合には、かつての自分と同等にプレーできる身体機

能を回復できるかどうかという不安や，競技生活自体を継続できるかどうかが危ぶまれることもあり，精神的な負担は相当大きい。

　年齢の影響はスポーツにおいて顕著である。反射神経が鈍り，消耗した体力の回復が遅くなることがだれにでも起こるため，飛びぬけた身体能力をもつトップ・アスリートであっても，加齢の影響は避けられない。年齢による限界は，今日では，筋力トレーニングや栄養管理などによって，若干遅らせることができるし，競技の内容によっては，40代であってもトップの座を維持していくこともできる。しかし，若い年代に1つのキャリアを断念しなければならないのも，厳然とした事実である。

　第4は，疲労ならびに倦怠（飽き）である。選手時代の生活は，トップ・アスリートとしてメディアの注目を集め，脚光を浴びる半面，合宿生活や地理的移動，マスコミとの関係，プライバシーの侵害など，大きな不自由をともなうことが少なくない。そのため，長らく不自由な生活を強いられると，選手生活自体に疲れを感じることがある。また，精神的倦怠も作用する。子どものころ感じていた，スポーツを楽しいと思う感覚が薄れ，義務感や徒労感を感じるようになる。すると，競技生活への興味を急速に失っていき，引退にまで至ることがある。

　あわせて私生活の問題も大きい。トップ・アスリートであっても，結婚や恋愛，友人との交流などの通常の生活を営んでいる。競技での成績を最大限高めていくために，自分と家族，近しい友人などにさまざまな犠牲を強いてきたが，ある時点で，家族との間に十分な時間を割きたいとか，私生活を充実させたいと感じることがある。満足できる結果を残すことができたアスリートの場合には，なおさらこの欲求が強く感じられるだろう。そのようなときに，私生活の充実を理由にして，引退を決意することがある。

　第5に，人間関係のトラブルが挙げられる。監督やコーチなど，自己の選手生命を大きく左右する人物との間に，人間関係がうまく立ち行かなくなると，引退に追い込まれることがある。アスリートとコーチとの関係は決して対等なものではない。アスリート本人が主体の競技スポーツでありながら，管理・監督する立場の人材の差配ひとつで，出場や結果が大きく左右さ

れてしまうことがある。コーチや監督の目に留まり，気に入られなければ，試合に使われなかったり，目ぼしい結果を残せないことがよくある。だが，トップ・アスリートの場合，自分には絶対の自信があることが多いため，自分の能力が認められないもどかしさや不満が，監督やコーチのほうに向かいがちである。一方，監督やコーチとの間で，成熟した大人の議論の仕方を身につけていない精神的に未成熟な選手の場合，監督やコーチに対する正当な意見が，感情的な口答えや批判となってしまい，関係が修復できなくなってしまうこともある。要するに，コーチや監督と相性が悪く，良好な人間関係が組まれなかった場合には，人間関係が原因して引退を決意することがある。

死に向かう精神過程と引退過程の対比

引退時におけるアスリートの心的過程を理解するために，キューブラー・ロス（Kübler-Ross, 1969）によって見出された死に至る精神過程を参照してみよう。キューブラー・ロスは，末期患者200名強に対してインタビュー調査を行った結果，人が死に臨む過程には5つの段階があることを説明している。第1は否認（denial）の段階である。自分に訪れる死という運命を無視したり，否認したりする段階である。「私のことじゃない，そんなことがあるはずがない」と思い，現実を否定する。否認は，受け留めることが困難な事実を知らされた衝撃（ショック）を和らげるために，必ず必要な健全な対処法である。

第2の段階は怒り（anger）である。自分の身に訪れた不幸な運命を認識し，「他の人ではなく，どうして私なのか」という憤りを覚え，怒りや激情を示す段階である。治療にあたっている医師や看護婦だけでなく，家族や友人，あるいは，まったく自分と接点のない健康な他人に対しても，怒りが向けられることがある。怒りの対象が，見当違いに向けられることがあるため，周囲の対応が難しいことが多い。周囲が，本人のその不適切な怒りに対

して感情的に反応すれば，お互いの攻撃性が度を越し，関係が崩壊してしまうことがある。しかし，本人の怒りは，自分が亡くなってしまうという不安に対して，それでも忘れられないように声を上げて存在を叫ぶことであり，不平を言い，わがままを言うことで周囲の注目を引こうとする心の動きを示している。

第3の段階は取り引き（bargaining）と呼ばれている。避けられない結果を先延ばしにすべく，なんとか交渉しようと試みる段階である。親から「だめ」と言われて，子どもが「いい子にしていたらお願いを聞いてくれる？」と交渉するように，自分が要求しても聞き入れられないことがわかると，よい行いをして願いを聞き入れてもらおうと算段する。善行や約束を行うことによって，延命の願いが聞き入れられるかを交渉するのである。

第4段階は抑鬱（depression）である。望ましからぬ事態を否定もできず，怒りをぶつける先がなくなり，願いが聞き入れられないことがわかった後に，大きな喪失感を感じる段階である。大きな喪失は大きな悲しみや絶望感をともなうものであるため，十分に深く悲しむことをしないのは，不適応な対応である。また，周囲が気を遣って「がんばれ」と励ますことは，本人が抱える悲しみや絶望の克服を妨げるものであることも注意すべきだろう。

そして，最後が受容（acceptance）の段階である。これまでの4つの段階——自分の運命に滅入り，怒りや嫉妬の感情をもち，希望をかなえるための交渉を行い，大きな喪失感から憂鬱を感じる過程——を経ると，やがて感情がほとんど欠落した安静な状態に至る。苦悩が去り，痛みが消えた，休息に近い情緒状態であるという。周りに対する関心が徐々に薄れ，運命を受け容れた平安が訪れる。死に向かうための心の準備状態にあるといってよい。この状態では，幸福を感じているというのではなく，感情が欠落した平静というのがよい。

第1段階：否認

　これらの5つの「死に至る過程」を見ていくと，アスリートの引退という現象と見比べて，意外と共通する点が多いことがわかる[1]。たとえば，Jリーグに所属した選手の引退ならびにセカンド・キャリアに関して行った聞き取り調査の結果からすれば，否認の段階に相当する反応として，来期の契約がないということを示されたときに，選手は大きなショックを感じ，その後の心の内面の働きとして，たとえば次のようなことを指摘している。

　「それこそもうショッキングで，晴天の霹靂でした。……だれかいつも戦力外になって，それをずっと見てきたけど，自分が受け取ったときの感覚っていうのはやっぱりまったく違いますよ。……他人のを見てきたのと自分が受け取るのとでは，ほんとに予想してなかった衝撃というか……通知もらって，しばらく『どういうことやろ』と考えて。『何でクビなんやろ』っていうのをずーっと考えてて。」

（西野　努氏：元浦和レッズ）

　「（戦力外になったことは）ショックだったんですけど，あんま覚えてないんですよね。落ち込んだとは思うんですよ。多分ショックだったとは思うんですけども，その辺の記憶があんまり……。」
（八十祐治氏：元ガンバ大阪・ヴィッセル神戸・アルビレックス新潟）

　この2人の発言に見られるように，戦力外通告（契約更改なし）によって引退に直面させられた選手の心的な反動は大きい。とくに，八十氏に見られるように，その辛い経験は，事実から目をそらす否認の状態を超えて，無意識に自己防衛をする記憶の欠落という深刻さにまで至っている。

第2段階：怒り

次に，怒りの段階が訪れる。とくに，現役時代に公式戦の出場回数が多い，いわゆるレギュラー選手であれば，チームに対するコミットメントが強いため，チームから心理的契約の一方的な違反がなされた感覚もあり，怒りの感情が高まるようである。

> 「なぜオレが……あいつよりオレかっていうのはありましたけどね，チーム内でね。『あいつを残して，オレを切るのか』っていう。怒りまでいくのかな。そういう納得のいかない部分はありましたよね。」
>
> （西野 努氏）

一方，引退の勧告が突然訪れるわけではなく，あらかじめ心の準備をもつ時間的余裕が与えられることもある。その場合には，戦力外の通告は，怒りという強い情動を引き起こすわけではなく，いくらか受け止められやすいものとなっているようだ。

> 「（戦力外の）通知を受ける前から感づいているんですよ。みんなね。だんだん相手にされなくなる……ベンチ外に追いやられてくることがよくわかるんですよ。『ああ，もうそろそろだな』っていうのがわかる。……わかってない人はいないんですよ。『え，何でオレが？』じゃなくて，『たぶん来るな』っていう。だから，今後サッカーを続けるべきか，それとも違うところに行くべきかというのを考えていました。」
>
> （水崎 靖氏：元セレッソ大阪）

> 「（契約更改の）時期が10月終わりぐらいなんですけど，1年目も2年目もすごい緊張して，試合出てないし結果残してないし。……2年目は

熱出したぐらい、緊張して。……3年目はもうほとんどわかってたんです、クビっていうのは。（通告が）来てやっぱり、あらためて『あぁー』って思ったんですけど、ほとんどわかってたんで……（心の）準備があったんで大丈夫だった。」　　　（春永代志氏：元ヴィッセル神戸）

第3段階：取り引き

　取り引きの段階では、現役続行という願いを聞き入れてもらうために、努力や働きかけを行い、自己の状況に対処しようとするものである。Jリーグの場合、毎年、契約未更改選手が160名程度発生するが、そのうち、他のJ1・J2チームに順調に移籍することができるのは60名程度である。残った100名の未更改選手のそのほとんどが、サッカー選手としてのキャリアを継続できる一縷の希望を抱いて合同トライアウト（テスト）に参加したり、JFLなどの下部リーグに活動の場を求めている。

　このような引退先送りの対応は、引退がもつ心理的・社会的課題に本人が適切に対応できていない場合に起こる。トップ・アスリートの引退のケースでは、臨死のケースとは異なり、自己の働きかけによって状況を打破できる可能性がきわめて高いため、悲壮感は少ない。ただし、交渉による働きかけが、本人が引退を自分で決心するまでの一時的な先延ばしであり、現役に固執する延命的解決策では、根本的解決には至らない。

「正直まだまだJリーグに（未練がありましたが）、……僕ら（Jリーグでも）下のほうの人っていうのは、結婚して子供もできたりしたら、サッカーで生活できるというのがまだまだ難しかったので……どっかで区切りをつけて。いろいろ考えてJFLのチームに入らせてもらって……（JFLチームでは）、自分が求めるものと、（Jリーグを）経験していない人たちが求めるものとのギャップはありましたし。一番大きかったのは、そこですね。……（僕は）理想を、ずっと上を目指してやってきた

ので，それが目指せなくなってまで，サッカーはやりたくなかった……。」　　　　　　（堂森勝利氏：元セレッソ大阪・アルビレックス新潟）

「1つのJリーグ・チームにテスト生で行って，ダメって言われたときから，次（のチーム）に向かわないっていうように，（キャリアの方向を）変えました。……1回行ってみて，それで受かったらやってみようとは思いましたけど。もしこれでダメだったら（もう）ダメだと，その半年くらい前から考えているわけだから。（落選した）その時点で，違う方に行こうと思いました。……ボール取られたら何も出来ないというのじゃなくて，今度はずっと（他人に）取られない仕事をやろうって。」
　　　　　　　　　　　　　　　　　　　　　　　　　　（水崎　靖氏）

第4段階：抑鬱

　第4段階を特徴づける抑鬱の感情は，引退に直面した多くの選手に訪れるようである。大きな喪失感あるいは，大きな愛着の対象を失ったことに起因するうつ状態は，それまでの人生のほとんどすべてをスポーツに打ち込んできたトップ・アスリートでは，とくに顕著である。われわれが想像するに余りある抑鬱感情を彼らは経験している。

「真っ暗ですよ，気持ち的には。何にも見えなくなりますから。何を考えていいのかさえ分からない。『オレは今，何をしたらええのやろ』っていう状態で，その瞬間はね。『何を悩んだらいいんや』とか，『何を考えたらいいのか。何から始めればいいのか』っていう……。」（西野　努氏）

「メンタル的なショックっていうのは実はすごかった。……『なんで今やめなきゃいけないんだよ』っていう思いもあって，（戦力外）通知を受けたときって，いろんな感情が洪水のようにやってきて，ものすごい

精神的に不安定でした。体もちょっと変調を来たして，急性蓄膿炎になったり……突然，胃痛に１週間襲われてどうしようもなかったとか，体重が７キロやせてげっそりしちゃったとか。訳わかんないストレスが体にかかった。……やっぱりずっと走ってきて，それで認められてきていたところから，『おまえ，もう要らないよ』って言われるわけですからね，なんか全部失っちゃう気になるんですよ。……ほんとにすべてがなくなってしまうような感覚になって，その怖さっていうのはありますよ。」　　　　　　　（重野弘三郎氏：元セレッソ大阪・川崎フロンターレ）

「自分はサッカー好きで，プロでやってきて。でも，それが無くなるわけですよね。そう思うと，なんとも言えないような，寂しいというか悲しいというか。……ロッカーからスパイクとか全部を片付けていくときに，『オレもうここに来れないんだ』って思ったら，すごい寂しくなったのを覚えてますけど。」

（岩井厚裕氏：元横浜フリューゲルス・アビスパ福岡）

「不安な精神。『自分は今からどっちにいったらいいのかな』って，すごい揺れ動いていましたね。まだサッカーはやりたいけど，あと１年違うとこいって，またクビって言われたらどうしようとか。毎日不安でしたよ。」

（水崎　靖氏）

　うつ状態は，程度の違いはあるものの，人生の大きな変化を経験した人が，その環境の大きな変化からくるストレスに対処するために起こる，自然な適応的反応である。しかし，厳しい練習から培われた忍耐力と行動力の高さから，トップ・アスリートの場合には，うつ状態から回復する方法を身につけていることがある。引退とその後のキャリアとの間に，断絶と呼べるほどの大きな変化があったとしても，それに適切に対応できる肯定志向と楽観主義を備えており，ストレスに対処するための潜在的資質を獲得しているようである。それは，次のような楽観的発言に見て取れる。

「(引退した後のキャリアのことは) 考えてなかった……(引退を決断したのは) もうええやろうと，契約が切れることがわかったんが11月ぐらいのはずなんですね。契約が切れて，このチームで，もしくはこの業界でやるんは，もうおもろないと思ったんで。……(引退は) そんなに衝撃的なことではなかったですね。自分は何とでもなると思ってますから。……辞めて（別のキャリアで）成功したろっていうのがあった気がしますね。だから，スパッと辞めれたんだと思うんですよ。」

(佐藤慶明氏：元ガンバ大阪・浦和レッズ・京都パープルサンガ)

「就職活動を，例のごとく一切してなかったんですね。なんとなく昔から，感覚的な部分で食ってるところがあるんで，自分はなんとかなるみたいな感じで，ずっといたわけです。なんとかならなかったら，なんとかして自分の好きなことやろうみたいな感じで。」 (重野弘三郎氏)

第5段階：受容

最後は受容の段階である。この段階では，苦悩が去り，情動の大きな動きはなく，感情がほとんど欠落した安静な状態である。この精神的安寧は，トップ・アスリートのケースであれば，「未練がないこと」や「自己を相対視すること」などの特徴的なメンタリティによって示されるようである。

「(Jリーグと JFL での経験を経て) 現役を離れることへの感情はほとんどなかった。やりたいこと（次の仕事）のほうが強かったので。いまさら（プロサッカー選手を）やりたいとは，まったく思わないですし。」

(堂森勝利氏)

「頑張りきれてなかったら違ったと思うんですけど，自分は頑張ったというのが（引退の理由です）。最初は，『また（サッカーを）やりたくな

るかな』って思ったんですけど，結局，やりたくならなかったから。今まで好きだったことが楽しくなくなったというのが原因かもしれないですね。楽しくなかったというのが……やっぱり疲れて。サッカーから解放されたいということだと思いますね。だから，辞めるときなのかなって思いましたね。」　　　　　　　　　（大石鉄也氏：元川崎フロンターレ）

「サッカーに対する気持ちっていう部分で，何か昔に比べたら向上心っていうか，熱い気持ちっていうか，自分の中でそういう気持ちがなくなってきた。……向上心っていうか，『うまくなりたい』っていうのがなくなったら，やめようっていうふうには思ってた。……『今は全然楽しめてないなあ』と思って，その気持ちが一番デカかったですね。……それだったら新しいほうに行ったほうが，自分にとってプラスになるやろうなあと思って。……辞めたときは，サッカーに対しての未練はあんまりなかったです。次に向かおうという気持ちですかね。」
　　　　　　　　　　　　　　　　　　　　　　　　　　　　（春永代志氏）

「オレはもう，プロサッカー選手じゃないっていう，プロの経験はあるけど，（もう）プロサッカー選手ではないっていう現実を受け容れなきゃいけない……ゼロからじゃないですけれども，（次の仕事も）スタートだから。……プロサッカー選手にこだわってたら，いつまでも（転換が）できないって思いましたね。」　　　　　　　（岩井厚裕氏）

「（引退を決断して父親から）『反発したっていいことないんだから。サッカー選手じゃないんだから』って言われました。『もうちょっと，自分をちゃんと考えなさい。すごい人じゃないんだよ』って。『サッカー選手のときは，皆がすごい人って言ってくれた。でも，（今は）もうそうじゃないよ』って。『サッカー選手のプライドを捨てなさい』って，何回も言われました。『辛いかもしれないけど，違うんだから』と」　　　　　　　　　　　　　　　　　　　　　　　　　　　（水崎　靖氏）

「アメリカ行ったら，シーズン制でプロをやってたんで，向こうは。シーズンが終わったら，自分はカー・ディーラーでセールス・パーソンなんだとか，大学院で勉強してるんだとか……進路について悩むとかっていうのはないんですね，彼らは。『だって，サッカーでは飯食えないじゃないか』って普通に言うわけです。それがカルチャーショックで……井の中の蛙の自分を感じたんです。サッカーでJリーグの選手になったとか，プロまで行った経験ってなんてちっぽけな，ちんけな存在なのかなっていうことを感じたんです。」　　　　　　　　　（重野弘三郎氏）

　ここまで，引退という現象が，末期患者の死に至る過程と類似する精神的プロセスを経ることを示してきた。ただし，大きな喪失を経験してもなお，そこから立ち直っていく過程を見れば，自分自身が死に至る過程というよりは，親しい人との死別を経験したときの個々人の反応に近いのかもしれない。もっとも，キューブラー・ロスが示した自分の死を受け入れる過程と，近親者の死別を経験する過程には，本人が経験する精神状態に，ある程度似た傾向が見られるようだ。たとえば，ラムゼイ（Ramsey, 1977）は，近親者の死別に直面した人が感じる精神状態について，①衝撃（shock）→②否定（denial）→③抑鬱（depression）→④罪悪感（guilt）→⑤不安（anxiety）→⑥攻撃（aggression）→⑦再統合（reintegration）に至る段階を区別している。ただし，これらの段階には時期的重なり合いが多いため，厳密な意味での段階モデルとはなっていない。

　プロスポーツ選手が引退を迎える過程と，末期患者が死を受け入れる過程の2つの過程で大きく異なるのが，未来についての考え方である。もちろん末期患者であっても，来世を信じれば希望のある死後の世界に望みをつなぐことができるが，トップ・アスリートの場合には，引退の後にも，豊かな希望に満ち溢れたキャリアを，視野に入れることができるという点である。ここには悲壮感はない。したがって，引退に至る精神過程は，大きな喪失感や情動の動きを経験しながらも，次に新たなキャリアを探索し，獲得していくための準備状態（レディネス）を獲得する過程であるともいえる。たとえ

ば，前述の重野弘三郎氏は，現役を引退し次のキャリアに移行するにあたって，個人が精神的準備状態にあることがいかに大切かを，こう語っている。

「引退を決めている部分っていうのは，本人のメンタルだと思います。……メンタル的に引退できてない人はたくさんいるわけですね，本当に。そこをどう乗り越えるかっていうところがないと，次のステージなんか行けないんです。……『来年契約しません』っていうことを突きつけられたときに，当然それって飲み込めないんですよ，なかなか。精神的にもつらいし。でも，そこを自分が認め，次にもう切り換えをして，準備をする。……『受け入れる』『切り換える』『準備する』この3つのフレーズ……これができれば次の一歩がすごい早いし，情報も得られる。」

(重野弘三郎氏)

キャリア・トランジションに求められる3つのスキル

われわれが，学校や職場，スポーツ競技など，それまで慣れ親しんだ1つの場面を離れ，次のキャリアに移行するためには，どのようなスキルが必要となってくるだろうか。

アスリートのキャリアに着眼した場合には，スポーツに特化していて一般の生活経験に乏しいために，生活上必要となるスキルに着眼した，ライフスキルの重要性が提唱されている。ライフスキルとは，「日常生活で生じるさまざまな問題や要求に対して，建設的かつ効果的に対処するために必要な心理社会的能力」と定義され，①意思決定，②問題解決，③創造的思考，④批判的思考，⑤効果的コミュニケーション，⑥対人関係，⑦自己意識，⑧共感性，⑨情動への対処，⑩ストレスへの対処などの幅広い要素を含んでいる(WHO, 1997)。

一方，カッツ(Katz, 1955)は，管理者に必要なスキルとして，①コンセプチャル・スキル，②ヒューマン・スキル，③テクニカル・スキルの3

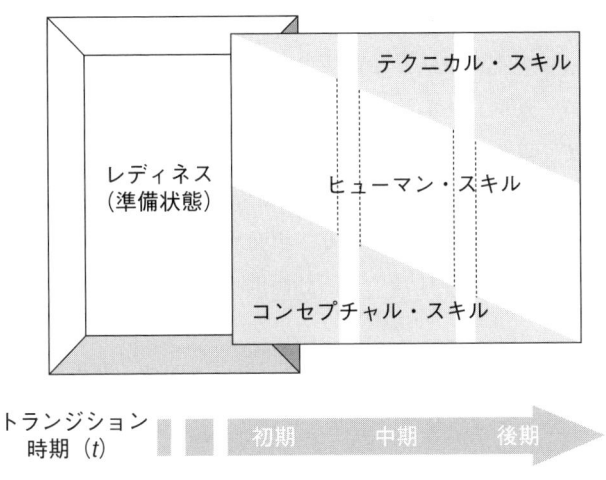

図6-1：キャリア・スキル

つのスキルからなるモデルを提唱している。このモデルからの示唆を受ければ、キャリア・トランジションに対しても、同様に、3つのスキルが必要と考えられるかもしれない。

図6-1に示したように、本章では、キャリア・トランジションに際して、3つのスキルの必要性を提唱したい。ここでは、スキルの内容と同時に、キャリア・トランジションのどのタイミングでどのスキルが重視されるかについても、1つの仮定をもっている。すなわち、トランジションにともなう時間的推移と関連して、それぞれのスキルの重要性が変化する。具体的には、キャリア移行の初期には観念的資質が、中期には対人的資質が、そして移行の後期になってはじめて技術的資質が求められると考えるのである。

◎コンセプチャル・スキル

第1のコンセプチャル・スキル（conceptual skill）とは、どのようなキャリアを選択していくかについて、大まかな設計やイメージを膨らませるための知的技能を指す。キャリアに関して本人がデザインし、計画していくというプランニングの視点にたてば、まず、自分自身のキャリア上の興味関

心と自分が保持している能力について正しい認識をもち，その自己認識に基づいて，キャリア上のゴールやキャリア・イメージを明確化する必要がある。キャリア・カウンセリングや職業指導の文脈に合った厳密な自己評価を行うとすれば，職業興味，能力，スキル，専門知識，業務経歴，将来像などを自己分析し，社内で得られるキャリア機会や社外での職業機会について情報を得て，それらを総合的に判断し，自分が就くべき職業，職場，職務内容，自己啓発の機会などについて，計画的・意識的な選択を行うのがよい（Storey, 1979）。

　しかし，アスリートのキャリア・トランジションや，新規学卒者のキャリア獲得のプロセスを考えれば，厳密な意味でのキャリア・プランニングは望むべくもない。したがって，シャイン（Schein, 2006）の提唱するキャリア・アンカーのような，大ぐくりのキャリア像をイメージさせるのがもっとも適切である。

　シャイン（Schein, 2006）は，キャリアを発達させていく際に拠り所となる基点（錨）として，①専門・職能別能力，②経営管理能力，③自律・独立，④保障・安定，⑤起業家的創造性，⑥奉仕・社会貢献，⑦純粋挑戦，⑧生活様式の8つのキャリア・アンカーを特定している。専門職として生きていくか，管理職の道を進むか，仕事で自由を最大限に確保したいのか，仕事の安定をまず望むのか，起業するか，社会に貢献したいのか，純粋に競争やチャレンジを求めるのか，あるいは自分が納得できるライフスタイルを維持したいのか。われわれ1人ひとりが，自分のキャリアを棚卸ししようとすれば，この8つのキャリアの方向性は参考になる。

　コンセプチャル・スキルは，キャリア・トランジションの初期の段階で，もっとも必要とされる。なぜなら，このスキルを活用してキャリア・イメージやキャリア・ゴールを確定していくことが，キャリア初期の段階では，もっとも時間をかけて解決していかなければならない中核課題だからである。キャリアにかかわるコンセプトがはっきりしなければ，結局，トランジションにうまく踏み出していけず，もがくことになる。

　Jリーガーに対する聞き取り調査においても，たとえば以下のような話か

ら，コンセプチャル・スキルの重要性が理解できる。

「引退前に（セカンド・キャリアへの）準備をしている人って，ものすごいスライドが早いんですね。一方で高卒で入ってきて選手になった人は，もがいてるわけです。……高卒でJリーグの選手になった人は，（Jリーグで培った経験が）要は何に生かせるんだろうかっていう情報を全然持ってないですから，『大卒じゃないんですけど，仕事できるんですか。就職できるんですか』とかっていう質問をしますし，大卒の人でも，『30歳になって引退したときに，僕，何ができますかね』っていう質問を（します）……何もできないと思っているのは，何か（既存の職業の枠）に自分をはめようとしていたからであって，本当は自分が何やりたいんだろうっていう考えに至ってなかったんです。……自分たちの中で自省させないと。『これをやったらこの企業に入れます』なんていうのは，全然（考えが）浅すぎる。」　　　　　　　　　（重野弘三郎氏）

「今までサッカーで頑張ってたのが無くなってしまって，この生活ずっと続けていたら，何かもう精神的におかしくなるし，張り合いもないしと思って。次の何か目指したいなあって思って……もう31（歳）になっていたんで，まず資格を取ろうって思った。資格の中をずっと見ていたら，やっぱり一番上に書いてあるのが司法試験。『じゃあ，ここしかないなあ』っていう，ほんとそんな感じなんですよ。……『弁護士なるわ』と思ったところで，そこから，また気持ちの張りが出てきて。まったくゼロからのスタートだったけれども，ちょっと方向転換して，今までサッカーで使っていたパワーを司法試験に使ったら，『オレって突破できる力あんのかなあ』っていうふうな感じで，毎日挑戦を始めたって感じですね。……司法試験やり始めたら結構苦しくて，こんな苦労して，『うわー，えらいもん始めてもうたなあ』と思いながら，毎日勉強していました。……結局，一番自分を駆り立てたっていうのは，今までサッカーに向かっていた力を，こっちに向けたらほんとに行けるの

かなっていう，挑戦するような気持ち。……サッカーでは中途半端で終わった気持ちが強かったんで，悩んで考えて，苦しかった気持ちをこっちに向けてやれと思ったんですね。ただフィールドを換えるだけっていう感じでしたね。」
　　　　　　　　　　　　　　　　　　　　　　　　　　　（八十祐治氏）

　すなわち，方向性さえ確定すれば，人並み外れたパワーで邁進する力をもったトップ・アスリートであれば，キャリア・ゴールを明確化させるだけで，多くの問題が自動的に解決されていく可能性がある。ただし，キャリア・ゴールや自己が求めるキャリア・イメージは，本人によって内省的に構築されなければならない。不幸なことに，スポーツという1つのルートに特化してコミットメントしてしまったアスリートたちは，キャリアについての多様なイメージや具体的情報から遮断されてしまっている可能性がある。仕事の中身を知らないがゆえに，一般の職業経験がないために，セカンド・キャリアに対して大きな不安と焦りを抱いているかもしれないのだ。初期の段階でボタンの掛け違いをしないためには，自分の将来像を自分の頭で考え計画していくこと，すなわち，コンセプチャル・スキルがもっとも必要なスキルであることが理解できるだろう。

◎ヒューマン・スキル
　第2はヒューマン・スキル（human skill）である。これは，対人関係と人脈形成にかかわるスキルである。対人関係に関するスキルだからといって，敬語の使い方であるとか，コミュニケーションのとり方といった表面的技能であると考えるのは早計である。また，ライフスキルとして掲げられている自己認識，共感，情動のコントロールといった要素を考えるのでは，抽象度が高すぎる。
　一方，クランボルツ＝レヴィン（Krumboltz & Levin, 2004）が提唱する「計画された偶発性（planned happenstance）」は，キャリアの観点で対人スキルを考えるには示唆的である。「計画された偶発性」理論が強調するのは，われわれのキャリアが，事前に周到に準備された計画に従って展開

されるのではなく，そのときどきに偶発的に起こった予期せぬ出来事によって大きく左右されるという点である。したがって，その偶然を，自らの主体性や努力によって，キャリアに最大限に活かしていくよう準備を怠らないことが大切になる。

　この理論では，自らの主体性や能動的活動の中核要素として，「他者に相談する」とか「さまざまな人と交流し関係性を築く」という，きわめて対人的な要素を強調している。自分の転機を握る重要な出来事が人間関係から派生するというのは，浜口（1979）の提唱する間人主義的キャリア論とも整合するし，本項であげるヒューマン・スキルにも連接する。

　Jリーガーに対する聞き取り調査においては，キャリアの移行に際して，さまざまな仲介者が，本人の将来を心配して，善意の援助を申し出ることが少なくなかった。それゆえに，一方で，尊大な個人主義が当然のこととしてまかり通るプロサッカー界にあっても，キャリアの節目において，人間関係の大切さを多くの調査対象者が強調していた。さらには，偶然というに余りあるほどの運命的出会いを聞き取ることができた。たとえば，以下の話には，ヒューマン・スキルを介した人間関係と人脈の重要性が読み取れる。

「（新しい仕事を）1年続けて，高校の先輩と偶然出会ったんです。……『あれ，○○さんちゃうかな？』全然おうてない（会ってない）から分からないですけども，先輩ちゃうかなって。……結構きつい学校なんでね，声かけるん嫌だったんですけどね。街中であっても，声かけるのうっとおしいなと思てましたから。……本当に，ふっとです。その先輩に声かける縁というか。運命としか言いようがない。……その方がいなかったら（今の）私はないでしょうからね。あらためて，人のつながりは不思議なものです。ええ。感謝せなアカンなと思ってますけれど……人脈というのは作るものではない。自分自身が誠実に歩いていくなかで，向き合っていくなかで，人と接するなかで，つながっていくのが最終的には人脈になるんやと。」
　　　　　　　　　　　　　　　　　　　　　　　　　　　（佐藤慶明氏）

「一番はいろんな知り合い。いろんな業種、いろんなとこに知り合いがいる人のほうがいいなとは思います。だから、（引退後は）自分が興味ない人と会うとしても顔は出すようになり、話聞いてたり、ご飯食べたりするようになりましたね。……基本的に、誘われたら一応行ってみるように変わったというか。だから、サッカーやっているうちでも、楽じゃないかもしれないですけど、いろんな人と会って話している方が参考になる。絶対思いますね。」　　　　　　　　　　　　　（大石鉄也氏）

　トップ・アスリートのセカンド・キャリアの多くが、人脈や人的つながりによって介在されるのだとしたら、自己のキャリア像を自分で決定するためのコンセプチュアル・スキルに続いて、対人的ネットワークを形成するためのヒューマン・スキルの重要性が高くなる。しかし、一般論からすれば、トップ・アスリートのプライドが邪魔をして、あるいは、競技に対するストイックで一途な想いが災いして、本人が周りとうまく関係を結ぼうとしなかったり、親しい仲間以外の（弱い紐帯をもつ）人と関係を取り結ぶのを億劫がったり、孤高を決め込んで周囲が近寄りがたい雰囲気を漂わせてしまうことがある。それであれば、なおさら、ヒューマン・スキルを開花させていく訓練が、現役の間に必要だろう。

◎テクニカル・スキル

　そして、最後がテクニカル・スキル（technical skill）である。これは、就職活動を有利に進めるために必要な具体的知識——履歴書の書き方、面接の受け方など——と、いざ仕事に就いたときに必要となるような仕事関連の技能——パソコン、語学力、事務心得、ビジネスマナーなど——を含んでいる。たとえば、大学のキャリアセンターや、Jリーグ・キャリアサポートセンターなどが積み上げようとしてきたのは、もっぱらこの技術的スキルであるといってもよいだろう。テクニカル・スキルは具体的で目に見えやすい（タンジブルである）ため、このスキルを獲得させるプログラムは自前で提供もしやすいし、また、外注（アウトソーシング）もしやすい。ただし、実

際に提供されているこの種のプログラムの数と，利用者側のニーズ，すなわち，系時的に必要とされるスキルの重要性とが整合していない点には注意するべきだろう。図6－1で示したモデルに従えば，教育機関や専門学校を通じてもっとも熱心に提供されているテクニカルなスキルは，キャリアの転換期におけるスキルの時系列的進展の上で，最後になってようやく必要となる，優先順位の高いとはいえないものである。このスキルが強調されすぎれば，いたずらに不安をかきたてる。前述の重野氏は，そのような状況に警鐘を鳴らしている。

> 「就職できる企業をバーッと集めてきて，どういう準備をすれば就職ができるなんていうのは，……その準備を手取り足取り，ノウハウを教えてあげるっていうことは対症療法（にすぎない）でしょう。……入って2年，3年でアウト（戦力外）になる人たちが，いきなりネクタイ締めて，次の月から会社なんて行けないですよね。……そこで仕事というフレームにはめ込んじゃうと，絶対（彼らは）外れていきます。」

（重野弘三郎氏）

キャリア教育が進めば進むほど，テクニカル（技術的）なスキルを教授しようする傾向が強まる。テクニカル・スキルの育成では，表面的には，確固とした体系だった訓練ができるように見える。一方で，キャリアの転機を順調に乗り切るためには，自分の頭で考え，自分が将来を決める知性であったり，偶然の中で人を頼りにキャリアを形成していくための人脈づくりであったりが，より重要性を帯びてくるようなのだ。そうであれば，なおさら，システマチックな指導法もなく，時間がかかり，かつ属人的な様相の強いスキル——テクニカル・スキルとヒューマン・スキル——の開発が大切であることを強調しておきたい。

おわりに

　Ｊリーガーの引退劇を眺めてくると，20代のなかの4〜5年という短期間で，普通の人の人生全体に匹敵するくらいの，喜びと苦悩が一度に押し寄せてくることがわかる。多くのＪリーガーは，まさしく山あり谷ありの波乱万丈の生活を送っている。そのなかで，横浜フリューゲルス消滅のかかったその時点で，天皇杯のタイトルを手中に収めた岩井氏は，そのキャリアをこう振り返る。

> 「本当に『Ｊリーグにいてよかった』『プロ選手でよかった』って思うのは，次の仕事である程度できるようになってからじゃないかなって思うんですよね。本当によかったと思えるのは，次の仕事がきちっとできていて，自分なりにできるようになったときに初めて思えるのかなって……。」
> 　　　　　　　　　　　　　　　　　　　　　　　　　　　　（岩井厚裕氏）

　われわれのキャリアと人生においても，自分の生が終焉する段階でそれを振り返り，自分のキャリアが充実感と満足感をもって顧みられることを望みたい。

● 注
▶1　キューブラー・ロスの「死に至る過程」のモデルを純粋にアスリートにあてはめようとすれば，各Ｊリーガーの引退プロセスを全体としてつぶさに眺めて，1人ひとりに5つの段階が表れているのかを検討すべきではある。しかし，元Ｊリーガーに対するインタビュー時間の制約から，本人の口から語られた特徴的な情動や心理だけを取り上げ，モデルに合わせて整理するしかなかった。

●参考文献

浜口恵俊（1979）．日本人にとってキャリアとは―人脈のなかの履歴　日本経済新聞社

Katz, R.L. (1955). Skills of an effective administrator. *Harvard Business Review*, **33**(1), 33-42.

Krumboltz, J.D., & Levin, A.S. (2004). *Luck is no accident : Making the most of happenstance in your life and career.* Atascadero : Impact Publishers（花田光世・大本紀子・宮地夕紀子訳（2005）．その幸運は偶然ではないんです！　ダイヤモンド社）．

Kübler-Ross, E. (1969). *On death and dying.* New York : Toughstone（鈴木晶訳（1998）．死ぬ瞬間―死とその過程について（完全新訳改訂版）　読売新聞社）．

Petitpas, A., Champagne, D., Chartrand, J., Danish, S., & Murphy, S. (1997). *Athlete's guide to career planning : Keys to success from the playing field to professional life.* Champaign, IL : Human Kinetics（田中ウルヴェ京・重野弘三郎訳（2005）．スポーツ選手のためのキャリアプランニング　大修館書店）．

Ramsey, R.W. (1977). Behavioral approaches to bereavement. *Behavioral Research and Therapy*, **15**, 131-135.

Robinson, S.L., & Rousseau, D.M. (1994). Violating the psychological contract : Not the exception but the norm. *Journal of Organizational Behavior*, **15**, 245-259.

Rousseau, D.M. (1989). Psychological and implied contracts in organization. *Employee Responsibilities and Rights Journal*, **2**, 121-139.

Schein, E.H. (2006). *Career anchors.* 3rd ed. San Francisco : Pfeiffer（金井壽宏・髙橋潔訳（2009）．キャリア・アンカー―セルフ・アセスメント　白桃書房）．

Storey, W.D. (1979). *A guide for career development inquiry : State-of-art report on career development.* Madison : American Society for Training and Development. (ASTD Research Series Paper No.2).

WHO (1997). *Life skills education in schools*（JKYB研究会訳（1997）．WHOライフスキル教育プログラム　大修館書店）．

CHAPTER 7

セカンド・キャリアへの第一歩
接点を持つ勇気「カレジャスネス」

小川 千里

はじめに

　プロサッカー選手は，人生のきわめて早い時期に引退という衝撃的な経験に直面し，セカンド・キャリアを模索しなければならない。引退後をのんびりと過ごすというにはあまりに早すぎるし，年齢からしてもエネルギーが有り余っているころである。移籍による現役続行や，コーチやスタッフなどとしてサッカー関連の仕事が得られるケースもあるが，多くの引退選手にとって容易ではなく，また全員がそれを求めているかというと決してそうではない。ほとんどの選手は他の業界に職を求めていくことになる。幼い頃から1日の大部分をサッカーが占め，そのほかのことは何も知らないという選手も多い。プロ選手として脚光を浴びてきた競技人生から切り替えて，他の職業や役割を得るまでの過程は，社会的・経済的・心理的に大きな負担を選手に強いるため，円滑な移行が進まないこともある。

　1993年にJリーグが開幕して以来，毎年およそ130名の選手達がJリーグを去っていく[1]。元Jリーガーは，これまでどのようにセカンド・キャリアへ移行していったのだろうか。ここからの2章（第7章と第8章）は，

2006年2月から2007年2月に元Jリーガーを対象に実施したインタビュー・データの分析結果に基づいている。そして、キャリア・トランジションに関する理論を用い、元Jリーガーがセカンド・キャリアの「第一歩」を踏み出すまでの「選手と周囲の人々との関係」に焦点を合わせている。ここに焦点を合わせた理由は2つある。1つは、キャリア・トランジションの理論を元に分析した結果、元Jリーガー個人の能動的な行動と、対になる周囲の人々の重要性を感じ取ったことである。もう1つは、元Jリーガーの「人間関係」に対する考え方を聞くにつれ、これはJリーガー特有の話ではなさそうだと思ったことだ。たとえば、就職や転職にネットワークは重要だ。しかし、わが国ではネットワークづくりに難しさを感じる若者が多い。その重要性を認識していないのか。他者と接点をもつのが億劫だったり、ただできないだけなのか。同じような問いがJリーガーの事例でも浮かび上がってきた。Jリーガーの事例を読むことで「他人事ではない」と感じる読者がいるであろうと考えた。以下で登場する元Jリーガーが、プロサッカー選手を夢見る若者のみならず、多くの人々のロールモデルになっていくことを願う。

　これから元Jリーガーと周囲の人々との接点で浮き彫りになった2つの特徴について取り上げる。この章では、選手個人のカレジャスネス（courageousness）について述べる。次章では、周囲の人々について述べていく。

キャリア・トランジションの理論：カレジャスネスでトランジションを乗り切る

　前のキャリアが個人にとって大きな意味をもつものであれば、そこから次のキャリアへスムーズに移行するのは難しい。ブリッジズ（Bridges, 1980）によれば、とても重要なことが終わり（終焉）、次のことが始まる（開始）までの間に、人は中立圏（neutral zone）という時期を経験することがある。これは、前のキャリアが形式上（たとえば、履歴書の上で）終

わっていても，心の中で自分なりの終止符を打つのが困難な場合によくある。中立圏にある人は，何かを終わった（失った）ことによる喪失感や先の見えない空虚感をもつと同時に（あるいはこの後に），この時期を容易に抜け出すことができないがゆえの混乱や苦悩に戸惑う。

　ところで，中立圏にいることがどうしようもなく苦しいからといって，そんな時期はできるだけ楽をして，苦労せず抜けられるとよいのであろうか。もしそうであれば，脱出を容易にするようなキャリア支援を行うという立場があるだろう。しかし，周囲が「その人にフィットする」と判断した仕事の機会を与えて楽にさせてあげようとしても，結局本人は心の終止符を打つことができず，新しい扉を開けて第一歩を踏み出していくことができない。

　中立圏が次のキャリア（開始）に向けてもつ意味合いについて，金井（1999）は，後ろ向きで消極的な段階ではなく，むしろ積極的なものだと評価し，その理由を2つ述べている。1つは，慣れ親しんだもの，去りつつあるものを深く直視しながら，ある新しく突入する世界に気持ちを向ける時期になりうるからである。もう1つは，中立圏で混乱と苦悩のなかを押し進むことが，新しいドアを開けて，さらに一歩を踏み出すための新たなエネルギーを充填すること意味しているからである。だからこそ中立圏のトンネルをくぐらなかった人に限って，新しいドアが開いているのに，閉じてしまった古いドア（過去の生活）の方を恨めしげに眺めることになってしまう。ブリッジズ（Bridges, 1980）では，このように，トランジション期に悩み苦しみながらも，あきらめないでねばり強く突き進む人間像が前提となっている。本章ではこの心構えを「カレジャスネス」とよぶ。前向きにキャリア選択に立ち向かう勇敢さという意味の言葉だ。

　カレジャス（courageous）な人が中立圏の困難を乗り切るとき，周囲の人に対してどのように接点をもっているのか。クランボルツ＝レヴィン（Krumboltz & Levin, 2004）による「計画された偶発性」（planned happenstance theory）はきわめて前向きな個人を前提としており，これを通してみるとわかりやすい。自分のキャリアの中で起こった予期せぬ出来事は

偶然の産物ではなく，根っこには「自身の積極的な行動」があるというものだ。その中に，「キャリアの悩みをあらゆる種類の人に相談する」という行動がある。クランボルツ＝レヴィンはこれをさらに具体的な項目に落とし込んで示している。たとえば，

- ネットワークをつくり，さまざまな人と交流し，関係を築く
- どんな会議や行事でも，3人の新しい人に話しかけることを目標にする
- 仕事に情熱的な人を見つけ，その人の仕事についていろいろと質問してみる
- キャリアに関する悩みを友達に話す
- いろいろな人にキャリアに関する悩みを話す
- 普段は怖じ気づいて避けてしまう人と話をしてみる
- 本のサイン会などの会場で，有名な人と話をする

などである。以下では，周囲の人々との接点で「自身の積極的な行動」をなし得た，元Jリーガーのカレジャスネスについて，この議論を通して考えてみたい。

Jリーガーの相談についての一般的な行動様式

　Jリーガーは周囲の人とどのような接点をもっているのか。インタビューを通じて明らかになったのは，それがそもそも愚問だということである。尋ねるべきは，どのくらい接点をもっているのかという問いだ。選手やその経験者は，周囲の人との接点がきわめて限られている。だから，周囲との接点の性質について問う以前に，少ないながらも接点がどの程度あるのかについて注意を払う必要がある。この様子を示す代表的なデータを引用する。

　西野努氏（元浦和レッズ）は現役時代のネットワークと引退後のネットワークの違いを，名刺の数に言及して振り返っている。

「選手時代の名刺ケースっていうのがあるんですけど，一応，それも相当あとになってから買ったんですけど。見てみると，メディアの人，スポンサーの企業の人，自分のクラブのスタッフ以外，ジャンル挙げろって言われたら，出てこないですよ，なかなか，見てても。で，だれかも覚えてないし，全然。(中略) 選手辞めてからだと，1年に1箱分ぐらい名刺をもらったりしてて。それでもまだ少ないほうだと思うんですけど。9年間いて，1箱ももらえなかったのが，ここ1年ずつ1箱ずつ増えている。名刺の数イコールネットワークじゃないんですけど，接点自体がやっぱり選手っていうときは限られている。という意味では，サッカーだけしてればいい立場なんで，そういう危機感はすごい選手時代から持ってました。」

(西野 努氏)

選手は「危機的」と感じられるほど限られたネットワークの中にいる。たしかに，引退後のキャリアについては，その限られたネットワークの中で解決策を見いだしていくということもありうる。だが，選手たちがセカンド・キャリアの相談をどのようにしているかについて，ネットワークの中で情報はあまり共有されていない。われわれが実施したインタビュー対象者の中で，選手時代に「チーム内外の別の選手に相談した」という人はわずかだった。さらに，他の選手がセカンド・キャリアについてどこでどのように相談しているかについては，ほとんどのインタビュー対象者は「はっきりとはわからない」と話していた。西野氏の次の言葉の中にそれを見て取れる。インタビュー全体でも，憶測や漠然とした内容が多かった。

「だれに相談するんやろ。親しい友達。サッカー界じゃない親しい友達とかじゃないかなと思いますけど。結構，ポツーンと孤立した状態に感じるし，周りも寄って行きがたい状況。『何て声かけていいやろ』とかそういうこと思うだろうし，そういうふうな状況ですね。相談する相手を探すのに困るっていうこともあると思う。日々のね，人脈のネットワークがほとんど限られてるだけに。」

(西野 努氏)

しかしながら，インタビュー対象者1人ひとりに「セカンド・キャリアをつかむことができたルーツは一体どこにあるのか」と尋ねたところ，周囲の人との関わりを話さない者はなかった。強いことをよしとするプロの中で，自身のセカンド・キャリアを話題にすることは，「現役選手の終焉」をほのめかすことを意味する。その中で，元Jリーガーが周囲の人々へアプローチし，うち明けることができたのはなぜか。そこでは1人ひとりのカレジャスネスが鍵となっていた。

セカンド・キャリアへの鍵となるJリーガーのカレジャスネス

大石鉄也氏（元川崎フロンターレ）はJリーグで数年間活躍した。引退後，セカンド・キャリアに就くまでに半年の時間があった。履歴書上は空白になる。しかし，大石氏のつかんだセカンド・キャリアは，この間の自発的で能動的な行動に端を発している。

◎いろいろな人に話を聞いた。そして経験者から紹介された求人

「(サッカー選手を引退してから) 半年は，のんびり，ゆっくりして。あと，人と会っていましたね。キャリアサポートセンター[2]の人，重野さん（重野弘三郎氏[3]）とかもそうですけど。やめちゃった先輩とかと会ったり，いろんな人と話をしたりして，のんびり探した感じです。[じゃあ，次の仕事を探す時間だったんですか？]実際今まで，バイトとかもしたことなかったんで，本当に初めてのことだったんで。働いてすぐやめるのは嫌だったんで，慎重に選んだという。話を聞きながら。[次の就職先では，なるべく，まとまった時間就職できるようにしたいと。まずはこれ，みたいな感じではなかったんですね。考えているとき，どんな感じでした？凄い悩んだりとか？]悩んだかもしれないですけど，でも，ほんと，何をやっていいか分からないですから。あんまり，サッカー関係じゃなくてもよくって。コーチの話とかは結構あった

んですけど,あんまり,コーチというか教えるのが好きじゃなかったんで。だから,サッカー関係にはこだわらなかったんですけど,やりたいことは無いし,そうかといって(もし仕事を始めたとしても)すぐにやめたくはなかったんで。で,人の話を聞いていたということですね。(中略)[引退が決まってどんな気持ちでした?]いやもう,本当に全くわかんなかったから,ちょっと,時間をおきたかった。まだ,11月,やめるって決まってすぐなんで。今年いっぱいは,ちょっと,時間をおきたいということで,『また来年になったら電話します』っていうことで,その年はのんびりしてました。で年明けになったら,動き出して,また相談とかし出したんですけど。[お電話かなんかして?]はい。」

(大石鉄也氏)

引退に当たり,大石氏はセカンド・キャリアについては何をしたらいいのかわからない状態だった。それまではサッカー漬けの人生を送っていたといっても言い過ぎではない。というのも,Jリーガーになる選手は,プロ以前はチームや出身校で1位2位を争うほどの名選手だった人がほとんどである。学校の授業を受ける以外はサッカーの練習や試合に明け暮れ,アルバイトをする時間などほとんどない。よって,同世代の他の若者たちのようにアルバイト経験を容易に得られず,サッカー以外の仕事や環境で「働く」ことをイメージしづらいのである。大石氏は引退した先輩などにコンタクトを取って積極的に経験談を聞き,自らの思いを話すよう心がけた。そして,徐々にサッカー選手以外の道で働くというイメージを固めていった。セカンド・キャリアをつかむまでに,大石氏がとった能動的な行動をまとめると次のようになる。

- 引退が決まった直後ではあったが,周囲の人からのアプローチにも応対し,その時点でつながりがとぎれないような返答をした。しばらく時間をおいて,自分から改めてコンタクトを取った。
- 先の見通しについて何もわからない中で,自らいろいろな人に話を

> し，経験談を引き出した。その結果，自分の中でセカンド・キャリアに進むに当たり，「譲れない何か」について整理をし始めた。

　大石氏は先輩たちに相談する過程で，自分のこれからのキャリアにとって「譲れない何か」が「安定感」であると認識する[4]。Jリーガーは1年契約で，その年の活躍が次年度の契約内容に影響する。よって，毎年契約更改の通知を受ける時期（11月末）には次年度に契約をしてくれるチームがあるか，どのような契約内容になるのかが非常に重要な関心事となる。大石氏にとっての「安定感」は，毎年契約の時期になるたびに，来期の契約ができるのかどうかを心配することなく，継続的に雇用を確約してくれることを意味している。

　先輩たちにうち明けることがきっかけとなり，大石氏が求めていることを周囲が感じ取り，セカンド・キャリアとなる機会がいくつか紹介され始める。大石氏はこれらを吟味した結果，最終的にJリーグから情報を提供されていた活躍の場（大手スポーツクラブ）を選んだ。

　「やっぱり，それなりの，安定，『安定感』ですね，こだわったのは。やっぱり，スクールのコーチやっても，皆に聞いたんですけど，どの人も1年契約なんですよ。結局，プロのときと一緒になっちゃうじゃないですか。1年経ったらまた，『次も大丈夫かな』ってドキドキするような。それじゃあ一緒だと思って，安定感だと思いました。コーチをやるにしても，企業の大きい母体があって，その中のスクールとかで。安定感ですね。［1年とかで，会社の状態とかによって，更新される時に「さよなら」っていわれないような。しっかりと，ある程度何年間。］普通に，自分が悪さとかしない限りは，普通に過ごせるようなところを。［それが，優先事項だったんですね。あと，教える方には気持ちが向かなかったと。あと，（さきに話されていた）休み。なるほど。ただ，業種とか，職種にはそんなにこだわりがなった。］そうですね。［別のことを，半年後に始められたんですけど，それはどういうきっかけで？］それも

たまたまJ[5]のキャリアサポートセンターの重野さんに紹介（情報提供）してもらって，大手スポーツクラブだったんですけど。まず世界規模の，日本ではダントツトップで，世界でも有数のスポーツ施設，間違いなくつぶれることは無いというのは。重野さんとかにも，安定感ということは相談していたんで。安定は絶対ある会社で，次に内容。たまにサッカースクールもあるんですけど，フットサルの運営をやっている会社だったんで。フットサルは元々興味あったんで，『どういう感じなのかな』っていう興味があった。なおかつ，（普通なら）すぐ社員にはなれないけど，特別枠でやってくれるから今がチャンスという。そのスポーツクラブは最初試験があるんですけど，試験無しで採ってくれるということで。なので，しっかりと最初から社員になれて，母体もしっかりしてて安定もある。内容は，ほんと，まだわかんなかったんですけど，ちょっと自分の中で興味をもったので『やってみようかな』って。それで調べたら，地元で。そのスポーツクラブでもサッカーを持ってないとこもあって。静岡と浜松があって。それじゃあ地元だし，自分の中の条件もそろっているかなって。それがきっかけですね。」　（大石鉄也氏）

　大石氏はいろいろな人に自分の求める像を話すことにより，セカンド・キャリアのチャンスを呼び込んだ。結果的に複数の選択肢を得たが，1つに絞り込んだ決め手は，最も大切に思っていた「安定感」であった。
　ところで，大石氏がセカンド・キャリアについて，多くの人の意見を聞き，自分のことを話し始めたのは，引退を意識するようになってからであった。チームから突如，「来シーズンの契約は無し」と宣告される（来年度の契約金をゼロと提示される）のでなければ，選手は現役時代から徐々に引退を意識する場合もある。インタビューの結果，選手が引退を意識し始めるきっかけとして，「怪我をする」，あるいは「徐々に試合出場から離れる（ピッチから遠ざかる）」などの段階を経ることがある。水崎靖氏（元セレッソ大阪）は，現役の最後の数カ月間について，引退を意識したときのこと，そのとき自身がとった行動について次のように振り返っている。

◎トレーナーの先生に話す。誰からも「取り上げられないもの」をつかむために

「解雇通知を受ける前から，感づいてるんですよ。みんなね。なんか段々，サテライト，色んなものに対して相手にされなくなるっていったら失礼ですけど，ベンチ外に追いやられてくることがよくわかるんですよ。[試合，ピッチからだんだん遠いところに？] そうです。遠ざかってる。『ああ，もうそろそろだな』っていうのがわかる。[それで，解雇通知っていうのは，ゼロ提示だったんですか？] 僕らのときは，たぶんですよ，覚えてませんけど，『何月何日にここのホテルに来なさい。今後の進路についてお話を，社長さんがしますから』って。それが来たら，もう駄目なんですよ。僕らのときは。[今と，ちょっと違うんですか？] 違うと思います。そういうのがあって，ですね。[そのときに，解雇っていう。皆でですか？] 1人です。[お1人で，だんだん，試合のピッチから遠ざかっていく様子を感じたりして，ある季節になると呼び出しがあって。『どうするの？』っていうことをいわれたのが，きっかけだったということ？] そうですね。[そのとき，水崎さんはどういうお気持ちだったんですか？] 自分の中では，こういうふうになるだろうなっていうのはわかってるんですよ。誰も，わかってない人はいないんですよ。『え，何で俺が？』じゃなくて。『たぶん，来るな』っていうのはわかると思うんですけど。だから，何を思ったっていうよりは，今後サッカーを続けるべきか，それとも，違うところに行くべきか，というのをその前から考えてました。[前から？] はい。[そのホテルに行く前から？] はい。[どれくらい前だったか覚えておられますか？] ええとね。僕は，（現役を）3年やってたんだとしたら3年やった中の，2年半くらいからは，怪我もして手術もして，そのときから全然使ってもらえなくなったことがよくわかってるんですけど。それと同じく，そこからですかね。それぐらいから。違う道へ行こうか，それとも，またサッカーをやっていこうかっていうのは，終わる半年くらい前からは考えてました。」

(水崎 靖氏)

水崎氏は現役を終える前から引退を意識し，本格的にセカンド・キャリアを周囲の人に相談するようになった。水崎氏が次のキャリアについて真っ先にうち明けた相手は，選手時代に接点のあったトレーナーの先生であった。

「ええと，<u>トレーナーの先生に，『こういうのになりたいんだけど，どうしたらいいの？』って，半年くらい前から聞いてましたけど</u>。そうしたら，トレーナーの先生が受験の本を持ってきてくれて，『こういうのだったら鍼灸の先生になれる，整骨院の先生になれるから，とにかく学校に行きなさい』と。その先生にも，世話になっているんで。だから，身近にいるトレーナーとそういう先生が全部やってくれましたよ。［引退する半年前から考えておられたイメージが，わりとこういう，治療がいいなあっていうお気持ちはあったんですか？　もし行くとしたら？］そうですね。だから，さっき言いましたけど，<u>『ボール取られたら何も出来ないんじゃなくて，今度はずっと取られない仕事をやろう』って。トレーナーの先生に相談してたんです</u>。(中略) どうしたらいいのかなって思って，はい。［じゃあ，そのことを始められたきっかけって，最初から先のことを，水崎さんも考えておられたし，資格とかずっと出来ることをしたいなって思っていたということもあれば，周りのトレーナーの方も情報をくれたりとか。］そうですね。どういうふうにしたら学校に入れるか。そのときはすごい厳しかったんですよ。入る時点で，1年待ち2年待ちとか，誰かが紹介してくれないと入れないとか，全部知っているんですよ，トレーナーの先生たちは。自分はそれを聞いてるじゃないですか。<u>じゃあ，『どうしたらいいの』って</u>。［勉強の始め方みたいなのは？］勉強は，ずっとサッカーでご飯食べてきたし，サッカーで学校入れてもらったし，勉強したことなかったんですよ。だから，それが最初。」

(水崎　靖氏)

　水崎氏の場合も，引退前に取ったセカンド・キャリアへの第一歩は，周囲の人への相談だった。なかでも水崎氏がトレーナーの先生に対して能動的に

行ったアプローチをまとめると，次のようになる．

> - 引退を意識し始めてから，自分のやりたいこと（サッカーのように取り上げられるのではなく，誰からも取り上げられることがないような仕事）は何かを考えた．そしてそれは資格に裏付けられたものであると認識し，その1つである「整骨院の先生」という仕事に興味を抱き，自分の考えをトレーナーの先生に話した．
> - この仕事について一歩を踏み出すに当たり，どのようなことからスタートしたら良いのかを自ら分析した．そして，職業に関する情報収集だけではなく，そもそも自分にとって「勉強の方法」を勉強することが最優先であると認識し，それらをトレーナーの先生に尋ねた．

西野氏のインタビュー・データが示していたように，元Jリーガーたちは，現役時代に引退後のキャリアのことをあまり進んで話をすることはなく，自分以外の他の選手達が一体どのように相談しているかについてはお互いによく分からないことが多い．もし相談をするとしても，水崎氏のように恩師や家族など，身近な人たちに限られているようであった．

一方，（元）選手の行動そのものがメッセージを発して，周囲の人々が彼らの思いを受け取ることもある．

伊藤豊氏（プリマヴェーラFC・カピバリアーノFC；ブラジル，ヴァンフォーレ甲府；日本）は，自らのセカンド・キャリアとして「サッカー指導者」を選んだ．元チームからは，契約更改時に「通訳」の仕事を提案される．しかし，結果的にはそれに応じなかった．伊藤氏が「サッカー指導者」の道を歩むきっかけとなったのは，自らの積極的な行動による元チームの人との接点であった．サッカー指導者に強く興味を示すことから始まった伊藤氏の行動が，元チームの人による新たな提案を呼び寄せた．

◎**チームのイベントや提案を積極的に引き受け，自分の魅力を見せる．サッカーでの経験をどうしても伝えたかったから．**

伊藤豊氏は，ブラジルと日本のプロリーグで活躍した．Jリーグのチーム

での契約更改の際に，チームから依頼された「通訳」の仕事を選択肢として考える。そのときできること（通訳）が，やりたいこと（サッカーを教える仕事）にとってどのような意味合いやメリットがあるのかを，伊藤氏は積極的に解釈した。そして，通訳の仕事はサッカーを教える仕事へつながる学びの機会であると捉え直し，一時はこれを引き受ける。しかし，しばらくして通訳の仕事が白紙に戻ることになり，自ら地元の大阪でサッカーの指導者の仕事を探すようになる。

「チーム（ヴァンフォーレ甲府）に『通訳兼選手で残ってほしい』みたいな感じでは言われたんですけど，でも，結局それは事実上解雇。選手としては余り魅力がないっていうことはもうシーズン中から自分も気づいてたし，魅力がないというか，自分の実力もJのレベルには伴ってないし，これから自分が伸びるポテンシャルっていうのも余りないかなと感じましたね，自分で。契約更改のときに，『通訳兼選手』って言われたときに，それでもいいから，残ってチャンスかなとは思ったんですけども，でも，そういうふうに自分の実力っていうのはもう踏ん切りをつけて，それやったらもう通訳で残ります，残りますっていうか，残る方向で考えますっていうことも言ってたんですよ。（しかし）僕もサッカーに今まで，もちろん周りの支援とか応援とかあって，（サッカーをして）きたと思ってるんですけども，サッカーに育てられた部分っていうのはたくさんあったんで，<u>そのサッカーでの経験をこれからの子供たちに伝えたいって，ずっと思ってたんですよ。</u>（中略）で，<u>通訳をすることによって，チームに残ることによって，いろいろJという，日本の中でトップレベルの練習が見られたり，どういう指導をしているのか，っていうことが見られるわけじゃないですか。</u>そういうこともすごく魅力を感じて。なので，通訳を引き受けますってことは言ったんですけど，結局その後，ブラジル人の選手が来るかどうかわからなくなったというか，契約が途中でこじれちゃって，『このまま伊藤を待たすのもあれやから，とりあえず自分で，やりたいことがあったら考えてほし

い』みたいなことをヴァンフォーレのほうから言われたんですよ。それで，僕はどこの場所に行っても絶対指導者になりたいっていう方針なんで，自分で大阪で探して，そういうサッカーに携わる仕事につきたいなと思ってました。(中略) 僕のときにちょうどＪリーグ・キャリアサポートセンターっていうのができて，お話をしてて，いろいろ，こういうところが指導者探してますとかっていうことを教えてもらって，じゃ，この中から話聞きに行きましょうかね，みたいなことを言って……。」

(伊藤　豊氏)

伊藤氏は，「自らがサッカーで得た経験を，子供たちに伝えていきたい」という気持ちが現役時代から強かった。そこで，現役時代にサッカーの指導に関係するイベントを積極的に担当していた。伊藤氏がサッカー指導者のキャリアの第一歩を踏み出すことになったのは，「選手」としてだけではなく「指導力のある人材」として，周囲の人から新しく認識されることを可能にした，現役時代の能動的な行動に端を発す。

大阪でサッカー指導者の仕事を探して半年ほど経過したころ，伊藤氏は元チームから電話を受ける。そこで提供されたのは，山梨でのサッカー指導者の求人情報であった。かつてチームのサッカースクールのイベントを伊藤氏が積極的に担当していたことがきっかけで，その際の指導の様子を見ていて気に入ってくれた人からの提案であった。伊藤氏は自らのセカンド・キャリアとして，この求人を選ぶ。

「Ｊリーグのチームって，地域貢献っていうか，もちろんサポーターを増やすとか，地域密着とかって考えてるんで，よくイベントとかがあるんですね。そのイベントの中にサッカースクールっていうのが結構あって，そういうのは本当に自分から手を挙げて参加するようにして，そういうところで触れ合った子供たちって本当に純粋にサッカーを楽しんでるような，逆にこっちがパワーもらうみたいな感じで，パワー欲しいなっていうときはそういうのに参加してっていう感じですね。(中略)

ヴァンフォーレの社長から電話がかかってきて,『山梨のあるスポーツクラブがフットサル場でサッカースクールを始めたいって言ってる』っていう,そこのフットサル場の運営も含めてだれかやってほしいということをヴァンフォーレが相談されたらしいんですね。『おまえ,やってみぃひんか?』みたいな感じで,『何で僕なんですか?』みたいなことを僕が大阪で言ってたら,<u>『たまたまヴァンフォーレのイベントのときに,子供たちに教えてるときのおまえの指導がよかったから』っていうことを言ってくれたんですよ。</u>で,『もしこっち来るんやったら,』指導者のライセンスっていうのがいろいろあって,僕は今B級まで持ってるんですけど,C級は比較的簡単に取れて,B級になるとなかなか枠があって取れないんですよね。『こっちにもし来るんやったら,指導者のB級ライセンス取得を手伝うから』っていうことを言ってもらって,で,僕それで指導者でやっていこうと思ってて,これからそういうライセンス制度とか,そういう肩書きも大切になってくるなって感じたんで,わりと遠くに行ってまた一からやるとか,そういうのが好きなんで,『じゃ,やります』って言って,山梨に行ったんです。(中略)すごく,行ってよかったなって思うのは,初めにやると何でも自分の思いどおりになるというか,サッカースクールの内容もそうですし,そういう自分で空気を作れるというか,何でもシステムを作れたりとかっていう感じもあったし,途中から入ると,もういろいろなことが決まってて,それに従ってやるだけだと思うんですけど,自分で決めたりとか,新しい何かをいろいろ自分の中で発見できるというか,いうようなこともあってすごくよかったし,やっぱり自信になったのは,もちろんそのスクールのときに『ここの指導はいいから』って,いろんな人が入ってきてくれたり,最初はマン・ツー・マンでするクラスもたくさんあったんですけど,今(2007年初め)は本当にもう250人ぐらいになったんですけど,子供たちも。そういうこともすごく自信になって,本当に山梨に行ってよかったって思います。」

(伊藤 豊氏)

このインタビューから，伊藤氏がイベントでの指導を担当し，能力を磨き，見せることで，「選手」としてだけではなく，「指導力のある人材」と元チームから認識されるよう，自ら行動していたことがうかがえる。

セカンド・キャリアに進んでいくに当たり，伊藤氏がとった能動的な行動をまとめると次のようになる。

- 契約更改時にチームから提案された仕事（通訳）と，やりたいこと（サッカー指導者）との関連性を捉え直し，自分にとってのメリットを見いだした。
- Ｊリーグ・キャリアサポートセンターに情報を問い合わせるなどして，やりたいことに関わる求人情報を自ら探し，積極的にアクセスした。
- チームによるサッカースクールのイベントでは，自分から希望して指導者を担当した。
- イベントでは，「サッカーを指導するスキル」を磨いた。同時に，「選手」としてだけではなく「指導力のある人材」として，周囲の人々（元チーム）から認識されるよう行動した。
- 自分の希望の方向に進むよう，多くの場で積極的に行動することにより，セカンド・キャリアに向けてのネットワークを構築した。その結果，元チームから「サッカー指導者の仕事」の情報提供を受けることができ，その求人を選んだ。

以上の分析とクランボルツ＝レヴィンによる主張を合わせると，トランジション期のネットワークを開拓する元Ｊリーガーのカレジャスネスは表7-1の通りである。ここで「適用度」は，クランボルツ＝レヴィンによる項目と，元Ｊリーガーのカレジャスネスを対応させ，Ｊリーガーのケースではどのくらい実現可能かについて筆者が判断して記したものである[6]。クランボルツ＝レヴィンによる項目の中には，場合によっては元Ｊリーガーにとって難しいものもある。たとえば，「会議や行事に参加する」「そこで新しい3

人以上の人に出会う」「いろいろな人にキャリアに関する悩みを話す」ことなどである。

トランジション理論に基づく検討

　クランボルツ＝レヴィン（Krumboltz & Levin, 2004）によるネットワークを切り開いていく心構えが，Jリーガーのセカンド・キャリアにおいてもほぼ適用可能であった（表7-1参照）。自らの力で接点を作り，維持し，再生させ，選択肢を呼び込んで選択しているという勇敢な様子が明らかとなった。

　セカンド・キャリアの一歩を踏み出すときに，トップ・アスリートが周囲の人との関係を構築していく「カレジャスな」さまは，若いアスリートたちだけではなく，同世代を構成する若年者層に前進するエネルギーを与えるはずだ。なぜなら，現代のわが国では，学生から社会へ巣立っていくことの難しさを感じて立ちすくむ若者がきわめて多くなっているからだ。おおむね10代後半から20代前半の若者である。彼らがなぜ社会に出ることを難しいと感じているのかについて，理由はさまざまであるが，ここでは，「働く必要性を認識する難しさ」と，「自信のなさゆえの孤独」について述べておきたい。

　若者の多くが，定職に就かなくても経済的に困ったりしない世の中になってきた。経済的な事情で職を求めるというよりは，無職の期間に家族が面倒をみたり，アルバイトで生活費を稼いだり，失業保険や生活保護により守られたりする。一方，たとえ「働く必要性を認識」していたとしても，一歩を踏み出した後で起こりうる事態への主観的な[7]「自信のなさ」ゆえに，（再び）働きたいと強く願っているのに，そういう方向に体と心が動いてくれないという若者もいる（香山，2004；Ogawa, 2006）。たとえば，筆者が行った研究では，働く自分へ少しでも近づこうとすると，その前に，高いハードルが立ちふさがり，それを誰にも話さずに自分1人で苦しむ大学生の様子

表 7-1：「周囲の人へ相談する」（クランボルツ＝レヴィン）と
　　　　　Ｊリーガーのカレジャスネス

クランボルツ＝レヴィン 「キャリアの悩みをあらゆる種類の人に相談する」	Ｊリーガーへの適用度	Ｊリーガー
・ネットワークをつくり，さまざまな人と交流し，関係を築くことができる	○	・周囲の人との接点をもつことをいとわずに交流し，関係を築く ・新しいネットワークを形成することを恐れず，いざというときに重要なインフォーマントに対して能動的にアプローチできる（電話，練習，治療，イベントなど）。
・どんな会議や行事でも，3人の新しい人に話しかけることができる	△	・今ある人との接点を大事にし，継続できる ・途切れている接点を改めて修復でき，再生するよう働きかけることができる（たとえば，旧知の人からの連絡に応じたり，自ら電話をしてみるなど）。
・仕事に情熱的な人を見つけ，その人の仕事についていろいろと質問できる	○	・いろいろな人の話を聞きに行ける
・キャリアに関する悩みを友達に話せる	△	・他の人に，近況，キャリアに関する悩み，欲しい情報などを話せる ・先達などの呼びかけに応じる。同時に自分の要望も話せる
・いろいろな人にキャリアに関する悩みを話せる	△	
・普段は怖じ気づいて避けてしまう人と話ができる	△	
・本のサイン会などの会場で，有名な人と話ができる	△	

出所：Krumboltz & Levin（2004）に基づき筆者が作成。

が浮き彫りとなっている（Ogawa, 2006）。働く重要性を認識し，働く自分の姿を実現したいと強く望んでいても自信がなくて言い出せず，結局は「孤独な状態」でそこに座り込んでしまうのだ。

　選手時代の蓄えが続く間や，家族の経済的支援により，経済的問題を抱えないトップ・アスリートも，同様に，主観的にセカンド・キャリアへの第一

歩が難しいかもしれない。そして，自分が抱えている悩みを語ることができない孤独な苦しみは，現代の日本の若者にもサッカー選手にも共通している問題だ。そんな中で，サッカー選手のカレジャスネスが，次のキャリアへの第一歩を踏み出す難しさを感じている若者達のお手本になってほしいと感じている。

　最後に，トップ・アスリートである読者に向けてカレジャスネスの貢献を述べたい。トップ・アスリートの引退後の職種は限定されているのではないか，コーチやマスコミ関係の仕事など，サッカーと関連がある仕事に就けるのは運がよいだけではないか，他がなくて仕方無しに就いているのではないかという認識をもっていたアスリートがいるかもしれない。あるいは，セカンド・キャリアに選手時代の戦績が影響し，現役時代に有名にならなければ，次の仕事は与えられないと思っていた人もいるだろう。カレジャスネスをもち備えた元Ｊリーガーの様子は，そのような認識を覆すものであった。だから，現役のトップ・アスリートがそのような認識をもっているのなら，早急にそれを捨て去ってほしい。

　要するに，ここに取り上げた元Ｊリーガーたちは，自らセカンド・キャリアを呼び込み，選択している。中立圏にいて，土の中を突き進んで巣にたどり着くモグラのように巡行し，セカンド・キャリアについてのアンカーを心の中に見いだすことによって，関連する選択肢を検討し，多くの選択肢を呼び込んで選んでいる。彼らが新しいキャリアを選び，就くことができたのは，運よく与えられたものではなく，自らつかみ取りに行った結果なのだ。とくに，Ｊリーガーはネットワークが限定され，引退について考えたり相談したりすることは，プロらしからぬ弱さを見せるという意味で敬遠される背景があった。だから，セカンド・キャリアへ向けて周囲の人々への接点を自ら切り開くことは容易なことではなく，それを成し遂げていった１人ひとりには，非常に勇敢な心構え，すなわちカレジャスネスが働いていた。

　カレジャスネス（勇気）にまつわるルース・ゴードン（アカデミー賞受賞女優）の名言がある。肉体を鍛えそれを競技に反映させるプロは，次にキャリアのカレジャスネスを鍛えることにもプロ級であってほしい。

> "Courage is very important. Like a muscle, it is strengthened by use."
> 「勇気はとても大切だ。筋肉と同じで使ってこそ鍛えられる。」
>
> ルース・ゴードン　Ruth Gordon (1896-1985)

●注

▶1　Jリーグ・キャリアサポートセンターのホームページ（http://www.j-league.or.jp/csc/）に依拠している。Jリーグ・キャリアサポートセンターは，日本サッカー協会に設置されており，現役・引退選手のキャリア支援を行っている。

▶2　大石氏は，引退した年の11月，翌年のシーズンの契約をできないことがわかった。キャリアサポートセンターはその情報を把握しており，契約未更改選手の1人である大石氏にコンタクトをとり，その後のキャリアの見通しについて質問している。

▶3　重野氏は元Jリーガー（元セレッソ大阪，富士通川崎（現川崎フロンターレ））で，Jリーグ・キャリアサポートセンターの当時のスタッフである。大石氏がJリーグを引退する前後に，Jリーグを離れる可能性のある選手を対象としたキャリア支援を行っていた。

▶4　大石氏は周囲の人に自分の思いを話すうちに，キャリア・アンカーが「保障・安定（security/stability）」であることを認識している。キャリア・アンカーとは，「どうしても犠牲にしたくない，また本当の自己を象徴する，コンピタンス（有能さや成果を生み出す能力）や動機，価値観について，自分が認識していることが複合的に組み合わさったもの」（Schein, 1990）である。キャリア選択を方向づける「アンカー」といわれるようになったのは，航路や港という航海のたとえから，船の錨（いかり）になぞらえてつけられたものである。人はキャリア選択を重ねるにしたがって，自分が本当にやりたいこと，大事にしていることをよく考えるための拠り所としてアンカーを参照するようになるとシャインは主張している。

▶5　「Jリーグ」のこと。選手経験者はJリーグをこのようによぶことがある。

▶6　○は，われわれが明らかにした元Jリーガーのカレジャスネスとほぼ同様のものがある場合。△は，できるかもしれないが，生活範囲の中に想定している状況がなく，容易に実現しないか，あるいは，状況によって異なる場合である。

▶7　香山（2004）によれば，就職面接の結果を確認する前から「不採用だとわかるの

が怖いので電話しなかった」というときの就職に対する「失敗」や「恐怖」は，学生側の主観的解釈にすぎない。

●参考文献

Bridges, W.(1980). *Transitions*. Reading : Addison-Wesley（倉光 修・小林哲郎訳（1994）．トランジション――人生の転機　創元社）．

金井壽宏（1999）．経営組織　日本経済新聞社

香山リカ（2004）．就職がこわい　講談社

Krumboltz, J. D., & Levin, A.S.(2004). *Luck in no accident : Making the most of happenstance in your life and career*. Atascandero : Impact Publishers（花田光世・大本紀子・宮地夕紀子訳（2005）．その幸運は偶然ではないんです！　ダイヤモンド社）．

Ogawa, C. (2006). "The Career Development of Young Japanese People : 'The attainment of self-confidence in career development", *Paper Presented at the 46th Congress of the European Regional Science Association*, August 30- September 3, 2006, Volos, Greece.

Petitpas, A., Champagne, D., Chartrand, J., Danish, S., & Murphy, S. (1997). *Athlete's Guide to Career Planning : Keys to success from the playing field to professional life*. Champaign : Human Kinetics（田中ウルヴェ京・重野弘三郎訳（2003）．スポーツ選手のためのキャリアプランニング　大修館書店）．

Schein, E.H.(1990). *Career anchors : Discovering your real values*. San Diego : Pfiffer & Co., University Associates（金井壽宏訳（2003）．キャリア・アンカー――自分のほんとうの価値を発見しよう　白桃書房）．

●ホームページ

〔Jリーグ・キャリアサポートセンター〕
　　http://www.j-league.or.jp/csc/　（2009/09/27）

CHAPTER 8

セカンド・キャリアへの第二歩
周囲の人がもつ近づきやすさ「アプローチャビリティー」

小川 千里

はじめに

　第7章では，選手がセカンド・キャリアの第一歩を踏み出す際のカレジャスネス（courageousness, 勇敢な心構え）について述べた。そこで元Jリーガーたちは「周囲の人々との関係を構築する」という一歩を踏み出したことにより，自らセカンド・キャリアを選び，つかみ取った様子が浮き彫りになった。

　しかし，そもそも彼らのネットワークは非常に限られていて，サッカー関係以外のネットワーク形成に慣れてもいなければ，選手間のネットワークづくりについて，他の選手がどうしているかを知っているわけでもない。「サッカーをする」という生活が人生のほとんどであった彼らにとって，誰に，どんな声のかけ方をし，どんな話をすれば，相手に自分の思いを伝えられるのか，スムーズな会話にたどりつくことができるようになるのかについて，1人で手探りしている状態のことも多い。ましてや，相談するには時期がよくないこともある。たとえば大石氏（元川崎フロンターレ）のように，引退を決めても次のキャリアについて何がなんだかわからない状態にあり，

これからまだ腰を据えてゆっくり思いを整理していきたいという場合もある[1]。怖いもの知らずで誰かれ構わずに突き進むことができる場合もあるが，反対に，他人に自分の本心を伝えることについて「警戒心」や「内面的な障害」（Krumboltz & Levin, 2004）をもつこともあるだろう。次に問題となるのは，トランジション期の悩みは誰にでもうち明けられるようなものかどうかということだ。この問いに対して元Jリーガーが出した答えは，「そうではない」であった。なぜなら，キャリアの悩み自体が個人的でデリケートな問題であるからだ。

そこで，もう1つ検討しておきたいのが周囲の人々がもつ「近づきやすさ」，すなわち「アプローチャビリティー（approachability）」である。元Jリーガーたちが「この先どうしようか」と悩むとき，セカンド・キャリアに向けて接点を築いた関係の中で，「あの人のところにだったら行きやすい（approachable）」と思わせる人たちには，どのような魅力があったのだろうか。今度は，元Jリーガーがコンタクトを取った周囲の人物の特徴に焦点を移すことにする。

キャリア・トランジションの理論：トランジションの船頭となる，周囲の人のアプローチャビリティー

キャリアに限らず，悩める人が相談をするときには，必ず「相談を受ける他者」が存在する。キャリア・トランジションの最中には，新たな扉を開き一歩を踏み出すまでに，周囲の人の「アシスト」が必要だ。では，どのような人が「アシスト」できるのだろうか。

イバラ（Ibarra, 2003）によれば，キャリア・トランジションで大切なのは，自分自身の力に加えて，そのような自分を「導いてくれる人（guiding figure）」である。「導いてくれる人」とは，自分の考え方を認めてくれて，夢[2]の実現を応援してくれて，先の見えない状況を乗り越える機会に付き添ってくれる人である。

レビンソン（Levinson, 1978）は，このような人を「トランジション期

の良き相談相手（transitional figure）[3]」とよぶ。良き相談相手からは，大人の階段を上る若者[4]が過ごす「心揺れ動く時期」にこそあってほしい，次のような役割[5]が期待される。

① 【教える】教師として，青年のスキルや知的発達を高める
② 【責任を負う】後見人として，青年の社会参加や社会進出を促す力をふるう
③ 【導く】ホスト兼ガイド役として，新しい職場や社会に入ってくる新人を歓迎し，その職場や社会のもつ価値観，習慣，方策，人物の気質などを現場で実際に知らせる
④ 【魅了する】自分の行為，業績，生き方などを通して，相手が感心して見習おうとするモデル（手本）になる
⑤ 【相談に乗る】困ったときには相談に乗り，精神的な支えになる

　心揺れ動く時期に，あってもらいたい支援は多様だ。ブリッジズ（Bridges, 1980）による「中立圏」という考え方に従えば，アシスト役の人は，「厳しい反面，柔らかな支援」を与えられることができる人と言える。つまり，必要な支援の中に相反するかのような特徴が共存する。中立圏では，次のキャリアに向けて本人が引き受けなければならない産みの苦しみを味わう。だから，アシスト役の人は，本人がスムーズにトランジションを乗り切られるようにと，手をさしのべるようなことはしないだろう。中立圏にある人が苦しみ，耐え抜く経験を通じて，次への一歩を踏み出すエネルギーを自ら充填することが大切であるならば，悩める人がそこをさっと通過するような手助けをしてはならないのだ。よって，アシストする人に求められるのは，たとえて言えば，底なし沼の縁にいて，そこでおぼれそうになっている悩める人の姿を，涙こらえて（あるいは，ほほえみを浮かべて，まだまだやれると）ぎりぎりまで見守り，同時にその苦しみに付き合ってくれ，どうしようもなく苦しくなったときには温かく抱きかかえてくれる，アメも鞭も与えられるような人間像である。すなわち，「混乱と苦悩にある個人をすぐに救い出すことはせずに，見守り，それに寄り添いながら支援を行え

る」ような人である。

　このように，アシスト役の役割を一言で伝えるのは不可能である。だからこそ，「厳しい反面，柔らかな支援」をすべてこなすことができる人が，トランジションにもがく人の周囲に偶然いるとは限らない。イバラ（Ibarra, 2003）によれば，キャリア・チェンジは単に仕事が変わるだけではない。職業人生の中で大きな意味をもつ人間関係も大幅に変わるものである。トランジションのときに受けるキャリア相談や転職支援サービス，あるいは人材会社からは，本当に必要な支援は受けられないし，友人，家族，信頼する同僚すら頼りにならないことも多い[6]。こんな時にもっとも支えになるアシスト役として，出会ったばかりの人やそれほど親しくない知り合いの存在は，あながち無縁ではない。だとすれば，本人の側は新旧のネットワークのなかを探して（カレジャスに新規開拓して），アシスト役を見つけだす必要がある。新旧の別を問わず，アシスト役は，悩める人に「厳しい反面，柔らかな支援」を施す役割を担う。

　さらに，アシスト役に「役割の束」を果たす能力が備わっていても，悩め

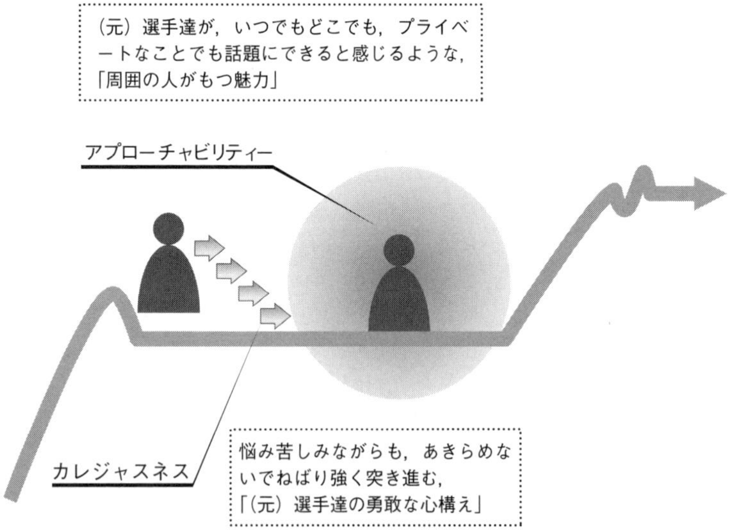

（元）選手達が，いつでもどこでも，プライベートなことでも話題にできると感じるような，「周囲の人がもつ魅力」

アプローチャビリティー

カレジャスネス

悩み苦しみながらも，あきらめないでねばり強く突き進む，「（元）選手達の勇敢な心構え」

図8-1：アプローチャビリティーとカレジャスネス

る人に「あの人と接したい」とか,「あの人なら大丈夫だ」と感じさせなければ意味がない。「頼みの綱がある」ことは大事だが,それ以前に,「そこに自分がつかんでもよい綱があると感じさせる」力が必要なのだ。ここで最も大切なのは,本人から見たアシスト役の近づきやすさ,すなわちアプローチャビリティーである。

　キャリア・トランジションでの一歩を踏み出そうとする人を,周囲で支える人々のアプローチャビリティーについて,元Jリーガーのインタビューを基に述べてみたい。本章でいうアプローチャビリティーは,トランジション期の（元）選手が助けを求める際に,いつでもどこでも,プライベートなことでも話題にできると感じるような「周囲の人がもつ魅力」である。

セカンド・キャリアへの鍵になる,周囲の人のアプローチャビリティー

　Jリーガーを取り巻く周囲の人のアプローチャビリティーを考える上で,Jリーグ・キャリアサポートセンターの存在を真っ先に議論しておく必要がある[7]。キャリアサポートセンターは,現役・引退選手に対するキャリア支援を目的に,2002年4月に設置された。1993年にJリーグが開幕してからおよそ9年後に,組織体制としての支援をスタートさせたことになる。現役選手に対しては,OB選手らが各チームを訪問して経験談を語る交流会,インターンシップ,各種資格の取得支援などを行っている。一方,引退後を念頭に置いた支援としては,引退後のキャリア・パスや雇用情報などがわかる情報媒体の作成と提供,合同トライアウトの日程や,就職・就学機会の情報提供,就職相談などを行っている。（元）選手たちはこの組織のことをどのように感じているのだろうか。

◎【集約した情報】「ほしい情報」をまとめてもっているということ

　現在弁護士として活躍している八十祐治氏（元ガンバ大阪,ヴィッセル神戸,アルビレックス新潟）が引退した当時,キャリアサポートセンターはま

だ存在していなかった。設立前後の違いを実感している八十氏は，このセンターが選手のセカンド・キャリア支援にとってきわめて魅力的な存在であると語る。それは，就職機会やチーム移籍のためのテストの情報といった，戦力外通告を受けた選手たちが「ほしい」と思っていそうな情報を備えているためである。

「[もし，八十さんが選手時代にキャリアサポートセンターがあったら，行かれたかもしれないですか？] そうですね。入団テストとかもやってますし。サッカー以外の就職先ばっかり探してるわけじゃなくて，違うサッカー，J1からJ2への橋渡しとかもしてますから。だから，そういった意味では，これができたのを知ったのは何年か前で，ちょうど（司法試験対策の）勉強してたときですから，『うわっ，いいのできたなあ』と思ったんですよ，ほんとに。『言ってよー』みたいな。こんな苦労して司法試験，やり始めたら結構苦しくて，『うわー，えらいもん始めてもうたなあ』と思いながら毎日，勉強してましたから。『言ってよ，言ってよー。おれ，困ってんねんからー』と思って見たことあります，ほんとに。」　　　　　　　　　　　　　　　　　　　　　（八十祐治氏）

　八十氏が言及している「情報」は，就職やサッカーチームによる入団テストに関する情報（job information）である。しかし，それを豊富にもっていることだけが，選手にとって魅力的であるかというと，そうではない。キャリアサポートセンター設立当初の組織体制づくりに関わった重野弘三郎氏（元セレッソ大阪，富士通川崎（現川崎フロンターレ））は次のように話す。たとえば，選手が普段どんな会話の仕方をしているか，どんな1日を送っているかといった「選手の日常」を知っておく必要がある。選手の生活スタイル（way of life）を理解し，それに合わせて行動できることが，選手たちから頼られるアプローチャビリティーを構成する要素として必要不可欠なのである。

「キャリアサポートセンターが立ち上がった頃はそれがいちばんポイントで，要は自分の将来のことを信頼して話ができるっていう状況にしなきゃいけないわけですよ，こちらとしては。いきなり（引退後の）仕事の話なんかしたら即バンとシャッター閉めちゃうし，向こうが大体きれいな，丁寧な敬語を使おうとしてきた瞬間に『この人は別の世界の人だ』っていう裏返しですからね。大体ふだん，ピッチの上は当然そうですけど，タメ語でしゃべってますから，選手同士って。困ったことがあっても，フレーズとしてはタメ語のフレーズで相談するわけですよ。『どうする？』とか，年上の人に対してもね。それが違う世界の人に変わった瞬間にみんなしゃんとして話をするんだけども，肝心の中身は話してないんです。取り繕っちゃって。だから，そこはすごい敏感に感じてましたよね。丁寧に選手が話してきた瞬間にもう，完全に信頼したか，全く信頼してないか，どっちか。全く信頼してないほうが多い。私の中ではそういう結論でしたね。（中略）本当にそれを活用してもらいたい人たちに認知されない限りは，その組織は意味ないですから，まずそこからちゃんとやんないとまずいと。<u>本当細かい話，選手に何時ごろ電話したらいいんだとか，どんなフレーズは使っちゃいけないんだとか，随分細かいことも出しましたよ，それは。『昼寝の時間に電話したって出るわけないでしょ』とかね。夜の大体８時ぐらい，みんなで飯食ってる時間がいちばんかかりやすいんですとかね。大体つながるんです，そのときに。」</u>

（重野弘三郎氏）

　選手たちにとっての「魅力的な情報」には，就職機会やトライアウトの日程という職業斡旋的な情報だけではなく，選手たちの生活スタイルに関する情報も含まれていなければならない。前者の情報をもっているだけでは，（元）選手たちにとってアプローチしやすいと思われるわけではない。むしろ選手の生活スタイルを認識し，それに基づいて彼らの導線に情報を用意できるように行動できれば頼られる。よって，

- 魅力的な情報として，就職やトライアウトの情報だけではなく，選手たちの生活スタイルもまとめて熟知している

ことが，（元）選手たちからのアプローチャビリティーを構成する要素となる。

　重野氏の話から，正確な情報（たとえば求人情報）をまとめてもっていることだけが，（元）選手たちに「あそこは行きやすい（アプローチャブル）」と感じさせるのではないことがわかる。これに加えて，彼らから信頼されることが鍵になる。では，周囲の人のどのような資質が，（元）選手たちの信頼感を高め，アプローチャビリティーになりうるのか。周囲の人がもつ情報以外の特徴について，さらに考えていくことにしよう。

◎【受容】親身になって，いつでも自分を「受け容れてくれる」

　重野氏（当時キャリアサポートセンター）が，大石鉄也氏（元川崎フロンターレ）に対して初めてコンタクトを取ったとき，大石氏は「引退するか」「セカンド・キャリアを考えるのか」で思い悩み，そのときの自分の境遇を受け止められないでいた。しかし，後に心の準備ができてから，今度は自分から重野氏に対して連絡を取った。なぜ，大石氏は重野氏に改めてコンタクトを取ろうと思ったのか。大石氏は，最終的に選択した仕事の情報を提供してくれた重野氏とのやりとりを詳しく語っている。

> 「最初にむこう（重野さん）から，重野さんも昔私がいたチームの前身で（選手を）やってたので，<u>面識が少しあって。なので，むこうから『どうするの？』っていう感じで，仕事ではなくて軽い感じで聞いてくれて。</u>それで，相談とかしてたんで。（中略）電話できて，『何でも言えよ』みたいな感じだったんで。『自分も今こういう仕事をやっているから，言って』みたいな。［年が明けてから？］年が明けてから，1月の半ばくらいですかね。僕，電話して，『正直，全くやりたいこともない』っていうことを正直にお話して，何やっていいかわかんない。でもこういうのだけは，自分の中で……［譲れない？］そうそう。そういう

のも説明して。ちょっとわがままかもしれないですけど，お話しして。<u>『じゃあ，のんびり見つけていこう』ってことになって</u>。むこうも，その間に，コーチの仕事とか紹介してくれて，断っちゃたりしてたんで。[心の羅針盤が振れなかったんですね，ピンと。] はい。すいませんけど。[で，今お勤めのスポーツクラブが何個かあったうちの１つだった？] そうですね，最初，全然，話がなかったんですけど。[いくつか聞いていると，ご自身が『ああ』って思われることがあって？] そうそう。当てはまって。」

（大石鉄也氏）

春永代志氏（元ヴィッセル神戸）も，自分がセカンド・キャリアを考えた当時を振り返って，重野氏とのやりとりを語っている。同じ高校の出身であるという共通点を出発点に，お互いの関係性を深めていたようである。

「キャリアサポートセンターの方が，僕の高校の先輩なんです。<u>重野さん</u>。(中略) それも，<u>結構よくしてもらって</u>。結構，心配してもらって。『就職見つかったか？』って，『うまいこと見つかりました』みたいな感じで。」

（春永代志氏）

　大石氏や春永氏にとって，重野氏がどのような人物であったか振り返ってみよう。Jリーグの先達として類似した試練（引退経験，同じチームに所属）を経験していること，キャリアサポートセンターのスタッフとしてJリーガーと面識があること，サッカー選手のセカンド・キャリアに関する情報に詳しいことである。このような特徴をもつ人材は，きわめて少ないだろう。だから，（元）選手がキャリアの転機に立ったとき，ほしい情報を得るために，重野氏のような人に頼ることができればこの上ない。しかし，それだけではないのだ。
　共通の経験や面識，情報は，あくまでキャリアに悩める選手に対して切り出される会話の「きっかけ」であるにすぎない。それ以上に選手を惹きつけるのは，自分の気持ちに対して共感し，親身になってくれていると感じさせ

第８章　セカンド・キャリアへの第二歩

ることである。重野氏は，春永氏のような若い後輩選手たちについて次のように話している。

「相手に『あなたを気にかけてるんですよ』っていうことが伝われば，そんなにむげに向こうもしないですから。それがなお繰り返されていくと『本当に心配してくれるんだな』という形で，本当徐々にですけど，そうやって距離を縮めていってやっと話ができるってケースはすごいたくさんあるんです。そこまでは時間かかりますよ，けっこう。(中略)僕は，決定的に引退を決めている部分っていうのはメンタルだと思います。本人の。なぜかというと，物理的に『あなたとは契約しません，来年は』というのがあって引退っていう形になるんですけど，メンタル的に引退できてない人はたくさんいるわけですね。本当に。そこをどう乗り越えるかっていうところがないと次のステージなんか行けないんです。そういうことが，20人のケース[8]もそうだし，その後いろんな方にお会いしたことも通してよくわかったんです。Ｊリーグで引退を迫られた選手が相談に来ますよね。キャリアサポートセンターになってから。『徹底的にやりたいことやりなさい』って最終的には言うんです。当然高卒で入って，春永君のケースみたいに２年，３年でアウトになる人たちが，いきなりネクタイ締めて次の日から，次の月から会社なんて行けないですよね。『何がしたいの？』っていうことをずっといろんな角度から聞いていって導き出すと，やっぱりサッカーしたいんですよ。サッカーやればいいじゃんと。ただし，食えない場合どうするかということを考える。無茶なケースがすごい多くて，そこで仕事というフレームにはめ込んじゃうと絶対外れます。ボーンと飛び出して。」

(重野弘三郎氏)

重野氏は，自分からアドバイスを与えるのではなく，相手に対して親身になって共感し，選手自身が思いを話すよう促そうとしている。実際，大石氏は時間をかけて自分の思いを重野氏に語っている。このようなスタイルが，

大石氏など，セカンド・キャリアを考える若い選手たちに支持されたのはなぜか。重野氏と西野努氏（元浦和レッズ）によれば，Jリーガーのセカンド・キャリアに向けての方向性は，外的に指示されたり，型にはめて決まったりするものではない。答えは自分自身の心の中にあり，それに従ってこそ自分が納得して動いていけると考えられるからである。Jリーガーの場合でも，人材斡旋的なサービスがキャリア・トランジションの本質的な助けにならない[9]ことがわかる。

「(自分がセカンド・キャリアに悩んでいたときにいた周囲の人は) 僕から見てすごいんですけど，答えをもってないんです，結局。『結局答えはおまえにあるんだよ』っていうことをね，気づかせてくれる人なんです。(中略) で，『私があなたに何かしてあげる』っていうことは一切無かったです。それはすごい感じました。だから本当に，選手に接することを仕事にしたときも，最終的に自分が気づかない限りは人は動かないよっていうのがわかるわけです。」 　　　　　　　　　　(重野弘三郎氏)

「大事なのは，『選手個人，個人の中にある』という部分を僕はすごく言いたい。(人材斡旋的な組織は)ただその器をつくってくれる，器自身がそういうもの，選手の内面のものを啓発したり，気づかせたりというきっかけにはなってると思うんですけど。僕が選手だったら，あんまり頼らない，すごく失礼な言い方なんですけど，と思います。(中略) 僕はそういう機関に相談するよりも，自分の信頼できる人に話をして，自分の中を早く固めなきゃいけないっていうふうに思ってる。じゃないと長く続かないしね。『斡旋されたから就職しました。何か違うなあ。で，半年で辞めました』っていうふうになる可能性も大だと思うから，形だけつくってたら。個人の中の物を準備させるっていうことのほうがずっと大事だろうなとは思う。」 　　　　　　　　　　　　　(西野 努氏)

プロサッカー選手として活躍してきた若者にとって，「経験」「面識」「情

報」だけが,「この人ならアプローチしやすい」と思わせるポイントではない。より重要なのは,重野氏のように,自分のことを「親身になって心配してくれる」人だと実感でき,「どんなことでも話してきていいんだよ」と促して,選手たちの心の底の思いの表出を助けることだ。つまり,

- 類似した経験や重要な情報をもっているだけではなく,自分のことを親身になって心配してくれていて,いつ,どんな相談をしても,どんなときでも受け容れてもらえると相手に感じさせる

ことである。

　ところで,セカンド・キャリアを考える大石氏の話からは,周囲の人々には,「受容する」と同時に,「いつ」「どんなときも」という点がきわめて重要であることがわかる。アスリートにとって,肉体的にも精神的にも「いつ」セカンド・キャリアを考え,言い出す準備状態が整うかについては,他人には予測できない。トップ・アスリートがどの人も同じタイミングで助けが必要だとは限らないし,本人でさえそれがいつかわからなくて,暗黒の闇の中にいることもある。大石氏の場合,契約未更改の告示のあった11月にまず重野氏からコンタクトがあり,次に翌年の1月に大石氏自身から改めて助けを求めた。大石氏が重野氏と具体的な話ができるまでに,しばらくの時間（この場合は2カ月程度）が必要だった。Jリーガーを取り巻く周囲の人々は,ある一時期だけ役割を発揮できても,それが無駄に終わってしまうことがある。その一見無駄な努力を惜しまず,いつでも,どんなときでもサポートができる準備を整えておくことができれば,選手たちから「アプローチしやすい」と思われることになる。しかし,労を惜しまず,徒労に帰すかもしれない努力を繰り返すことは,誰にとっても簡単なことではない。

◎ **【継続性】あきらめずに説得し続けてくれる水先案内人**

　次に,周囲の人々が選手との関係で保っている「継続性」について議論することにしたい。水崎靖氏（元セレッソ大阪）は,本人に先達の助言を聞き入れる力量がなくても,周囲の人があきらめて関係を中断させてしまったり

しないこと，場合によってはねばり強く言い続けてくれること（継続性）が，セカンド・キャリアを模索する（元）選手たちにとっては支援的であると述べている。

「もう亡くなっちゃったんですけど，ネルソン吉村さん[10]って僕をセレッソで育てた人がいるんですよ。（中略）すごい怒られますよ。はい。服装，髪型，しゃべり方とか，全部駄目だったですよ。[駄目だったんですか，当時は？]『お前に今言ってもわかんないから，言わない』って。『いつかわかるときが来るから，俺が死んでから，そういえばあんなこと言ってたなって思ってくれ』って。（中略）みんな，そういう人ばっかりじゃないんでね。そういう人に，会えないかもしれないですしね。（中略）『お前どうするんだ』って言われるっていうことは，もう駄目だっていうことなんですよ。その人たち（トレーナーの先生やネルソン吉村氏など）は知ってるじゃないですか，業界人ですから。そのときに，こうしたいっていうことを話しました。そしたら，『こっちの道に行きなさい』って言われました。[したいことがあるって言ったら？]『サッカーやめなさい』って言われました。[色んなことを知っておられる，業界の方だからこそ出てきた言葉。]『無理だから，もう』って。『サッカーだけじゃないから』って，その人にも言われました。[そうですか。ネルソン吉村さん？]はい。[そうなんですか。じゃあ，その後のことも，『どうするの』って聞かれて，話して？]呼ばれましたもん。[呼ばれたんですか？]『来い。今俺ここに居るから，どうするのか聞いてやるから』って。（中略）なかなかね，そんな人いないですからね。[いないですか，なかなか？]皆が皆じゃないですからね，そのときは。もう，本当に何人かですから。[じゃあ，すごい大切な人だったんですね。]そうですよ，本当に。だから，ほんと，お父さんみたい。大阪の。」

　　　　　　　　　　　　　　　　　　　　　　　　　　（水崎　靖氏）

水崎氏のデータにあるネルソン吉村氏には，ただ継続的に支援するという

だけでなく，Ｊリーガー側に聞き分けがなくても，あきらめない強靱な信念が備わっていたようだ。選手を受け容れていつでも話を聞く用意があるだけではなく，見放すことなく指導したり，強い意志をもって説得し続けたりできることも必要だとわかる。西野氏によれば，選手たちは引退後のことをかつての恩師に話に行くことが多い。これは，指導者との関係は，一端離れても復活させることができ，指導者は元教え子を強く説得することもできるからである。

「こうせえ，ああせえと強く言ってくれる人（のところに相談に行く）っていう，ほんとに個性の強い人ばっかりだから，指導者っていうのは。あるＪリーガーが，高校選手権のとき，母校の監督のところに行ってましたけど。そういう話してるシーンがテレビで映ってましたけどね。『どうすんのや』みたいな話。(中略) そういう強く言ってくれる人に頼るっていう部分はすごくあると思う。それをどの程度参考にするか別として，『あの人やったらこう言ってくれるんじゃないか』っていうのもあるだろうし，『そういうのもありだな』って自分が弱っているときだけに受け容れる体勢にあるじゃないですか，いろんな人の言葉を。そういうときにガツンと言ってくれるっていうのはうれしいっちゅうか，多分影響力与えられる数少ない人なんだろうなとは思います。すごい正直，弱ってますから。そこに何か自信をつけさせてくれるだけでも大きい。」

(西野 努氏)

水崎氏と西野氏による話から，先に指摘した，どんなときでも「受け容れて」，自分の中の思いの表出に付き合ってくれるだけではなく，次のことがアプローチャビリティーには望まれることがわかる。すなわち，

- 継続的に関係を構築でき，自分との関係をあきらめて中断したりしない。自分のことを心配し，ときに誤ったり躊躇したりしている場合には説得できる

ことである。

◎【守秘】この人は秘密を守ると信じさせること

　セカンド・キャリアの支援にあたって，トップ・アスリートが相手だからこそ，欠かせないことがあと1つある。Jリーガーは，高い知名度ゆえ，自らの言動が常に注目されている。よって，アプローチャブルな人には，うち明けていることを他の人に盗み聞きされない環境をつくり，秘密を守ることが強く期待されるのである。

　転職や就職の事情を人に相談したくても，むやみやたらと話すことができない経験は，誰にでもありうる。それほどパーソナルでデリケートな話題だ。ましてや，プロ選手の動向は社会全般から注目されているため，誰にでも話すことなどできない。引退の事情やセカンド・キャリアについて話すときは，慎重になるのが当然だ。知らない間に噂が広まっては困るし，間違ったことが伝わっては，訂正するのに大変な労力を必要とするからだ。そういう意味では，引退前後に彼らは「秘密」をたくさん抱えている。岩井厚裕氏（元横浜フリューゲルス，アビスパ福岡）は，セカンド・キャリアを相談したときのことを振り返り，秘密を守れる「信頼できる人」に話していたという。

>「私は，信頼できる人には相談してましたけどね。選手になるときとか，終わるときとか。移籍も1回あったので，そのときに，どうしようかとか。そういう大事なときには，恩師とか信頼できる人に相談してましたね。やっぱり，軽はずみに言えないんですね。一応，プロ選手なんで。どこで，どう伝わっちゃうかわかんないじゃないですか。だから，そういう意味でも気をつけてはいるんですけど。必要以上は，喋らない。」
>
>　　　　　　　　　　　　　　　　　　　　　　　　（岩井厚裕氏）

　水崎氏がセカンド・キャリアについて相談した状況を見れば，秘密を守ることはもちろんのこと，1対1になるなど，秘密を話しやすい状況を確保することも重要であることがわかる。いくら周囲の人が秘密を守ろうとして

も，そこに人の出入りが多ければ，(元) 選手たちは悩みをうち明けることができない。

「[水崎さんに限らず，プロの選手は引退後のことを選手時代はどんなところで話されたり，相談されたりすることが多いんですか?] ええとね，身近な人が多いと思いますけど。僕はね，トレーナーの先生だと思います。なぜかわかりますか。[なぜでしょう?体を触ることが多いから?] <u>2人になることが多いんですよ。</u>(中略) 自分がケガをするとね，その先生がついてリハビリしてくれるじゃないですか。そのときに，スタッフルーム，トレーナールームに入ったときに，(他の人が) いないこともあるじゃないですか。朝行ったら1番に来ているじゃないですか。そうしたら，1番初めに話すじゃないですか。信頼している人にね。だから，僕は結構そういう人が多いと思います。その代わり，そのトレーナーの先生にすごい信頼感が無かったら，『アイツこんなこと言ったよ』とか言うじゃないですか。そうなったら困るから，信頼のできるトレーナーの先生がいたら，よくしゃべれると思いますよ。(中略) あとは，自分の家族，彼女，奥さんですね。<u>自分が信頼している人たちですよね。</u>(中略) どうですかね。人って，信用している人ってそんなにいないんですよ。親友っていないでしょ，そんなに。います? 100人も? [私ですか? 100人もいませんよ。私友達少ないんですよ。] そうなんですか。でも，少ないんですよ。親友って。[友達の中でも，相当信頼できるつながりの，気心の知れた?] いないでしょ，そんなに。<u>自分の進路なんて，恥ずかしいし。</u>[恥ずかしい。ましてやプロだったら。] そうですよ。」

(水崎 靖氏)

「集約した情報」に加えて，「受け容れてくれる (受容)」「いつでも (継続性)」という感覚を与えてくれることがJリーガーのセカンド・キャリアの第一歩目には非常に重要であると先に述べた。さらに，岩井氏と水崎氏のインタビューからは，キャリア上の相談やカウンセリングには当然のことだ

が，うち明けたことをむやみやたらに公言しないこと（守秘），つまり

- 1対1になることができる状況をつくることができ，秘密を守ることができる

ことが，強く求められることがわかる。

図8-2はアプローチャビリティーの特徴を示している。また，これとレビンソンによって示されたアシスト役の「役割」との関係を示したのが図8-3である。支援するのに望ましい「役割」（Bridges, 1980；Levinson, 1978）を提供できる人がいても，選手たちが現実的にそのような支援者に出会えないのでは意味がない。選手たちがトランジションの第一歩目を踏み出すにあたって，実際に接触できる可能性，すなわちアプローチャビリティーを考慮する必要がある。

インタビュー・データから明らかになったアプローチャビリティーの中で，「集約した情報」については，先達に共通経験があることが，選手との関係性を構築する出発点になりやすい。一方で，必ずしもサッカーを経験した先達でなくてもよいことや，情報ソースを選手の活動の導線に置くことの重要性がインタビュー・データで示されていた。さらに，「受容」「継続性」

図8-2：アプローチャビリティーの特徴

第8章　セカンド・キャリアへの第二歩

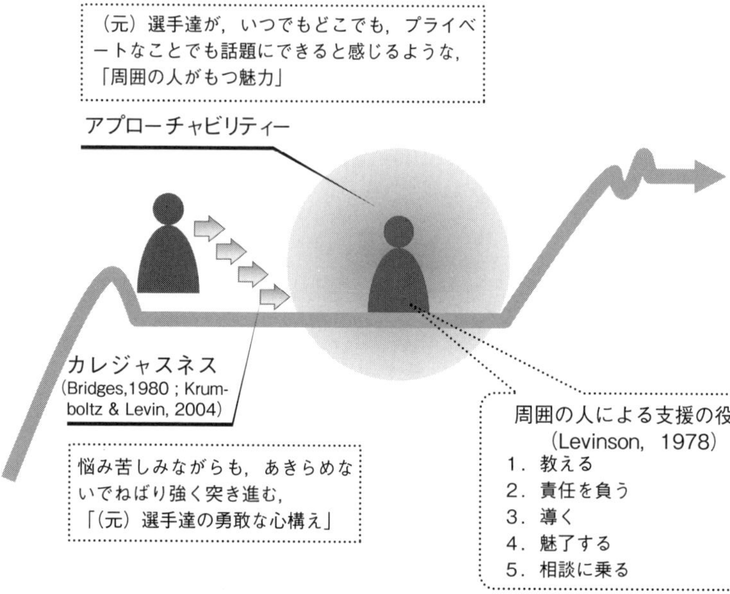

```
┌─────────────────────────────┐
│（元）選手達が，いつでもどこでも，プライベ │
│ートなことでも話題にできると感じるような， │
│「周囲の人がもつ魅力」          │
└─────────────────────────────┘
    アプローチャビリティー

カレジャスネス
(Bridges, 1980 ; Krum-
boltz & Levin, 2004)

                        周囲の人による支援の役割
                           (Levinson, 1978)
                        1．教える
┌──────────────┐      2．責任を負う
│悩み苦しみながらも，あきらめな│  3．導く
│いでねばり強く突き進む，    │  4．魅了する
│「（元）選手達の勇敢な心構え」│  5．相談に乗る
└──────────────┘
```

図8-3：アプローチャビリティーと周囲の人による支援の役割

「守秘」については調査を通じて重要性を強く感じた。しかし，岩井氏と水崎氏が話すように，トップ・アスリートが「守秘」の点で信頼できる人に巡り会うのは難しい。同様の難しさは，「受容」についても西野氏や重野氏が指摘していた。「いつでも支援オッケー！」でバックアップできるという「継続性」を備えることも，物理的にも精神的にもたやすいことではない。そうであれば，本章で見いだした4つの特徴（「集約した情報」「受容」「継続性」「守秘」）をすべて備えて待っていてくれる人との出会いはなおさら難しくなる。

　本章ではアプローチャビリティーを構成する特徴を明らかにしてきた。今後は，これらの特徴がいかに実際の現場で機能するのかを考えていくことになるだろう。たとえば，アシスト役の人は，選手たちに対して「いかにアプローチャブルさが際だつフラッグを揚げるか」，まだまだ向上ができる場合は，「いかにアプローチャビリティーの玉を磨くか」を考えるステージが待っている。

トランジション理論に基づく検討

　アプローチャビリティーについて，ブリッジズやレビンソンによる理論と照らし合わせた結果，Jリーガーのキャリア・トランジションの文脈で，アシスト役の「アプローチャビリティー」と「役割」は別物であることがわかった。本章は，選手とアシスト役の間で支援の役割が実を結ぶのに欠かせない，アシスト役のアプローチャビリティーをクローズアップした。そして，「集約した情報（なかでも，日々の生活スタイルに関するもの）」「受容」「継続性」「守秘」を明らかにした。アプローチャブルな人は，これらすべての条件を満たす信頼できる人でなければならない。ただし，注意したいのは，Jリーガーのキャリアにおいて，そんな人が身近にいることはあまりないということであった。

　ところで，ブリッジズとレビンソンによる議論では「受容」や「守秘」が強調されていない。これは2人の専門である臨床心理学ではあまりに当然のことだからであろう。しかし，経営ならびにスポーツ場面では，周囲のすべての人々が「受容」し「守秘」できる資質能力に優れているとは限らない。われわれの調査の中で，重野氏との相談にキャリア・トランジションの本質的な意味を見いだした人が多い。キャリアサポートセンターという「組織」にお世話になるのではなく，「彼」にアプローチをしたいという気持ちが，過渡期に悩む（元）選手にとっては正直なところなのだろう。キャリアの過渡期に悩んで助けを求めるなら，信頼できる「あの人」のお世話になりたい。そうすると，「転職サービスや人材会社で本当に必要な支援を受けるのは難しい」（Ibarra, 2003）というキャリア研究における指摘を，サッカー選手の研究ではないという理由で黙殺することはできない。必要な支援は，組織ではなく，属人的資質によって提供されることが多いからである。本章で明らかになった条件を複合的に備える重野氏のような「良き相談相手」が，引退を考える（元）Jリーガーの周囲に1人でも存在することを

願ってやまない。

　元Jリーガーから見た周囲の人のアプローチャビリティーについて，本章では，キャリア・トランジション論の視点からセカンド・キャリアへの歩みの実例を映し出した。アスリートから次のキャリアをつかむ，その時点だけに焦点を当てて検討した。しかし，元Jリーガーの中には「セカンド」から既に「サード」，「フォース」へとキャリアを経ていて，セカンド・キャリアという土俵で話を完結できない人もいる。すべてのキャリアについて考えて行くには，「セカンド」のその先にあるキャリアについても，あわせて考えていかなければならないだろう。このことは，この研究の今後の課題のみならず，わが国のJリーガーの引退後のキャリアに関わる重要なトピックを示している。重要なのは果たして「セカンド・キャリア」支援なのか。筆者が得た答えは「否」である。もはや「セカンド」にとどまらない，キャリア全体にまつわるエトセトラだ。たとえば，「引退して初めて就いた仕事には何か充実感を感じない」「始めた仕事では何かが違うのだけど，それは何なのか，わからない」「今までいろいろやってきて，次はこんなところが気になる」などが関心事になる。

　(元) Jリーガーが「ホール・キャリア（whole career）」のある時点で相談に来るとき，その人はそれぞれに重要なテーマをもっているはずなのだ。引退して既にセカンド・キャリアを歩んでいる人が現れて，「これからのキャリアについて相談したい」と口にしたとしても，もはや「場違いな相談者」ではない。周囲の人は，その人が振り絞った勇気（カレジャスネス）をどうか真っ向から受け止めてほしい。そして，彼らにとって近づきやすい（アプローチしやすい）隣人であってほしい。

　ここまで，選手と周囲の人の「出会い」の議論に終始してきた。出会うことの難しさと大切さ，関係を継続することの重要性を強調した。しかし，最後に1つ言っておきたいことがある。それは「別れ」のことだ。もし素晴らしい相談相手に巡り会えたら，多様な支援の役割を果たすためには，相談相手との間にかなりの親密さがともなう。レビンソン（Levinson, 1978）は，トランジション期にある人と「良き相談相手」の関係を「愛情関係」に

なぞらえ，恋愛をともなわないこの関係にも，出会いだけではなく，「別れ」につきものの難しさ[11]があると述べている。申し分ない「相手」にすぐに巡り会うのは困難だが，時がたって緊密な関係が終わりを迎えるときには強い葛藤や悪感情をともなうこともあるだろう。そうであるがゆえに，この時期の「良き相談相手」との関係は，恋愛のおしまいと同様に複雑なものである。しかし，本章のデータでは，そのような泥沼の別れや巣立ちは見あたらなかった。背景には次のような理由が考えられる。データ中の「継続性（関係性を継続していくこと）」の中には，「関係を穏やかに維持して，いつでも復活できる」ことと，「あきらめないで強い信念をもって説得し続けてくれる」という両方の意味合いが含まれていた。たとえば，水崎氏にとってのネルソン吉村氏のように，今すぐ俺の言うことを聞けという「強靭な態度」で臨みながらも，今はわからなくても良い（自分1人になったときにわかる）と「自分の影響力を強要しない（大きく期待しない）」態度で臨む，よく見れば「両立しがたいこと」を，アプローチャブルな先達は行っていた。これは，相反する信念の間で揺れながら，（元）Jリーガーに対して適切な位置を見計らって向き合うことができる深みのある資質，いうなれば「中庸を得る[12]（考え方や行動が1つの立場に偏らず，適切な位置を見極めて対処できる）」ような資質が，アシスト側に備わっていたからかもしれない。あるいは，Jリーガーは，いくら聞き分けがなくて反発しても，心の中では相手を裏切らない「誠実さ」をもち続けていたからなのかもしれない。いずれにせよ，アシスト役は，「人生は一期一会だ」と唱えながら，（元）Jリーガーが自立していくのを見届けるときが来る。「継続性」は，支援をした（元）Jリーガーにいつまでも恩義をなすりつけるのではない。

おわりに

終身雇用が当たり前でなくなっているわが国では，働くことを意識する限り，セカンド・キャリア（あるいは，その先のキャリア）はどんな人にも共

通の問題だ．アスリート，学生を卒業する人，休職する人，人生の半ばで仕事・会社を辞める人，定年退職をする人など，すべての人にとって，1つの区切りを迎えて「その後の生活と人生をどうするのか」は重要な関心事である．あらゆる立場の人々に何らかのフィット感をもっていただけるとありがたい．

いくつかの調査研究による筆者の経験から，この第7章と第8章の2つの章は次の人々にとってとくに意義があると考えている．1番目には，競技の種類や現役・引退後を問わず，広くアスリート，そしてその周囲の人々（たとえば，家族・友人・監督・コーチ・他の選手など，アスリートと何らかの接点のある人々）である．

Jリーグは，他のプロスポーツに比べて，選手の引退後のキャリア支援に積極的[13]であり，他のスポーツ業界からも注目を集めている．近年，キャリア・サポートセンターによる手法や媒体をきっかけに，セカンド・キャリアを考え出す選手も一部にはいる．しかし，一般的にみて，Jリーガーでさえ，現役時代に引退後をイメージしにくく，良き相談相手を見つけだしたり，うち明けたりするのが難しい．だから，選手や関係者の間でセカンド・キャリアのことをあまり話題にしないようだ．スポーツで生き，1日のほとんどがずっと競技一色だった彼らには，競技関係者以外の人との接点が本当に限られていることが，その理由の1つである．また，ライバル関係にあるチームメートに，引退後の生活にともなう自分の弱みを見せられないという心理も働く．Jリーガーは孤立無援なのである．

Jリーガーが孤独なのであれば，他の競技種目のトップ・アスリートたちは，いったいどのようにセカンド・キャリアにかかわる一歩を踏み出しているのか．また，それにまつわる混乱や苦悩をどのように乗り越えているのか．競技種目が違えば事情も異なるであろうが，キャリア・トランジションに直面するトップ・アスリートが，第7章と第8章から現実味のあるお手本を見つけられれば，この研究の貢献があるだろう．

次に，学生から社会人への過渡期にいる若者たちと，彼らを取り巻く周囲の人々である．若者たちが卒業後の進路を考える上で，「良き相談相手」

(Levinson, 1978) に出会うという重要な課題がある。わが国では, 新しい人的ネットワークを築くことに対して, 主観的な「自信のなさ」(香山, 2004；Ogawa, 2006) ゆえに, 多くの若者がこの課題を達成できないでいると, 第7章で述べた。社会という大海原に進水しようとしている若者たちのことを理解しようと努力を惜しまない大人たちが, 探せばいるということを, そして「勇気をもって」探せば, そういう大人に必ず出会えるということを, 若者たちはどうか忘れないでほしい。次のキャリアを切り開くときに周囲の人へ助けを求めることについて, 同世代にあるJリーガーのカレジャスネスがお手本になってほしいと強く願う。

　他方, 若者を取り巻く大人の方々には, 人生の先達として「教示（ものごとを教える）」と「受容（受け容れる）」を両立させる難しさがあるという言い分は重々承知の上で, アプローチャビリティーを高めてほしい。その際, 次のことをぜひ気にかけていてほしい。わが国の若者と, 元Jリーガーに対するインタビューを同時に行っている筆者は, 彼らと「初めて接して」から「本当に思っていることを吐露する」までに, 共通のインターフェイスがあることを強く感じている。勇気（カレジャスネス）をもって周囲の人に接してきたとしても, 最初はまだまだ警戒心が強い。本当のことを話すまでに「牽制期間」があると言ってよい。ときに本題とはまったく関係ないことから話を始めたり, 叱られても仕方がないようなことをしたりする。そのことで, 若者たちは, 目の前の相手が, 「自分たちの生活スタイル（情報）」をわかってくれるのか, 「秘密を守ってくれるのか（守秘）」「弱い自分を見せても, 見捨てずに強く背中を押してくれるのか（受容）」を探り探りしながら, 周囲の大人に対して, 「本当に話したいことを話せる相手なのか」を見定めている。同時に, そのプロセスで, 自分が「本当に話したいこと」「心の奥で思っていること」は何かを, 若者たち自身が自問自答している（その間に, 内面的には自力で前進していることもある）。だから, 本当の自分のことをうそ偽りなく, 飾らずに話してもらうまでには, 周囲の人にはそれ相応の時間と粘り（継続性）が必要なのである。ときに1, 2年, いや, もっと長い歳月が必要となることもある。それまで辛抱して待てるのか。

3番目は，中高年層を中心に，人生半ばで仕事・会社を辞めたり，休職している人である。休職者の場合には，一定期間仕事をしない時間を過ごし，場合によっては気持ちと体を休めることができる。周囲の人にしてみれば，休職後は元の職場に戻れるのだから，雇用を保障されていて幸せではないかという人がいるかもしれない。しかし，「休む」という決断にも勇気が必要だったかもしれない。休職前後は，携わる仕事の内容も，人間関係も変わる（Ibarra, 2003）。だから，職場に戻るという決断にも勇気がいる。たとえば，「仕事をしていない自分は果たしてこれで良いのか」，仕事に復帰するとして，「復帰後はどのような部署に配属になるのか」「そこで自分は仕事をこなすことができるのか」「生活スタイルを（体が）そこに合わせていくことができるのか」など，さまざまな不安が頭をよぎるだろう。元の部署に戻るとすれば，「以前の人間関係を修復できるか」という問題もある。新しい部署なら「新しい人間関係を築いていけるか」などの不安を感じるのは不思議ではない。Jリーガーの事例を見てきた後でこれらの不安を聞いても，決して珍しいことだとは感じない。だからこそ，周囲の人々と密な連携をもって，その不安を解消してほしい。1人で孤立していては，解決できる問題も解決に至らないものなのだ。

　他方，仕事・会社を辞める人の中には，「その後の生活と人生をどうするのか」について，何も決めずに辞めてしまって，失業中（あるいは求職中）の人もいるかもしれない。「とにかく前職からすぐにでも離れたかった」「自分の意志とは違う理由で辞めることになった」など，理由はさまざまあるだろう。そんな場合には，休職者が復帰していく際に抱いた気持ちに加え，「果たして自分は今後仕事が得られるのか」という現実的な不安が生じるだろう。だから，戦力外通告を受けたが，自ら他者へ勇気（カレジャスネス）をもってアプローチすることによって，Jリーガーたちの行動が次のキャリアの機会を呼び込んだり，アプローチャブルな周囲の人々の心に支えられたりしたという事例を励みにしてほしい。

　最後に，高齢者層に対してである。第二次世界大戦前後に誕生し，物資が不足する世の中を皆で一緒に乗り切ってきた，我慢強くてたくましかった

人々がここにはいる。また，高度経済成長期に，日本の経営を引っ張り，その冠たる技術を生み出し，支えてきた人材がこの年齢層には多い。この世代が今，「キャリアの引き際」を考える，その真っただ中にいる。

　2004年に「改正高年齢者雇用安定法」が成立し，2006年からは高年齢者の雇用確保等を図る措置が執られるようになった。その結果，高年齢者に対する雇用延長や再雇用が可能になった。既に個人個人でキャリアの引き際のタイミングが異なるようになっている[14]。たとえば，60歳を前にして早期退職の道を選ぶ人もいれば，「まだまだ働ける！」と自他共に活躍が望まれ引退を先に延ばす人もいるように，引き際を自分で決められる人がいる。その一方で，周囲の同世代はまだまだ働いており，自分も働くことを望んでいるのに会社から「あなたはもう要らない！」と言われて，引退を迫られる場合もある[15]。いずれにせよ，キャリア上の引退をするときがいつか必ず来る。

　観衆の声援に囲まれて，ピッチを駆け回った元Jリーガーは，以上のような人々に対して次のように言うだろう。

「あなたの気持ちは痛いほどよくわかる」

●注

- [1] 詳細は第7章を参照されたい。
- [2] レビンソン（Levinson, 1978）で用いられていることば。イバラ（Ibarra, 2003）では「将来の自己像」にあたる。
- [3] イバラ（Ibarra, 2003）による過渡期の重要な人間関係についての議論は，レビンソン（Levinson, 1978）に依拠している。
- [4] 「新米成人時代（新米時代）」（Levinson, 1978）で，17～33歳を指している。内訳は，「成人への過渡期（17～22歳）」「おとなの世界へ入る時期（22～28歳）」「30歳の過渡期（28～33歳）」である。個人の職業や経験によって，この年齢は厳密にここに当てはまらないこともあるが，本章の対象となっている元Jリー

ガーとほぼオーバーラップする。
- ▶5 5つの役割は、レビンソン（Levinson, 1978）の邦訳を筆者が改訂して引用。
- ▶6 イバラ（Ibarra, 2003）によるこの主張は、研究対象に影響する何らかの特徴が異なれば、転職サービス等から必要な支援を受けられないと断言するのは難しいかもしれない。
- ▶7 Jリーグ・キャリアサポートセンターに関する本章での情報は、ホームページ（http://www.j-league.or.jp/csc/）に依拠している。
- ▶8 重野氏は、本書第5章に見られるように、20人の元サッカー選手にインタビュー調査を行った経験をもつ。
- ▶9 イバラ（Ibarra, 2001）の指摘と同様。
- ▶10 ネルソン吉村氏（1947-2003）は、ブラジル日系2世として生まれる。5歳でサッカーを始め、サンパウロ州日系2世クラブリーグで1966年に得点王を獲得する。1967年に来日後、日本リーグ初の外国人選手としてヤンマーに入団し、チームのリーグ優勝、天皇杯優勝に貢献した。1970年に「吉村大志郎」として日本国籍を取得後は、サッカー日本代表としても活躍した。1980年に引退した後は、コーチ、監督、セレッソ大阪のスカウトを務め、多くの（元）サッカー選手の人生に影響を与えた。2003年に逝去された後もその記憶は多くの人々の心に生き続け、日本サッカー界に多大な功績をもたらしている（以上は、日刊スポーツのホームページの内容に基づき筆者が記述）。
- ▶11 レビンソン（Levinson, 1978）によれば、「別れの難しさ」とは、たとえば、苦悩、恨み、悲しみ、見捨てられたという思いである。共鳴感はなくなり、これまで敬愛し崇拝してきた良き相談相手が、今度はひどくあら探しをして押しつけがましいと思えたり、相手の個性や自立心を育むのではなく、自分のイメージに合わせてつくり直そうとしていると思えたりしてくる。
- ▶12 東洋では孔子、西洋ではギリシャ哲学においてアリストテレスが唱えたとされる。
- ▶13 たとえば、キャリアサポートセンターは引退後の選手の活動について冊子の作成、配布、研修を実施するなどして、現役選手の引退後のキャリアを支援している。
- ▶14 2004年には「改正高年齢者雇用安定法」が施行され、事業主には、①定年の引き上げ、②継続雇用制度の導入、③定年の定めの廃止が義務づけられた。これにより、2006年4月1日以降、高年齢者は、希望すれば60歳以降も仕事人生を歩むことができるようなった。
- ▶15 継続雇用制度を導入する場合、原則的に希望者全員を対象としなければならない。しかし、法律施行後5年間は、会社側が選定することが条件付きで認められている。

●参考文献

Aristotle, *Ethica Nicomachea*（アリストテレス　高田三郎訳（1971）．ニコマコス倫理学　岩波書店〔岩波文庫〕）．

Bridges, W.（1980）．*Transitions*. Reading: Addison-Wesley（倉光修・小林哲郎訳（1994）．トランジション―人生の転機　創元社）．

Ibarra, H.（2003）．*Working identity: Unconventional strategies for reinventing your career*. Boston: Harvard Business School Press（金井壽宏監訳・解説，宮田貴子訳（2003）．ハーバード流キャリア・チェンジ術　翔泳社）．

金井壽宏（1999）．経営組織　日本経済新聞社

香山リカ（2004）．就職がこわい　講談社

香山リカ（2006）．老後がこわい　講談社現代新書

Krumboltz, J. D., & Levin, A.S.（2004）．*Luck in no accident: Making the most of happenstance in your life and career*. Atascandero: Impact Publishers（花田光世・大本紀子・宮地夕紀子訳（2005）．その幸運は偶然ではないんです！　ダイヤモンド社）．

Levinson, D.J.（1978）．*The seasons of a Man's Life*. New York: Knopf（南博訳（1992）．ライフサイクルの心理学　上・下　講談社〔講談社学術文庫〕）．

Ogawa, C.（2006）．"The career development of young japanese people: The attainment of self-confidence in career development," *Paper Presented at the 46th Congress of the European Regional Science Association*, August 30- September 3, 2006, Volos, Greece.

蔡志忠・和田武司・野松陳平（1998）．マンガ　孟子・大学・中庸の思想　講談社（講談社プラスアルファ文庫）

宇野哲人（1983）．中庸　講談社（講談社学術文庫）．

●ホームページ

〔厚生労働省〕
　　http://www.mhlw.go.jp/index.html　（2009/09/27）

〔Jリーグ・キャリアサポートセンター〕
　　http://www.j-league.or.jp/csc/　（2009/09/27）

〔日刊スポーツ〕
　　http://www.nikkansports.com/ns/general/personal/2003/pe-031101-2.html
　　　　　　　　　　　　　　　　　　　　　　（2009/09/27）

CHAPTER 9

キャリア・トランジションのためのセカンド・キャリア教育
Jリーガーとしての自分以外に「自分」を見つける作業

田中ウルヴェ京

「キャリア・トランジション？　スポーツ選手のセカンド・キャリア？ なんのことだろう？」とタイトルを見て，首をかしげる読者もいるかもしれない。「スポーツ選手の引退後の人生」という意味で，「セカンド・キャリア」という言葉を，引退していく選手が記者会見で言うようになったので，「聞いたことある」という方もいるだろうか。

「スポーツ選手のセカンド・キャリア」というと，よく質問されることはこんなことだ。

「プロ選手が競技引退した後の仕事という意味？　2番目（セカンド）のキャリアということ？」
「次の就職先を斡旋してあげるようなプログラムのこと？」

これらの質問はいずれも，「セカンド・キャリア」という言葉を狭義に捉えすぎていて，説明が必要になる。たしかに，プロ選手がファースト・キャリアである自分の専門競技を引退して，次の人生で新しいキャリアを構築すれば，それはまさしく，その選手にとっての「セカンド・キャリア」ではある。また，さまざまな企業が選手のための「セカンド・キャリア支援」をやっている。が，その多くは，「就職斡旋」であったりする。そういった事

実から考えれば間違ってはいないのだが，それだけではない。
　また，こんな質問を受けることもある。

「キャリアが仕事という意味だとしたら，じゃあ，アマチュア選手には関係ない？」
「スポーツ選手のセカンド・キャリアなんて，スポーツ選手ではない人たちには，べつに関連のないことですね？」

　これらに対する答えは，すべて NO である。
　そもそも，ここでいう「キャリア」とは「仕事」を指すわけではない。キャリアを「自分が専心している何か」とか，「やりがいをもってやっていること」というように広義に捉えると，わかりやすい。そうすると，当然ながら，たとえばアマチュア選手がオリンピックなどに出た後で引退をし，次の人生で新しいキャリアを構築すれば，これはセカンド・キャリアということになる。
　また，スポーツ選手のセカンド・キャリアにフォーカスした学術的研究では，退職時というキャリアの節目に企業の定年退職者などが抱える心理的問題と類似した問題が，スポーツ選手にも起こるという視点から取り組まれていることもある。その意味では，選手の現役引退時に抱える心理的問題は，スポーツと関係のない方にも，人生の節目をどう生きるかという点では，参考になることが多いだろう。
　つまりこの，スポーツ選手のセカンド・キャリアというトピックを狭義にとらえて，「たんなる引退後の就職支援だ」とするとあまり社会的な汎用性がないのだが，これを「引退時に起きる心理的問題」という視点から考えると，さまざまな汎用性があらわれる。
　ここで，初めて，「キャリア・トランジション」という定義の説明が必要になるだろう。キャリア・トランジションとは，「キャリア＝何か専心してやりがいを持ってやっていたこと」が終わり，次の新たなキャリアに向かっていく「トランジション＝節目・転機」のことである。つまり，スポーツ選

手が引退して次のセカンド・キャリアを構築するまでの「節目の時」を，キャリア・トランジションという。

キャリア・トランジション時に，スポーツ選手は心身ともに問題を抱えることが多い。そもそも人生の節目の時には，どんな人でもストレスを抱えやすいことを考えれば，当たり前のことではある。ただ，スポーツ選手のキャリア・トランジション時には，特有の心身の問題が起こるので，その対処プログラムが必要なのである。

日本で筆者が，スポーツ選手に向けたキャリア・トランジション支援プログラムの重要性を言い始めたのは2001年頃だ。「スポーツ選手の引退後についての教育的・支援的プログラムを構築することで，選手はセカンド・キャリアの構築が容易になる。また，そういった引退時の実際を，現役選手時代から聞かせることも重要。引退という意味を理解することで，逆に，現役時代に感じる『将来不安』を減少させることもできる。さらに『現役でいられる時間は限られている』という有限性を実感することは，現役時代のパフォーマンス発揮につながる」といったことを，さまざまな競技団体で説明して回った。しかし，当時はまったく否定的な指摘を受けるばかりであった。

その後，日本国内では，2002年に立ち上がったJリーグでのキャリアサポートセンターがきっかけとなり，さまざまな競技団体でも，その必要性が話し合われるようになった。現在，私自身，国内ではJリーグ，日本オリンピック委員会（JOC），日本女子プロゴルフ協会などでキャリア・トランジションに関する研修を行っている。

ここで，キャリア・トランジションに関する先行研究を振り返ってみよう。

選手の引退に関する先行研究

まずスポーツ選手のキャリア・トランジションについての定義である。Dr.リタイアメントという異名を持つアスリートのキャリア・トランジション研究の第一人者，デビッド・ラヴァリー（David Lavallee）は，大学院

で「キャリア・トランジション」の講義を行う際，次のような定義づけをしている。

「スポーツ心理学ではアスリートのキャリア・トランジションを，『競技としてのスポーツ参加』から『ポスト・アスレティックキャリア』への移行のことであるとする。そして，その移行が，現役引退という結果をもたらす。」　　　　　(San Diego University for Integrative Studies (SDUIS)
講義 "Athletic Retirement"(2000) の講義ノートから)

　選手引退に関する国内の研究を検索するために，「キャリア・サポート，キャリア・トランジション，リタイアメント，セカンド・キャリア，引退，競技引退」というワードをネットで調べると，スポーツ心理学系，あるいは，体育・スポーツ社会学系の研究に行き当たる。2000年前後までの国内における先行研究の中心は，上記キーワードのうち，「競技引退」「引退」「リタイアメント」の研究であるようだ。先述したとおり，2002年にJリーグがキャリアサポートセンターを設立したことなどを受け，ここ数年，国内でも「キャリア・サポート」や「キャリア・トランジション」に関連した研究が存在する。
　アスリートの競技引退についての研究の歴史を，理論研究と実証研究に大別し概観した豊田・中込（2000）は，アスリートの競技引退研究の本格的な開始について，スポーツ社会学領域においては1950年代から，スポーツ心理学領域においては1980年代からであると述べている。そして，とくにアスリートの引退は，重大なアイデンティティ危機であるという視点から，そのトランジションの時点で起こりうるさまざまな不適応は，心的外傷に発展しかねないことを示唆している。そのためにさまざまな既存の理論を用いて，アスリートの引退について理解することが重要になるのだが，豊田（2007）は，その限界を指摘し，アスリート特有の問題としてキャリア・トランジションの分析ができる理論モデルの構築が必要であると論じている。
　また国内の実証研究について，豊田（2007）は，研究課題が3段階にわ

たって変遷していることを指摘している。すなわち，①キャリア・トランジションに関連する問題の把握，②キャリア・トランジション後の生活適応に影響する要因の特定，そして③具体的な介入方策の探求という変遷である。

では海外の研究に目を向けてみる。欧米においても，選手の引退時に起きるストレスを概念化するために，さまざまな心理学の他分野における理論を取り入れてきた。しかし，老年学や死亡学といった領域の理論で選手の引退を説明しようとしたことには限界があった。そのようなときに，テイラー＆オジルヴィー（Taylor & Ogilvie, 1998）によって「キャリア・トランジション概念モデル」が構築されたのである。

この概念モデルは，選手のキャリア・トランジションをただの1つのイベントとして捉えるのではなく，大きなプロセスの一環としてとらえており，その中で，キャリア・トランジションがうまくいかないときの典型的な例として，「感情的な喪失感」をあげている。引退時にはどんな選手にも喪失感が表れるが，その喪失感をとくに強く持つ選手には，「選手としての自分自身に対して，強い自己アイデンティティをもっている」という特徴がある。つまり，選手である自分以外に人生が考えられないというアイデンティティの持ち方が，引退時あるいは引退後の多くのストレスの原因になりうるのだ。

そもそも，このアスレティック・アイデンティティは，1つのスポーツに没頭し，それのみを長い間やり続けた選手に起こりやすい。自分を選手として強く意識し，小さい頃からかなりの時間を費やして一流をめざし，時には学校や私生活すら犠牲にして没頭してきた選手に多くみられるアイデンティティである。その気持ちが強ければ強いほど，喪失感も強くなるということだ。

そういった強いアイデンティティ問題を含め，現役引退時にともなうスポーツ選手特有の心理的問題としては，次が挙げられている。

- 競技そのものから得られたさまざまな価値の消失に対する失望感
- 自己アイデンティティの消失

- 引退せざるを得なくなった場合の怒り
- 将来への不安
- スポーツ選手という特別なステイタス消失に対する失望感

スポーツ選手向けキャリア・トランジション・プログラム

　1980年代後半から1990年代になると，とくに各国国内のオリンピック委員会（NOC）で，「オリンピック選手のためのキャリア・トランジション・プログラム」が構築され始めた。先行研究においても，「キャリア・トランジション・プログラムは多角的であり，エンハンスメント，サポート，カウンセリングの要素を備えているべき」（Petipas, Brewer & Van Raatle, 1996），「スポーツ以外でのスキルをのばすこと」（Wylleman, Lavallee & Alfermann, 1999），そして，「引退前に適応準備プログラムを行うこと」（Lavallee, 2000）などが指摘されている。

　こうした海外の流れから，キャリア・トランジション・プログラム構築の必要性が日本国内においても話し合われ，実際にスポーツ選手の声を聞き始めるようにもなった。

　現場の選手の声で，国内外ともに共通しているものは次のような事実である。

- 選手は困っている
  - 現役中，将来を不安に思っている
  - 現役中に経済的に困っている
  - 引退後の喪失感をいろいろ感じる
- 選手は考えないようにしている
  - まともに考えたら辛すぎて競技を続けられない
- 引退していく選手のその後の姿が，競技団体にも影響する

　さらに，近年の競技スポーツ事情によって，選手の引退後のキャリア構

表9-1 アスリートのキャリアに関する教育的・支援的プログラム

実施年	実施機関	プログラムの名称	実施対象	プログラムの目的
2002	Jリーグキャリアサポートセンター	キャリアサポートセンター	現役選手	選手のセカンド・キャリア支援 選手のキャリア・デザイン支援
2004	JOC	JOCセカンドキャリアプロジェクト(現在,NTCキャリアアカデミー)	現役選手/ジュニアエリート/指導者	キャリアトランジション教育,キャリア支援
2004	日本女子プロゴルフ協会		新人研修	現役時代からのキャリアプランニング研修
2004	プロ野球OB会			
2005	筑波大学	筑波大学トップアスリート・セカンド・キャリア支援プロジェクト	トップアスリート	トップアスリートのセカンド・キャリア開発モデル構築
2005	日本プロスポーツ協会			
2005	日本プロバスケットボールリーグ			
2005	四国アイランドリーグ		現役選手	選手のキャリアサポート

その他,企業におけるプログラム

実施年	実施機関	プログラムの名称	実施対象	プログラムの目的
2003	インダス		学生など	選手のキャリア形成支援
2004	MJコンテス	キャリアトランジション勉強会	選手,コーチ,一般	キャリアトランジション理論の啓蒙,汎用
2005	パソナスポーツメイト		現役選手,OB	競技と仕事の両立/引退後のキャリア形成
2005	インテリジェンス	ACTプログラム	選手全般	選手のキャリア形成支援
2006	アデコ	アスリートキャリアプログラム	選手全般	選手の転職支援
2006	リクルートエージェント		現役選手,OB	

築,人生構築がより困難なものとなっている理由として下記があげられる。

- スポーツ科学の進歩によりアスリートの選手寿命が長くなった(引退が遅くなった)こと
- 引退時に経済的に支えなければならない家族を持っているケースが多くなったこと
- 女性アスリートの活躍は良いことだが,反面,ソーシャルクロック(結婚,出産の遅れ)に悩むようになったこと
- 大学時に学んだ専門分野を,引退時にすぐキャリアにつなげることができにくい(卒業後,何年もスポーツ選手を続けると,専門に学んできたことが古くなってしまう)こと

- 引退が遅いと，周囲の求職者の勤続経験がどんどん豊富になり，社会での就職戦線におけるライバルに負けてしまうこと

　国内においては，表9-1のようにさまざまなアスリートの引退にともなう，あるいはアスリートのキャリアに関する教育的および支援的プログラムが存在する。さらに，国内・海外でのプログラムの現状を大別すると図9-2のようになる。

　このように日本国内においてもさまざまなプログラムが構築され，体系化されてはいるものの，ここ数年，とくに考えることは，介入プログラムの意味である。

　そもそも，人生の節目は一大事である。人生を決めなければいけないときである。そんな，人間が何かを能動的に行っていかなければいけないときに，受動的なプログラムがきれいに準備されていることに弊害はないのか，ということだ。

　筆者自身が，1988年ソウルオリンピックのシンクロナイズド・スイミング・デュエット競技で銅メダルを獲得したのは，21歳のときだった。「銅メダルをいただいた」ことが，人生の至福のときに「なってしまった」こ

■ **キャリア・トランジション教育プログラム**
（引退後の人生への心理的準備によるファースト・キャリアの完全燃焼）
　■ 自己認識能力（アイデンティティの構築，ロール確認）
　■ 価値観構築
　■ 目標設定
　■ キャリアプランニング
　■ 集中
　■ コーピングスキル（ストレス対処スキル）
■ **セカンド・キャリア支援プログラム**
　■ 現役中のキャリア支援
　■ 引退後のキャリア支援
　■ 起業支援
　■ 復学支援

図9-1：キャリア・トランジションとセカンド・キャリア（田中ウルヴェ京，2006）

と,そして,「自分は頂点を極めたすごい人間だ」と「思ってしまった」ことが,キャリア・トランジション時の苦悩になった。当時,「悩むことはいいことだが,どうやって悩むべきか」という「健全な悩み方」というようなものを知らなかったので,何年も何十年もトランジションに苦しんだ。よく「20代で,私はトランジションに苦しみました」と発言すると,疑問を持つ人もいる。「へ? そうだったんですか? でも,田中さんは,引退直後にはすぐミズノに就職し,ナショナルコーチとしても活躍されていて,実況解説者も長くやり,まったく問題のない転身をしていたのではないですか?」と。

　人間が,「今の自分は自分らしい」という「自己幸福感」を持てるときというのは,「ああ,自分の人生を,自分は生き抜いているなあ」と実感できるときだろう。その究極の「自己コントロール感」は,「一見スムーズに見える転身」とは比例しないと思う。人生にとって大事なことは,自分自身のなかでの「能動感」ではないだろうか。そういった意味で,決まりきった介入プログラムを選手に用意することで,果たしてどこまで何ができるのか,という思いがあるわけだ。選手に受動的にプログラムを受けさせるのではなく,能動的にキャリアを模索させるのが本当ではないのか。ただ,「どうやって悩んだらいいのか」ということすら皆目わからないときに,せめて「悩み方」をプログラムを通して知っていくことは重要なのかもしれない。

　実際,Jリーガーの方々に研修をしていると,「悩み方がわかってほっとした」といわれることも多い。これはよく海外でのキャリア・トランジション関連の学会で出る話題だが,「スポーツ選手という役割を長くやっていると,与えられた課題に『能動的に取り組む』ことは得意になるが,自らで『課題を創出して,それに挑戦する』ということが苦手になる」と。とくに「監督に使ってもらわなければ試合にすら出られない」競技の場合,その傾向が顕著だ,といわれている。サッカーに限ったことではないが,その傾向は,選手と現場で接していると,感じることはある。

キャリア・トランジションに向けての5つの示唆

プログラムやマンツーマンでのメンタルトレーニング時に，スポーツ選手にはよく次のようなことを言っている。下記のことは，どんな転機を迎える人にも参考となるのではないだろうか。

◎現役中には，完全燃焼を

現役選手に研修を行うときに必ず言うことは，「現役中には競技に没頭し，専念し，執着し，実社会からどんなに離れてしまおうとも，異常な状態を保ち続け，選手として完全燃焼するように」ということだ。一流選手では，勝負の如何ではなく，「自分の実力を出し切ったか」感に悔いを残すことが，過去への執着というストレスになる。どういう形でもいいから，選手時代に悔いを残すことのないよう日々に集中することは大事である。こういった感覚は，どんな人にとっても「いつかは終わりが来ることに対して，責任を持って今に集中する」という意味で重要といえよう。

◎引退直後には，モラトリアム期間を与える努力をすること

筆者自身もオリンピック後の引退で，とくに悶々としたことの1つが，「競技生活と引退後の日常生活との心理的ギャップ」である。その理由はさまざまだが，とくに，「選手という自分に対する執着」「社会から見られているロールモデルとしての自分への執着」「何かを達成した人間という自分に対しての執着」は，次のステップに向かうときの足かせになる。一流選手であればあるほどその傾向が見られる。

選手本人がこれに気づくには，「誰かに言われる」のではなく，「自分自身で気づく」ことが重要である。また，それにはかなりの時間を要する。焦らず，ゆっくりと今まで見たことのない社会を学び，ネットワーキングをし，スポーツ以外でのさまざまな価値観を学ぶ余裕が必要である。このことは，

定年退職を迎えた人と共通する点であるとよく聞く。実際に定年後に悩みを抱えるケースに,「自分は元○○企業の取締役だった」というような過去の肩書きに執着してしまうケースがある。自分のアイデンティティの「落とし前」には時間がかかるし,そのためにも気づきが重要なのである。

◎引退して数カ月・数年したら，できるだけ俯瞰する努力を

　自分自身を達観するとでもいえばいいだろうか。あるいは，スポーツそのものに対しても俯瞰してとらえることが，次の段階の自己構築には大事である。たとえ世界一になろうとも，オリンピックメダリストになろうとも，そのこと自体が人生の頂点ではないことを知ることだ。さまざまな価値観から自分を見ることができれば，本当の意味での「人生での成功とは何か」が見えてきたり，あるいは，「スポーツ選手以外の自分」を再構築するきっかけにもなると思う。これもとくに「何かを成し遂げたと思ってしまった」人には重要なことではないだろうか。

◎一流選手という定義や，有名選手という定義の境界線

　キャリア・トランジションやセカンド・キャリアについて議論するときに，混同して討議すべきではないことは，「普通の選手」と「一流有名選手」の引退についてだ。この境界線が厄介である。誰が普通で誰が一流かは，一概には決められない。しかし，「自分を一流だとか，有名だとか思っている選手」の引退問題と，そうでない選手では明らかにその問題内容が異なってくる。

　また，一流選手が，さらに社会で一流になれるかといえば，当然それも断定できない。むしろ，異常に秀でている能力がある人間は，異常に欠如している部分があるわけで，その「自分の秀でているスキル」と「全く欠如しているスキル」の両方をバランス良く認識し，見極めることが，とくに一流選手と呼ばれている選手には重要である。

　どんな分野の人もそうだと思うが，「自分のことをどう思うか」という自己内省力と，「他人は自分のことをどう見ているか」という自己客観力の両

方をバランス良く持っていることが，トランジション時に次の人生を考える際の鍵である。なかなかこれが難しい。筆者の場合は，自己客観力がまったくなかったときに，手痛い一言を与えられた。

「京ちゃん，オリンピックとかメダルとか，京ちゃんにとってはとても価値のあることかもしれないけど，そんなもの『へ』とも思っていない人が世の中にはたくさんいるってこと知ってた？」

この言葉は，筆者を変えてくれた。私のように甘えている人間には，ときには，人に変えてもらわないと気づけないことも多い。

◎ストレスはあって当たり前，弱い自分を認める

これが実際，選手にとって，そしておそらくどんな方々にも最も難しいことなのだ。多くの競技で成功した選手は，「自分の精神的弱さを受けとめること」が嫌いである。引退時には，誰もが心理的に弱くなる。誰もが人生の節目であるトランジションでは，多少なりともストレスを抱える。それは当たり前のことだ。そのストレスの存在を無視することは得策でなく，ストレスの原因を探ることが最も大事である。とくにアイデンティティにも関わる節目であるキャリア・トランジションについての理解は重要である。

私がJOCで現役選手に向けてのキャリア・トランジション研修を行うときに引用するテリー・オーリック（Terry Orlick）の言葉に，次のようなものがある。競技人生のために競技以外の人生を犠牲にするのではなく，2つの人生を両立させることこそが，アスリートには求められているのだ。

> "The Challenge is not only to pursue excellence but to do so without destroying the rest of your life."
> (真の挑戦は,競技で極めることだけなのではない。自分の競技人生以外の人生を破壊することなく競技において極めることこそが,真の挑戦なのである)
> (Terry Orlick)

● **参考文献**

Lavallee, D. (2000). Theoretical perspectives on career transitions in sport. In D. Lavallee, & P. Wylleman (Eds.), *Career transitions in sport: International perspectives.* Morgantown : Fitness Information Technology, pp. 1–27.

Orlick, T. (1990). *In Pursuit of excellence.* Illinois : Leisure Press.

Petipas, A., Brewer, B. W., & Van Raalte, J. L. (1996). Transitions of the student-athlete: Theoretical, empirical, and practical perspectives. In E. F. Etzel, A. P. Ferrante, & J. W. Pinkney (Eds.), *Counseling college student-athletes : Issues and interventions* Morgantown : Fitness Information Technology, pp.137–156.

田中ウルヴェ京 (2006). アスリートのキャリアトランジション キャリアに着目する意味とは 日本スポーツ心理学会第33回沖縄大会会員企画シンポジウム

Taylor, J., & Ogilvie, B. C. (1998). Career transition among elite athletes : Is there life after sports? In J. M. Williams (Ed.), *Applied sport psychology: Personal growth to peak performance.* Mountain View : Mayfield, pp. 429–444.

豊田則成 (2007). 元アスリートが語る「人生の物語」 Business Insight, **59**, 22–35

豊田則成・中込四郎 (2000). 競技引退に伴って体験されるアスリートのアイデンティティ再体制化の検討 体育学研究, **45**, 315–332

Wylleman, P., Lavallee, D., & Alfermann, D. (1999). *FEPSAC Monograph series. Career transitions in competitive sports.* Lund : European Federation of Sport Psychology FEPSAC.

CHAPTER 10

ビジネスの世界で仕事をする人への教訓

金井 壽宏

　最終章では，Ｊリーグの調査からわれわれが学んだことで本書に記述したことを踏まえて，スポーツの世界で見えてきたことを，ビジネスの世界での仕事ぶり，働き方，さらには生き方にどのように生かせばいいのか，ヒントを述べてみたい。

　筆者は，どちらかというとスポーツ以上に音楽が好きなので，組織行動論における議論や討議の機会において，ビジネス以外から劇的なケースや教訓を出すときには，オーケストラの指揮者や，ジャズやロックの演奏家や，バンドリーダーなど，音楽の世界からの例示が多かった。そんな自分が，本書でふれてきたＪリーガーの引退時の適応に関する調査に参加したインパクトは大きかった。

　本書で報告された調査は，現役引退というキャリアの節目に焦点を合わせたものだが，トップアスリートたちにお会いすると，リタイアして年数が経っていても，やはり強烈なオーラを感じた。大きな存在感をともなって語られる言葉の中から，様々なことに深く気づかされた——サッカーという打ち込む世界があることの意味，どんなにすごい人でも遭遇するキャリアの節目，とりわけ現役を退くときには大きな戸惑い，それを乗り越え新境地を切り開く力など。

　『Ｊリーグの行動科学——リーダーシップとキャリアのための教訓』か

ら，読後も継続して考え学び続け，熟達してほしいことが，かなりあるように思われる。それをどのように導き出すのかは，読者1人ひとりの読後の課題であり，経験と感性によって，本書から引き出される教訓はちがってくる。それでも，いくつか共通のポイントもあるだろう。チームプレーの中で状況判断力を磨くことや，ふだんから自分の頭で考えることが大切である理由なども含め，やや広く，ふつうに働く人ならだれもが意識しておいたほうがいいと思われる問題もありそうだ。

経営について議論している場面でも，野球やアメリカンフットボールが分業の喩えとして使われ，また状況判断力を説明するのに，ラグビーやサッカーの喩えが用いられる。リーダーシップについて言えば，議論のどこかで，スポーツチームや著名な監督の名前があがることも多い。組織行動（組織の中の人間行動）や経営戦略（いかに長期的に勝ち続けるかの大きなシナリオ）の話を，経営学教育・啓蒙の一環として，実務家の皆さんと議論していても，スポーツの喩えに辿り着くことが多い。

この章を書いている筆者自身は，まったくスポーツ通でもなければ，真剣にスポーツをしてきたり，スポーツに関わり続けている人間ではないのにもかかわらず，スポーツを念頭においた通信教育教材（金井・柏・産能大学, 1995a, b, c）と，そこから派生した書籍（金井・柏・家田, 1996）を出したり，ラグビーの平尾誠二氏と何度も対談したりというようなご縁にめぐまれてきた。

まずは，サッカーに縁のある2人の人物の言葉を思い起こしてみよう。

  サッカーとは，人生である。なぜながら，人生で起こることは，すべてサッカーでも起こるからだ。しかも，サッカーではもっと早く，もっと凝縮して起こる。   （イビチャ・オシム）
  人間が最初に起こす行動は，母体のなかで母親のお腹を蹴ることだ。人間はこの世に生まれ出てくる前にすでに蹴るという動作をしている。蹴ることは人間の本質なのである。 （ジョゼフ・ブラッター[1]）

サッカーが人生であり、蹴ることに人間の本質があるのなら、この学びは働き方だけでなく、さらには生き方にまでかかわるようなヒントや教訓を伴うだろう。

Jリーグの経営学：雇用・報酬・組織

終身雇用制が当たり前でなくなり、有能な人がよりよい条件を求めて組織を動くようになり、能力・努力にかかわりなく経済環境次第で、正規社員も派遣社員も思いもがけず失職する時代になった。雇用関係については、政策的な対応が絶えず問われるが、働く1人ひとりの自覚としても、自分をプロ人材として磨かないといけない時代になってきた。

厳しいプロの世界では、元からそういうところがあった。サッカーにおけるプロスポーツ・クラブの経営学を展開している武藤泰明氏は、普通に会社で仕事をしている人にとって、サッカーの世界が、将来を読むうえでも参考になるという。

「よく言われることではあるが、プロ選手というのは、産業社会における個人の働き方の近未来像を提供しているということになるのかもしれない。また、したがってプロのいる組織を検討することは、事業法人にとっても実は重要なのである」（武藤、2006, p.16）と指摘している。プロサッカーが事業法人にとって重要なら、そこに働く人にも重要な教訓をもたらすであろう。

選手にとって組織に加入し続ける理由をモティベーション面から考えてみよう。同氏は、つぎの点を、選手の（動機上の）目的として指摘する。

・出場機会があり、活躍できること
・選手として能力が向上すること
・これらの結果として、次シーズンの自分の年俸が上がること（p.42）

プロの世界は厳しい。サッカー選手も歌手も，プロであり続けるためには，大事な試合に出場，大事な番組に出演しなければならない。しかし，それは保証されているわけではない。会社で働く人も，自分の仕事に関わる全社的なプロジェクトに，はたして自分が呼ばれるかどうかということになると，プロの世界に近いところがある。そういう場面では，ある分野のプロとして自分を磨いているかどうかが問われてくる。このように考えると，プロ選手にとっての試合への出場機会というのは，会社で働く人にとっては，そんなプロジェクトへの参加機会に相当する。「その場に呼ばれて活躍できるかどうか」を問われる機会が，社運をかけるプロジェクト経験に限定されるとしたら，それは数年に１回というレベルだろう。
　プロスポーツの世界なら，スターティングメンバーに入れるかどうかは，試合ごとに問われる。ワールドカップやオリンピックになると４年に１回だが，Ｊリーグでの試合数は，シーズン中34節ある。
　プロの道に進むということは，本来そういうことだ。自分の力量が生かせると思った大事なプロジェクトにお呼びがかからなかったら，そういう日には，自分のなかの「プロフェッショナル度」を内省し呼び起こすべきだろう。
　報酬システムのあり方についても，スポーツの世界は，ビジネスの世界を先取りしている。プロスポーツの世界では，契約更新時ごとにニュースになるとおり，年俸が当たり前の世界である。わが国の産業社会でも，年俸制は聞き慣れた言葉になったが，当初からそうだったのではないし，だれにも適用されているというわけでもない。
　年俸制が導入されていても，まず管理職と高度専門職に限定されるケースがビジネス組織では多い。研究開発などの領域での超大物人材，あるいは，大物CEO（最高経営責任者）や役員レベルの経営人材を招き入れようとすれば，年俸が個別交渉となるだろう。経営学でも，カーネギー・メロン大学のデニス・ルソー（Rousseau, 2005）にならって，その個人に特別の契約という意味で，I-deal[2]と呼んでいる。
　青色発光ダイオードを開発した中村修二氏が，日亜化学工業を辞めることになったり，訴訟することになったりした。それは，日本の産業社会でも，

少なくとも一部には、スポーツの世界と同様に、I-dealが問われるようになりつつある兆しであったのかもしれない。

プレーヤー（会社なら担当者）のときから年俸制で生きているのが、プロスポーツの世界である。スポーツの世界は、一見するだけでは見逃しがちだが、ふつうに働く人にとっても、時代を先取りして教えくれる部分がある[3]。そのいい点も悪い点もである。

ここでわれわれの視点を、働く1人ひとりの個人というレベルから、その人たちが働く組織や社会というレベルに目を移してみよう。会社は、社会の中の存在であるのに、利益追求に熱心なあまり、しばしば反社会的な存在にもなる――「会社が反社会的に振る舞う」と耳にするたびに、「会社」と「社会」が、漢字の順序が反対というのを皮肉に思う。近年、内外とも相次ぐ不祥事は「会社」の「反社会」性を物語っている。

また、会社は、広く日本の社会の中に存在するだけでなく、どの会社も地域社会に（程度の差はあるが）根付いて存在している。大企業の場合も、本社や主力工場、（メーカーなら）研究所が立地しているおかげで、地域にもプラスになることが大事だ。いっそうの地域貢献も会社の課題だ。マクロの社会、地域社会という両面から、会社は、社会内存在なのである。

社会に根付いた組織という面でも、Jリーグは、再び未来を先取りする手本や見本になる。ステークホルダーの図を描けばわかるとおり、Jリーガーのクラブチームのほうが、ふつうの会社よりも、コミュニティ、地域に根付くという点では、むしろ先進的なモデルとなる。図10-1に見るとおりである。他方で、地域ごとのサポーターに支えられたクラブチームが、リーグという言葉どおりにつながっているから、Jリーグが成り立っているのである。Jリーグに限らず、図10-2にみるように、一般に、サッカーの監督や球団の経営者（CEO）に課せられるステークホルダーとの関連を図示すると、それが意外に複雑であることがわかる。

大きな構想という面でも、かつて松下幸之助氏が、二百年計画なるものを説いたことがあるが、「Jリーグ百年構想」のようなビジョンに、今日の日本の産業社会で出会うことも、残念ながら稀である。

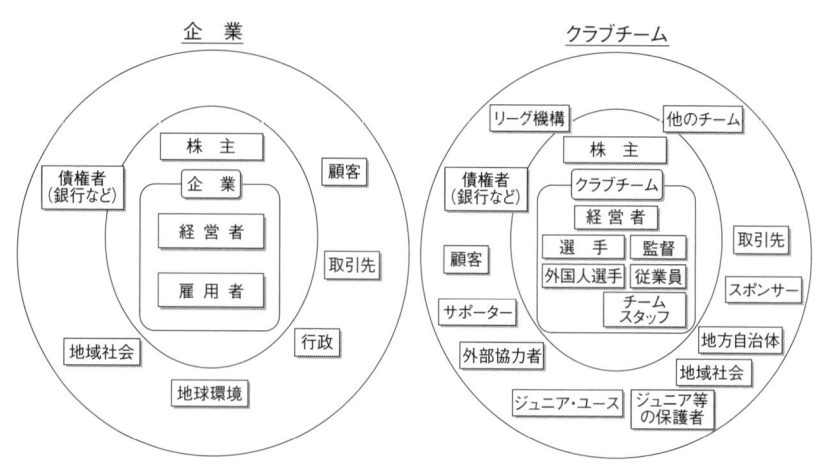

図10-1：ステークホルダー（利害関係者）の図：企業の場合とサッカーのクラブチームの場合
出所：武藤（2006），p.37。

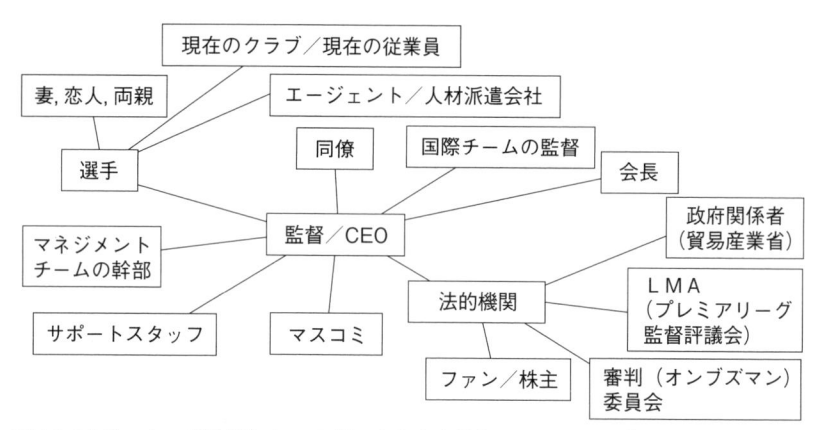

図10-2：サッカーの監督やCEOに課せられた多様なステークホルダーとの複雑な関係
出所：Bolchover & Brady（2006），邦訳書，p.22。

　マーケティング，顧客関係をみても，Jリーグが目指しているのは，サポーターと呼ばれるファンの組織化という意味での，プロモーション戦略になっている[4]。これもビジネスの世界では，古くは資生堂の花椿会がやってきたことかもしれない。しかし，どの会社も顧客をわが社のサポーターとし

て捉え，1人ひとりに感謝しているとは限らない。ここでまた，たとえば，船場吉兆などの「食」の産業における不祥事を思い浮かべざるをえないのは情けないことである。顧客とは，本来，わが社の提供しているサービスや製品を楽しんでくださる感謝すべきファンなのであるということを，Jリーグはあらためて，実感させてくれる[5]。

サポーターとの関係について，武藤は，次のように指摘する。

> クラブチームのサポーターは，試合を観戦するだけでなく，そのスポーツを好きだという人が多い。したがって，サポーターがチームを作るというのも，大いにあり得ることである。
> 古典的なクラブ観では，アマチュアのメンバーシップによるクラブ……がまずあり，そのトップチームがプロ化する，あるいはそのようなクラブがプロチームを持つというのがあった。　　（武藤，2000, p.91）

Jリーグを理想化するためにこう言っているのではない。会社で働くこと，組織にいることの意味を知るうえで，会社の世界ばかりを見るよりも，一味違うJリーグの誕生から今日までの組織化の歩みから学べることが多いということだ。

Jリーガーから学ぶべきこと：いくつかの問いかけ

本書で取り上げてきた元Jリーガーのインタビュー・データを概観すると，つぎのような問いがクローズアップされてくる。

- 好きなことを仕事にするとはどういうことなのか
- 打ち込むことの意味はなんなのか
- ともに成し遂げるとはどういうことか
- 自分で判断する，自分で考えるということはどういうことか

- 個人としての自信（自己効力感）はどこから生まれるのか
- 世の中を前向きに，ポジティブに考えていくにはどのようにすればよいのか
- 指導者になるにはなにが大切か

　これらの問いかけは，Jリーガーとして活躍されるようなトップアスリートには，より先鋭な形で姿を現すであろうが，働くだれもがほんとうは真剣に考えなければならない課題だろう。プロスポーツの世界で通用するようなトップアスリートだから，この問題がより先鋭に出てくるところはあるだろうが，これらの問題は，プロスポーツの専売特許ではない。

　打ち込む，共に成し遂げる，自分で考える，自信をもつ，ポジティブに考える，いつか指導者になるということは，プロスポーツ，Jリーガーだけの問題ではない。確かに，強度とインパクトは違うけれど，だれにも共通している。だけど，われわれもくぐる共通の問題を，われわれとはかけ離れた違うレベルの強度でくぐる。それだけに教訓が多いことを願って，調査がスタートした。

　これらの問いを使って，本書を読み終えた後，読者の皆さんに，自分の問題として考え続けてほしいと思われるいくつかの問いについて，経営学で組織行動論を専攻するものとしての考えを述べておきたい。それが，読者の皆さんが自分の頭で考えるための追加的インプットになることを祈りつつ。

好きなことを仕事にすること

　「好きなことは仕事にせずに，生涯の楽しみに取っておいたほうがいい」というのは，キャリアの最初の節目，つまり若いときに就職を考えるときによく聞く台詞であり，助言でもある。

　プロのミュージシャンになりたい，プロスポーツ選手になりたいという強い想いをもつ若い人たちに，どのような一言が飛び交うだろうか。想像して

みてほしい。

・「趣味，楽しみにとっておいたらいいよ」
・「むりやろ」「なれるのか」
・「なんぼのもんやね」「食っていけるのか」
・「そんな夢みたいなことを」

　だいたい失礼な言葉だが，これらは往々にして善意から出た助言だということがポイントである。親は，子どもを愛するがゆえに，無理はしてほしくないから，「そんな夢みたいなことを」などと言ってしまう。最後まで言い切れば，「そんな夢みたいなことを言って，実現するわけがないでしょう」ということになる
　ところが，ベンチャー・ビジネスの世界では，カルチュア・コンビニエンス・クラブ（レンタル・ビデオのTSUTAYAでお馴染みの会社）の創業者である増田宗昭氏の印象的な言葉だが，筆者とのインタビューで「夢なんか実現しない」ではなくて，「夢しか実現しない」と断言した（増田・金井，1996）。この夢は，強い想いや意志力に支えられた夢で，かつ現実的に吟味された夢である。増田氏は，ファッションの鈴屋を辞めて起業した。実家のあった枚方駅近くの蔦屋第1号店を開店したときに，歩みは始まった。そのときに，自分の事業を起こすという夢が，この最初の一歩を通じて現実に摺り合わされたのである。これを，キャリア発達の研究では，夢の現実吟味（reality-testing of a dream）という（金井，2002a）。
　子どものころの夢の特徴は，現実吟味がない点に求められる。だから，純粋でいいともいえるし，だから，実現しないのだともいえる。社会人になる間近の夢は，子どものころの夢とは違う。その最大の特徴は，現実吟味をともなうことだ。現実吟味というステップを経た夢は，妄想や幻想とは異なる。警告的な標語をつくるとしたら，「現実吟味のないままの夢は，幻想か妄想に終わる」ということだ。
　ゼミ生のだれかが，「ミュージシャンになる」とか「サッカー選手にな

る」とかいうと，両親だけでなく，親しい友人も「本気？」と聞くだろう。そのときの返事は，「本気だよ」ではなく，「本気で本気だ」と言わなくてはいけない。アイデンティティ（ほんとの自分らしさ）の研究で名高いエリク・エリクソンは，このような気概を，meaning of really meaning it（本気で本気になる意味）と名付けた（Erikson, 1997）。

　神戸大学経営学部卒業生の西野努氏（元浦和レッズ）は，神戸大学の2008年度ホームカミングデイ（全学部同窓会）で講演なさったときに，就職先について，ゼミ指導教員のやりとりを，次のようにご披露くださった。

　　教員「どこに就職する」　　西野「サッカー選手になります」
　　教員「給料もらえるのか」　西野「はい，プロですから」
　　教員「何年できるや」　　　西野「わかりません」
　　教員「いくらもらえるの」　西野「わかりません」

　ここで教員と記した教授は，卒業生の半数が公認会計士になる名門ゼミの指導教授である。学生思いの先生としての質問がこれだったのだと推察する。西野氏の父親が公認会計士ということもあって，ここで「そうですね，やっぱり会計士を目指します」という展開だったら，彼は将来まったく違う世界の住人となっていたはずだ。われわれはJリーガーのスター選手を1人失っていたことになる。それでも，西野氏が会計士でなく，プロサッカー選手になったのは，就職というタイミングでJリーグが発足し，キャリアの最初の節目の選択時点で，サッカー選手になるという夢が，現実味を帯びたからであろう。「夢しか実現しない」という増田さんの言葉の真意が分かる人，それを実行してきた人なら，「夢の現実吟味」ということが直感的にわかるだろう。

　いいたいことは，キャリアの節目では，夢の現実吟味が行われるということだ。これは，けっして特異なことではなく，キャリアを長期的に歩む限り，だれもが経験することである。

　会社で活躍しているベテラン社員，活躍したいと思っている若手社員が，

Jリーガーのキャリアから学ぶべきいちばんのポイントは，仕事の中に，夢や好きであるという気持ちを忘れないということだ．同時に，夢が実現して好きでやっているJリーガーたちもまた，その世界に入ったあと，努力を続けないと出場を続けられないというプロの世界の厳しさを，しっかり感知することだ．

打ち込むこと，その尊さを学ぶこと

　打ち込む対象がはっきりしていて，早い時期から打ち込んできた人は違う．がんばってくれそうな人かどうかは，その人のそれまで打ち込んできたことがなんなのか，そして，その結果なにを成し遂げたのかを聞けば，ある程度わかる．くぐった経験から垣間見られる人物像というものがある．

　会社で働いておられる方についても，どの部門でいつからいつまでどういう役柄をしていましたという通り一遍の履歴書よりも，その人の達成した足跡から描かれた経験の物語のほうが，はるかに豊かで深い．後者を，通常のcv（curriculum vitae，履歴書）に対して，トラック・レコードという．どこを本気で走ってきたか問うから，こういういい名前が付いているのだ．

　トラック・レコードに注目するのはなぜか．それを見れば，打ち込んだ経験があることと，成し遂げた経験があること，その結果，スケールの大きな成果を達成していること，その達成を味わって打ち込むことの大事さを知り，そこから健全な自信と意志力をもっている可能性が高いことなどがわかるからだ．アチーブメントは，いちばん嘘のつきようのない項目だ．実際に成し遂げたことのないことを，自分が成し遂げたように書く人はほとんどいないだろう．

　このような経験を大人になってからでなく，もっと早い時期にくぐっていることは，大きな財産になる．スポーツに限らず，なんらかの領域でとことん打ち込み，そして達成感を味わった人には，一途さ，勤勉さ，そして，ある種のさわやかさがある．神戸大学でラグビーの林敏之氏，将棋の谷川浩司

氏を招いてモティベーションやキャリアを議論したときに，あらためてそう思ったものだ[6]。音楽，勉学，美術，どのような領域でも起こりうるが，スポーツなど勝負の世界がいちばんわかりやすい。

とことん打ち込んでなにごとかを達成した経験があれば，その人本人にとって，それは，一生の財産となる。それは1つには，その人の現実的な自己イメージを高揚させることと，その副産物として，打ち込んだ分野での達成経験がその人に自信を授ける点にある。財産といいたくなる理由は，打ち込んで達成した経験の深さと数が，新たなことに取り組むときのモティベーションの土台（ファウンデーション）となるからだ[7]。

なによりも注目したいのは，とことん打ち込んだ分野があり，ひとかどのレベルまで達したという経験が深く心に刻まれていれば，その人が他の分野に出て行ったときにも，心構えとしてポジティブに働くということだ。だれかがいった名言だが，「先生から見て，小学校低学年の子どものできる，できないという判断は，ほとんどその子が元気かどうかで決まる」というようなところがある。だからまず，どの分野でもいいから，打ち込んでみてそこで上達するという経験をして，自信をもつことが大事だ。

エドワード・デシというモティベーションの研究者は，自己決定感と有能感が，内発的に人が動くうえで，もっとも重要な要因だとみなした（Deci, 1980）。自分で選んだことをやっているとき，また，どんどんうまくなっていくとき，人は，褒美がなくてもがんばり続けるという。別の言い方をすれば，やるべきことは自分で選んでいる（自分が主人公である）という気持ち，並外れてうまくできるという気持ちが，内発的な褒美になっているというわけである。

また有能感に関しては，スポーツでは，「これまでできなかったプレーができるようになる瞬間」を実感できるので，他の世界よりも感動が大きいだろうし，目標も具体的に立てやすい。スポーツの世界は，他の世界と比べて，試合ごとの成績や，競技キャリアを通じての熟達のレベルが非常に客観的に測定されるので，達成目標の設定，自己効力感，熟達過程についての格好のフィールドを提供してきた。また，モティベーション強化やモティベー

ションの自己統制(自己調整),目標設定のあり方の研究では,実践的な応用を探索する場をもたらしてきたといえる(たとえば,Roberts, 2001)。

　打ち込んでなにかを達成したり,そのことに感動したりする経験ができれば,また,それを1人で孤独に味わうのでなく,だれか大切な人たちと共有できれば,将来に対してポジティブな影響があるだろう。ともに成し遂げることの喜びと成果を分かち合うことができるからだ。すぐれたスポーツチームや,会社でも営業や開発のチームでは,集合的な効力感が生まれてくることもあり,最近の経営学では集合的自己効力感(collective self-efficacy)に関わる文献も出始めている[8]。

ともに成し遂げること

　スポーツに限らず,とことん打ち込む人が,自分だけの世界に入り込んでいたら,自分さえがんばればいいと思っていたら,もう1つ大事なことを見逃す。それは,ともに成し遂げているという感覚だ。チームプレーならもちろん必要となるが,個人プレーの場合でも,コーチや他の選手との関係の中で,競技が成り立っているはずだ。

　F1のようについついレーシング・ドライバーだけに目がいく場合でも,ピットのメンバーとともに成し遂げた結果が,タイムであり順位だ。ブリジストンでF1のタイヤを製作してきた浜島裕英氏によれば,「マイケル・シューマッハーのいい点は,優勝した後に,意外な人,たとえば,掃除をしてくれているおばさんとかに,インタビュー時に謝辞を送ったりする点です」[9]と言っている。

　この問題を考えるための興味ある視点が,デイビッド・ベイカン(Bakan, 1996)という心理学者によって示されている[10]。そのキーワードは2つ。エージェンティックとコミューナルだ。主体的と共同的と訳してもいい。

　前者は,だれかのエージェント(手先,実行係)となって仕事をやりぬく

という側面を指す。他方で，われわれは，同じものを信じている仲間をもっている。経営理念に共感して会社に入ってきた人々は，ともに切磋琢磨する中，理念をともにしているという仲間感覚をもつだろう。これを，共同的，コミューナルという。

　大切なのは，この両面が大事だということだ。ベイカンは，もし人がエージェンティックなものだけで生きていたら，ガン細胞と同じだと言ってのけた。エージェンティックの軸のみが肥大した人は，信じるものを実現するエネルギーの強さにおいてはすばらしいけれど，ただ取り憑かれたように活動して，気がついてみたら孤立し，他の人々を思いやることも，後進を育てることも，仲間を募ることもできない。周りには困った存在となりえる。逆に，どんなに他の人々との関係を大事にできる人も，対人関係の中に埋もれ，なすべきことを忘れたりしてしまうと，それもまた問題だ。だから，エージェンティックだけでは足りない暖かいものがコミューナルであり，コミューナルではけっして実現できないものをもたらす力がエージェンティックなのである。

コラム　ペア概念（エージェンティックとコミューナルの対比）

エージェンティック　取り憑かれたようにがんばることで「生き抜く姿」
　　　　　　　　　→周りの人は，そういう人の姿すごいと思うけれど，なぜあそこまでがんばるのとしばしば唖然とする
　　　　　　　　　→エージェンティックはコミューナルに少しは中和されないとガン細胞みたいに，活動するのみとなる

コミューナル　　　ともにいる人とのつながりに「息抜く姿」
　　　　　　　　　→周りの人は，そういう人の姿を見るとほっとする，癒されるが，ずっとくつろいでいる場合ではない
　　　　　　　　　→コミューナルはエージェンティックに少しは調査されないと，関係性の中に埋もれてしまい，活動を忘れる。

「ともに成し遂げる（accomplish with others）」という言葉は，この両者のつながりを示している。人がスポーツに惹かれるのは，極限を追求する（ときに神がかりのような）エージェンティックな姿とあわせて，ともに切磋琢磨する人たちの（厳しい中にも微笑ましい）コミューナルな姿が心を打つからではないだろうか。個人競技でさえ，大会そのものはともに成し遂げているものであり，ライバル同士がしばしば好敵手でありつつ，心はつながっているように感じられる瞬間がある。個人競技でもそうなら，サッカーのようなチームスポーツであるならば，もっと素直に，「ともに成し遂げる」というテーマが生きてくる。

　チームスポーツではない世界でも，ソロプレーヤーを支える一団の人々がいる。監督，トレーナー，マッサージの達人。F1のドライバーも1人で成り立っているのではないのと同様だ。また，プレーそのものが単独で，チームが一丸となって同時にぶつかることがなくても，体操競技のように団体戦があったりする。だから，ともに成し遂げるという感覚がそこにある。

　しかし，チームスポーツ，たとえば，サッカーやラグビーや野球では，ゴールを目指して機動的に動く中にチームスポーツの醍醐味がある。ともに成し遂げることは，自分を失うことではけっしてない。1人ひとりが，自分の頭で考え，他の人の動き，相手チームの動きを見ながら，状況を判断して流動的にチームプレーが展開される点が，サッカーやラグビーでは大切になってくる。次節では，この問題を「自分の頭で考える」ということ，「状況判断力を磨く」というテーマから述べてみよう。

自分の頭で考え，状況に柔軟に適応すること

　「自分の頭で考える」というのは，経営の世界でも大切だと言われている。ヤマト運輸で宅急便事業を起こした小倉昌男氏が，経営リーダーになるうえで，なによりも大事なのは，「自分の頭で考える」ことだと強調されていた（小倉，1999）。『小倉昌男　経営学』をもっとも優れた経営書と絶賛

するJフロントリテイリングの奥田務社長(大丸会長)も,経営者にとって「自分で考える」ことがいちばん大事だという考えだ。

しかし,この「自分で考える」ということが,わが国ではやりづらいという面があるかもしれない。企業でも,サッカー以外のスポーツでも,経営者や指導者がすべて決めて,そのとおりにやれという世界になると,いっそうその傾向が強くなるだろう。

オシム氏は,この点について,日本の産業社会に一家言をもっている——

> ……まずは,自分の頭で考えて欲しい。日本人は世界最高のものを模倣している。まずそれをやめるのだ。客観的に自分の頭を見極め,そこから自分の道を探して欲しい。その先にのみ,栄光は待っている。」
>
> (オシム,2007,p.40)

自分の頭で考えることができる人,状況判断しながら自律的にプレーできる人が求められるようになった。他の人の動きを見ながら,自律的に判断してチームの中で動ける人,チームの目的に貢献できる人がビジネス界でも求められる。そのせいもあって,反則とかでホイッスルが鳴らない限り,流動的にプレーが続き,いったんゲームが始まったら監督であってもいちいち指示できない世界,流動的な連携プレーの中で各人が自律的,柔軟に思考する必要のあるサッカーやラグビー型の組織が理想だと言われるようになってきた。時代もまた,流動的で分業の行き届いた機械的組織よりも,機動力を生かせる有機的な組織を求めている。

そんな意味では,本書で取り上げたリーダーシップとキャリア以外に,組織づくりに関しても,サッカーの世界は,教訓に満ちていることだろう。そこから,日本型の組織のよさも,問題もともに学び克服していきたいものだ。サッカーで活躍された人たちの発言の中にも,チームメンバーのサポート,相手チームの動きをみつつ「自分の頭で考える」という面と,「流動的な状況にダイナミックに適応する」という面の大切さが語られてきた。しかも,両者は不可分である。次の西野氏の指摘もこの両面が表裏一体であるこ

とを示している——

> サッカーというスポーツをプレーするには，見ていて感じる以上に知性が必要である。相手との駆け引きや意図するプレーの読み合いがボールの行方を左右する。頭の回転が遅い選手は決して一流にはなれず，"判断が早い"という表現は選手にとって最上の褒め言葉となる。
>
> （西野，2008，pp.16-17）

ビジネスの場面でも，言われたことを言われたとおりにきちんとやるだけではすまなくなっている。なにをすれば成果につながるかを意識した行動をとれることが要請させるようになった。人材マネジメントの専門家の高橋俊介氏（慶應義塾大学教授）は，だから「What 構築能力」が望まれる時代になっていると提言してきた。「指示待ち」ではすまない時代になっているときに，「指示待ち」族が増えているのは，皮肉なことである。

サッカーやラグビーなどのように，個人の自律とその個人の状況判断力が要請されるタイプの競技では，いったんボールが動き始めたら，ホイッスルが鳴らない限り，監督も観客もだれも止められない。だから，指示を待っている場合ではない。各プレーヤーにとって，なにをなすべきかは，自分の頭で考えないといけない。まだまだ野球が好きな人々が多い日本でも，理想の組織といえば，先に述べたように，野球型でなくサッカー（あるいはラグビー）型だと言われるようになったことにはわけがある。監督が流れを止めて指示を出せる野球とはここが違う。そのことがよく強調されてきた。

> サッカーではタイムアウトを取ることができない。選手が監督のもとにやってきて「今は何をすればいい？」なんて聞くことはできない。試合中は，攻撃においても守備において多くの頭を使う事柄があるが，その都度「何をどうすれば良いか？」と誰かに聞くことはできないのさ。試合が始まれば，自ら考えてプレーする。それは人生と同じなのだ。
>
> （オシム，2007，p.41）

さて，時代を表すもう1つの言葉，ジコチューにふれておこう。わが国で，ジコチューという言葉が流行になった。せっかく，「自分で考える」ことができても，自分のことだけを考えているようでは無意味だ。より大きなもののために貢献できない。だから，「自分で考える」「状況判断ができる」という2側面を，チームということを前提にできる人が大事になってきた。競合の動きと，仲間の動きをダイナミックなまま捉えて，チームの中での自分の最適な動きを読み解き，それを実践する。

　さらに，最近の時代を示すもう1つのキーワードとして，「KY（空気を読む）」というのがある。これに警鐘をならすうえでも，サッカーで強調される「自分で考える」ということがいっそう大切になる。どういうことかというと，KYでは，サッカーの世界とは逆に，空気を読むことが，自分で考えないことにつながっているからだ。周りの雰囲気を呼んで，それにあわせるだけなら，その場に，柔軟性も意外性も，革新につながる驚きもなくなってしまう。そもそも空気を読みすぎた結果，行動をしないこと，動かないことを選ぶ人がふえるのも困る。

　サッカーやラグビーが理想とするのは，ダイナミックに空気（周囲の動き）を読むから，自らにも敵の動きを封じる，あるいはそれを凌ぐ自チームの動きに，自分の判断で即応できることである。ならば，KY風潮で起こっていることはその逆である。立教大学でリーダーシップ開発の経営学教育を生み出した日向野幹也教授は，リーダーシップ教育の専門の立場から，つぎのような観察を述べておられる。

　　……クラスの中やゼミで意見を求められたときに，周囲の意見分布がどうであるか「空気を読んで」すばやく同調し，そこから大きく外れない（「安全運転する」）ことが嫌われない秘訣であるという処世術が幅をきかせている。　　　　　　　　　　　　　　　　（日向野，2007，p.47）

　「空気を読む」のがわるいのではない。それは必要なことでもある。ジコチューの人には，それもできないのだから。大事なことは，空気を読んだう

えで，プレーヤーとして，さらにはリーダーとして，「空気を換える」ことである[11]。それが日向野教授の提案だ。ゴールを目指してボールが流動的に動き続ける競技では，空気を読めないとプレーできないが，真に「空気を読む」というのは，わがチームの強みが出て，勝利につながるように，「空気を換えて」ゲームの流れに働きかけることだ。

また，サッカー選手には，自信と併せて，頭のよさがいると断言する人も多い。たとえば，選手の選抜基準について，オシムは次のように言う。

> 代表メンバー選出の基準の1つは，頭の良さということだ。そしてもう1つ言うと，あと少しの自信の必要だろう。だが，私が選手に自信を注入することはしない。選手たちは自分で自分を信じなければならないし，これまでやってきたことを信じなければならないのだ。それがいざというときの支えになる。　　　　　（オシム，2007, p.65）

また，神戸大学同窓会（ホームカミングデイ）の基調講演で，元浦和レッズの西野氏は，次のような趣旨のことを話された。

> 奈良高校も，神戸大学も，サッカーに非常に詳しい指導者に恵まれていた学校ではなかったので，そのおかげで練習メニューもトレーニング，さらには，どういう食事をするのがいいのかまで，自分の頭で考えた。それが後から考えるとよかったと思います。皆さん，神戸大学を出てサッカー選手をやっている人がいるのを知っていましたか[12]。

観客のほとんどが知らなかったというそぶりを示したときに，すかさず，次のように言葉を足された。

> サッカーは，頭使うのですよ。自分で考えることがとても必要で，頭がよくないとできないのです。

これは,学歴の話ではなく,地頭(native intelligence),生まれつきの頭のよさの話でもある。小学校,中学校からずっとサッカーばかりだったというJリーガーも,皆,勉強したかどうかではなく,地頭がよくないと,Jリーガーにまでなれていないはずだ。監督になるといっそうそのことがはっきりすると,経営学とのつながりを考えつつサッカーの監督について議論を展開したボルコーヴァー=ブラディは主張する。

> サッカーの監督は元選手が多く,幼い頃からサッカーに全てを捧げてきたため,まともな学校教育を受けていないことが多い(…ジョゼ・モウリーニョは例外である)。
> しかし名監督たちは,サッカーに関しては非常に頭がいい。学校教育を受けていようといまいと,彼らには直感的な分析能力がある。
> (Bolchover and Brady, 2006, 邦訳書, pp.69-70)

要するに,選手も監督も,頭がよくないとやっていけないのである。そして,繰り返しとなるが,この頭のよさは,なんでも詰め込んで覚える学校での成績ではなく,流動的にめまぐるしく変化する状況の中で,正しい判断が自分の頭でできるという意味での,スマートさを指している。ビジネスの世界で今,求められているのも,そういうスマートさである。

自己効力感からの教訓

大勢の人が知っていて,いい加減な理解をしている鍵概念の代表格が,自己効力感(self efficacy)だろう。この概念の提唱者バンデューラが渾身の思いで記した600頁に及ぶ大著(Bandura, 1997)を手にする人は少ない。

自己効力感は,単なる資質の尺度(trait measure)ではない。世の中には,どんなことをするにしても自信の高い人がいるが,それは一歩間違える

とただのうぬぼれだ。子どもの中には、勉強ができるけれども、スポーツはからっきしダメというガリ勉がいる。逆に、運動神経は抜群だけど、算数はきらいという元気な子どももいる。勉強もスポーツも嫌いだが、音楽の時間になるとかっこよく決めて人を感動させる演奏家の子ども。もちろん、すべてにわたってよくできる子もいる。サッカーやラグビーなどでは、ゴールを目指して流動的に人が連携するための状況判断力が必要だから、そのようなスポーツではそもそも、頭脳がよくないとこなせないとも言われる[13]。

しかし、だれもがレオナルド・ダビンチにはなれない。どの領域でも、ハイ・パフォーマンスをあげられるわけがない。大事な点は、自己効力感は、漫然とした「わたしはできる」という自信とは異なり、特定のタスク（課題）やドメイン（領域）を前提にした概念だという点にある。

たとえば、ギタリストのエリック・クラプトンがバスケットボールをプレーしたら趣味で、ギターを弾いたら仕事であり（しかも多額を稼ぎ出し）、マイケル・ジョーダンがバスケットボールをプレーしたら仕事で（しかも、これまた多額を稼ぎ出し）、ギターを弾いたらお楽しみの時間ということになる。これは、仕事にしているか、趣味にしているかというだけの話でなくて、どの程度並外れてできるかという話でもある。

ハーバード大学の異才心理学者、ハワード・ガードナーの多重性知能 (MI, multiple intelligence) の概念を思い出す人もいるだろう (Gardner, 1993)。鈴木-ビネー式知能検査で測定されるのは、知能のごく一部にすぎず、それ以外にも身体的知能や音楽的知能、さらに博物学的知能まである。最近隆盛の感情指数の話も、多重知能の一角をなす対人的な知能、あるいは情緒面での知能から来ている。

知能とは、ある程度は遺伝的にハードワイアードな（頭のよさ、運動神経、絶対音感のような生まれつきの）面があり、しかも、それが備わっていることが、有機体としてのその人の生存確率を高めることであると、ここではゆるやかに定義しておこう。

人間という動物は、直立歩行し、手先が器用になり、道具さらに言語をあやつるようになった。大脳も発達して、頭のいいことが自分の生存と仲間の

生存に役立つかもしれない。しかし，もっとわかりやすく考えれば，二本足で立ったものの，木登りもうまくないし，大半の猛獣に比べて逃げ足も速くない中で，運動神経がすぐれていることが，自己の生存確率に寄与していたはずだ。音に敏感であることも大事だ。静かにすべきとき，伏せるべきとき，逃げるべきときには，音感の貢献もあるだろう。聞き分け，合図を出すのに，音楽的才能が効くかもしれない。心配なときにともに歌うことが仲間の元気につながることもあるだろう。

　博学的知能は，霊感的知能と並び，ガードナー自身も，これを知能あるいは知性と呼ぶべきかまだ迷いがあることを表明している。その博学的知能とは何か。キノコを食して狂ったり，亡くなったりする仲間が出る中で，だれよりもキノコに詳しいという博学は，自分を救い仲間を救う。シャーマンもまた，霊感と憑依体験ゆえに，神秘的かつ自信たっぷりに語られる言葉ゆえに，危機を脱出できたというような経験が自分にとっても周りの人々に対してもあるだろう。モーゼに霊感があったかどうか，歴史的記述の有無を知らないが，出エジプト記に書かれていることを実現するためには，リーダーには霊感的知能が必要かもしれない。そう思うことは，まったく荒唐無稽とも言い切れない。

　さて，バンデューラに戻ろう。元来は，特定の課題や領域においてうまくやっていけるという現実的な期待が自己効力感であったので，課題特定的（task-specific）あるいは，領域特定的（domain-specific）な概念であった。しかし，そのバンデューラ自身が，より一般的な課題横断的，領域横断的な自己効力感にも言及しているので，誤解が多い。

　考えてみてほしい。もし自己効力感が，全領域横断的個人資質に関する尺度（omnibus trait measures），ないしは全般的なパーソナリティ傾性（global personality disposition）を測定しているものなら，それは単なる自信，場合によってはうぬぼれ度合いを見ているにすぎなくなる。そうではなくて，自己効力感は，領域によって，同じスポーツでも種目によって，また，その日の体調・心の状態によって変わるものである（やや専門的に言い換えれば，資質の尺度＝trait measureでなく，状態の尺度＝state measure

に近いということだ)。

　マイケル・ジョーダンが，バスケットボールで頂点を極めたので，ギターでも世界一を目指すといったら非現実的だし，また，同じプロスポーツでも，シカゴ・ホワイトソックス（野球）では，シカゴ・ブルズ（バスケットボール）ほど活躍できなかった（もちろん，スポーツでも音楽でも，隣接領域内でマルチプレーヤー，複数種目，複数の楽器と作曲・編曲で貢献できる人は確かにいるし，それはまたたいへんに誇らしいことだ）。

　大事なことは次の2点だ。自己効力感は，領域特定的な状態尺度であるから，ふつうの自己概念，自己評価，自尊心などとは違うのである。また，自己概念は，領域特定的な自己効力感ほどには，予測力がないのである。

　これらを踏まえると，複数の課題・領域に目をむけることが，発想・行動のレパートリーを広げることになる。世のなかには，餅は餅屋でいろんな人がいることに対して，謙虚になれる。筆者はスポーツ通でないし，スポーツに打ち込んだ経験がないので，誠にもったいない，ありがたいことではあるが，平尾誠二氏や田中ウルヴェ京氏と会うと，感謝しつつ学べることがあまりにも多い。そのことを非常にうれしく思う。また，逆に，平尾氏もラガーばかりに取り囲まれ，田中氏もシンクロの世界とばかりつきあっていたら少しは息苦しくなり，ときには窒息することだろう。他の分野の達人と接することが大切なはずだ。ほんとうの集団レベルの効力感，つまりチームとしての現実的な自信は，このような違いを認めるところにも注目すべきだと思う。

　本書の最後に強調したい点が2つある。1つには，ある世界，ある領域で，特定の課題に極限までとことん打ち込んだ人でないと語れない真実があり，そういう人からでなければ教われないことがある。だから，大勢の人が，スポーツでプロになれるほど打ち込んだ人，また，ワールドクラスで通用するために自分を磨いた人に心惹かれるのだと思う。

　われわれは，Jリーガーとして活躍してきた方々にインタビューする機会をもつことで，そういう方々にしかないオーラのようなものに触れさせていただいた。とことん打ち込んだものがある人ならではの，極限レベルの領域

特定的（スポーツ，なかでもサッカー，さらに絞ればポジション）な達成物のすごさと，そこからくる自信，そしてオーラのようなものを感じさせてもらった。自分にはないものを垣間見させてもらった。

　２つ目には，自己効力感が課題や領域に特定的であるからこそ，引退後の移行期に落ち込みがあるのだという点だ。どんなに現役ですばらしいプレーができても，そのことがイコール，指導者としてすぐにうまくやっていけるということを意味しない。だから，とことん打ち込んだ経験のある人で，プレーには絶大な自信がある人でも，ここでいったん躓き，一時的に落ち込む。にもかかわらず，いったん「とことん打ち込む」ことを経験された人が，つぎの土俵が定まったときに，最初はいきなりうまくいかなくても，そこでテンションを維持する力はすごい。

　サッカー選手としての自己効力感からは，コーチ・監督として成功するかどうかを予測できないかもしれない──「名選手，名監督ならず」という格言どおりだ。しかし，ある世界でとことんいった人は，打ち込み方，がんばり方を知っている。だから，つぎの世界が，留学でも，指導者でも，弁護士でも，経営者でも，そこには偉大な持ち味がある。素直な心で考えれば，名選手の方がへぼ選手よりも名監督になりやすいはずだが，名選手でさえ，監督に脱皮する節目では苦労するので，「名選手，名監督ならず」とあえて言ったのであろう。さて，プレーがうまくできるということが第1層の学習だとしたら，プロで（あるいは世界で）通用するまでやり通したという気持ちが，第2層の学習である。第1層の学習結果としての自信は領域特定的（限定的）であっても，第2層の実績感覚は，他の分野にいってもがんばるという気持ちさえ維持できれば，領域横断的な土台となるのではないだろうか。もし，本気になれば，つぎの土俵が納得いけば，いったんある領域でとことん打ち込んだ人は違う。そこが，本書を読む大勢の方への教訓となるだろう。

　自分には打ち込んだものがないと嘆く前に，まず，今，打ち込めるものに打ち込んでみよう。そうすれば，かつて一所懸命にやっていたことも思い出すし，それを支えにしながら，心ある道を歩もう。

Jリーグの心理学からポジティブ心理学へ

　自己効力感は、ポジティブ組織行動論の中心テーマだ。実践的な応用学問分野の経営学におけるポジティブ組織行動論は、基礎学問分野である心理学におけるポジティブ心理学の応用を図っている。その世界のセンターは、経営学への適用という点では、米国のミシガン大学とネブラスカ大学にある。

　ポジティブ心理学の元祖は、マーティン・セリグマンというペンシルバニア大学教授で、その名称は、彼が米国心理学会（APA）の会長に就任したときに、これからの心理学に望むビジョンとして選んだものだ。彼は、就任演説の中で、それまでの心理学が人間の暗い側面、たとえば、無気力、鬱（抑鬱）、不安、悲観主義、攻撃性、人の弱みなどネガティブな面ばかりに目を向けてきたことに疑問を提示した。そこでAPAの新たな運動理念としてポジティブ心理学を掲げ、これからの心理学は、希望、夢、楽観主義、幸せ、感謝、人の強みなどを取り上げることを推奨した。1989年のことである。

　これを提唱したセリグマン自身の出世作が、無力感（無気力）や鬱、そして悲観主義だったことを非常に興味深く思う。長い期間、人間の深淵、暗い側面を凝視してきた人が、これを提唱しているのである。だからほんものだ。

　Jリーグの世界も、けっしていいことづくめではない。厳しい競争があり、ケガがあり、戦力外通知が（いつか）あり、そして、他の世界よりも早い引退がある。先にJリーガーとして脚光を浴びている分、指導者への移行期にもストレスや落ち込みが大きいだろう。

　しかし、これらをポジティブな側面から捉えることができる。競争を通じて、自分を鍛え、自信（自己効力感）を獲得する。ケガがあるから、体を鍛えること、さらには健康の大事さに気づく。戦力外通知を受けて引退のあとを乗り越えて、サッカー界の指導者として、また、ビジネスの世界で成功す

れば，その節目を乗り切った人でないと身につかない挽回力・快復力（ポジティブ心理学では，しなやかさ＝resilienceと呼ばれることが多い）が身につく。

「苦悩を通じて歓喜へ」というと，音楽家ベートーベン（遡れば詩人シラーの詩，作家ロマン・ロランの作品）を思い浮かべるかもしれないが，われわれは，『Jリーグの行動科学』を通じて，働く人の教訓として，きびしさの裏面にこそ輝く生地があるという認識を新たにしたい。

また，未曾有の危機的状況を時代がくぐるなか，緊張をもって臨む必要がもちろん濃厚ではあるけれど，そんな中でも，希望やしなやかさや自信をもつことを忘れないでいたい。それどころか，時代が暗いときにこそ，いっそうポジティブ心理学やポジティブ組織行動のパワーが大事になってくる。人事を通じて，組織に働く人や，組織の中のチーム，さらには組織そのものを元気づけたいと願い，日本型のポジティブ組織行動論の展開と，さらに，ポジティブ人材マネジメントという領域を樹立することを神戸大学大学院経営学研究科でも，目指している（金井，2010）。

スポーツに学びたいと思うのはわれわれだけでない。また，スポーツ（なかでもサッカー）に学ぶ経営学というのは，われわれだけの試みではない。たとえば，『サッカー名監督に学ぶ勝つための経営学』という書籍では，監督にも選手にもポジティブな資質が必要なことが論じられている。「負けたのではない。時間が足りなかっただけだ」と口癖にする監督もいれば，名監督たるものは，最後まで希望を捨てず，希望を心の糧にしていると主張する。ハーフタイムでも，前半の反省より，今後の展望を話し合う監督（例示としてクライフ）のことも紹介されている（Bolchover and Brady, 2006, 邦訳書，pp.81-83）。

指導者の心構え：サッカーとは人生である

以前に，全日本高校総体を何度も制覇した能代工業高校バスケットボール

部元監督の加藤廣志氏のお話を直接お聞きする機会があった[14]。指導者のおかげで，次の世代，さらに次の次の世代の選手が育ち，その中から時代の指導者が生まれている姿に，感銘した。

　今，時代は厳しい。そういう時代に指導者にある人は，厳しさを乗り越える活力をもってほしい。そのためには，希望，楽観主義，楽しみ，勇気，感謝の気持ちなどをもちたいものだ。経営学の書籍で感動することは難しいが，スポーツに打ち込んでいる姿，とくに皆でそれを行っている姿は，心を打つ。

　そんな中で，ポジティブ心理学，ポジティブ組織行動論，ポジティブ人材マネジメント論が幕を開きつつある。その展開に希望を託して，そういう前向きな素材，夢のある素材，しかし同時に，厳しさをともなう勝負の世界の住人，つまりスポーツマン，スポーツウーマンから学び続けたいと思う。

　スポーツの世界でプレーヤーとして活躍し，現役引退後は，コーチや監督として指導者になる人も，あるいは，スポーツの経験を生かし，サッカーに打ち込んだ人なら，サッカーやフットサルの振興に貢献するようなビジネス起こすことは，自分が身に付けてきたことを，次の世代のために生かすことにほかならない。実は，この課題をクリアできることが中年期の発達課題（developmental task）である。

　もしも，なんらかの形でリーダーシップをとるような立場についている人なら，その人が描くビジョンや夢は，世代継承的なビジョンであり，世代継承的な夢であるなら，より若い世代を育てるという面でも貢献度は大きい。

　しかし，そこに至る道も平坦ではない。とくに，現役選手を終えて，指導者になるキャリアの移行期には，苦労されるケースが多い（もちろん，さらっとくぐる人も中にはいるが）。リーダーシップ育成や生涯発達の文献は，転機（transition），修羅場（hardships），艱難（crucibles）を経て，そこからとてつもない挽回（redemption）をする中から，ほんものの指導者が生まれることを強く示唆している。ポジティブ心理学では，しなやかさもしくは回復力（resilience）の問題としてこれを扱っている[15]。

　厳しい時代こそ希望をもって歩み，また，厳しい時代を乗り切るしなやか

さが，その人をさらに磨き上げることを信じて，その歩みを続け，元気や感動がほしいときには，本書で取り上げたようなサッカーの世界で活躍する人の生き方に，自分を照らし直してみよう。そんな一助に，本書がなっていれば，幸いなことである。

「サッカーとは，人生である」というオシム元監督の言葉を先に引用したが，その理由は，「人生で起こることは，すべてサッカーでも起こるからだ」ということだ。その続きを引用して，この章を終えたい。

> 人生で起こりうるすべてのことは，サッカーの中に集約されている。選手がその人生の中でプロとしてサッカーをプレーできるのは，せいぜい5,6年，運が良い者は10年くらいかもしれない。そのわずか10年間のサッカーで，その選手は一生涯にとっても十分過ぎるほどの出来事を経験するかもしれない。1週間に一度サッカーをするなら，毎週のように，歓喜，悲劇，絶頂，ストレス，成功，失敗，栄光，挫折，勝利，敗北等々を経験するのだ。これらのサッカーで起こるすべてを，一生涯に引き延ばして生きることができるのならば，実に魅力的な人生を送れるのではないかと思う。そのオシムの言葉で，この本をおひらきに。
>
> また，サッカーにおいては，人々は非常に速いスピードでお互いを知り合っていく。人の助けが必要な時，人が自分の助けを必要としている時，お金を持っている時，お金がない時，名誉を得たとき，名誉を失った時，体調が万全の時，怪我をした時，病気の時，夫婦円満な時，家庭に問題を抱えている時……。選手はそのすべてを，1つのサッカーチームにおける短い期間で経験し，それと共に生きていくのだ。だから，選手間で何かが起こっているかをより良く知れば，チームはよりよく機能し，試合はずっと楽になる。それが，人生（サッカー）というものである。
>
> サッカーで起こるすべてが，私の人生で起こってきた。そして，一生涯かけて起こるべきことが，サッカーでは常に短時間で起こっているのである。　　　　　　　　　　　　　　　（オシム，2007, pp.10-12）

●注

▶1 ジョゼフ・ブラッター氏は，FIFAの会長。この言葉を引用して，西野努氏は，「シンプルさ，知性，抑圧，人間が生まれる前から本能的に存在する"蹴る"という行為」という表現でコメントしている。サッカーというゲームの中で蹴るということは，入門がたやすく，いかに奥が深いか。人生にまで関わるかというところから，「サッカーは人生のようなもの」というオシムの言葉同様に，サッカーに打ち込んだ人が使うキーフレーズを引用し，それがサッカーの「人気の秘密すべてを物語ってくれている」（西野, 2008, pp.22-23）と述べている。

▶2 I-dealというルソーの新造語には，わたしだけに（I）特別の雇用契約（そのための交渉）という意味と，この人だけに固有の（idiosyncratic）契約という意味と，さらに，そういう雇用関係が高度の専門性を有する人などにとっては理想的（ideal）であるという意味と，3通りの含意がある。

▶3 ステークホルダーとの関係からみた組織のあり方について，武藤（2006）は，「組織，とくに会社とは言わば仮設構築物であり，立脚するそれぞれのありように依存する」（pp.37-38）と述べている。

▶4 この側面の記述としては，浦和レッズを例に西野（2008）に詳しい。

▶5 武藤（2006）は，デル社のプロモーション戦略をファンづくりによるマーケティングの例示としてあげている（pp.46-47）。

▶6 このときの議論の記録は，金井他（2006）を参照。

▶7 モティベーションの土台という考え方については，金井（2009a, b）参照。

▶8 研究開発チームにおける集合的な効力感を扱っているような研究が出始めている（石川, 2009）。

▶9 浜島裕英氏の発言（社会経済生産性本部の「製品開発・事業創造イノベーター研究フォーラム」〔2006年1月13日〕での講演「世界最速のF1タイヤ開発にかける思い」)。なお，F1におけるコミューナルな側面，レーシングドライバーだけが目立つが，タイヤの準備，ピットでの緊張など「ともに成し遂げる」という側面の記述については，浜島（2005）も参照のこと。

▶10 科学的に検証された心理学的命題というよりも，哲学的なものの見方に近いが，彼が人間存在の二重性という二次元と類似の構成概念は，リーダーシップの実証研究などでも繰り返し確認されてきた（金井, 2005）。

▶11 2009年の神戸大学経営学部の卒業論文における神戸大学のアメリカンフットボール・チームのクォーターバックのインタビューでも，「空気を読む」のがうまいだけでなく，「空気をつくる」のが大事だという発言があった。日向野氏の「空気を

換える」のがリーダーシップというのと似たニュアンスがこの発言の中にもある。
- ▶12 2008年9月27日における西野努氏の神戸大学における講演。
- ▶13 たとえば,上記の注の西野氏の講演(2008年9月27日 於神戸大学六甲台講堂,講演論題「サッカーとビジネスリーダーシップ―神戸大学が与えてくれたもの」)でもふれられていた。また,しばしばお会いする平尾誠二氏との会話でも状況判断力の大切さと,それだけに指導者には言語化力と理論構築力がいることを,繰り返し教えていただいてきた。
- ▶14 加藤氏の講演「30年の監督経験から考える,『人が育つ,人を育てる』とは」は,社会経済生産性本部「第5期 製品開発・事業創造イノベーター研究フォーラム―イノベーションを実現する人材の研究〜イノベーターのリーダーシップ,一皮むけた経験―」(技術経営研究センター主催,2009年1月15日)において行われたものである。なお,加藤(2007)も参照のこと。
- ▶15 それぞれに興味ある文献があるが,ここでは,修羅場について,金井(2002b)を挙げるにとどめておきたい。

●参考文献

Bandura, A. (1997). *Self-efficacy : The exercise of control*. New York : W.H.Freeman.

Barclay, P. (2005). *Mourinho : Anatomy of a winner*. UK : Orion Books (中島英述訳 (2006). ジョゼ・モウリーニョ―勝利の解剖学 宝島社).

Bolchover, D. & BradyC., (2006). *The 90-minute manager : Lessons from the sharp end of management*, 3rd ed. UK : Pearson Education Limited (北村礼子訳 (2007). サッカー名監督に学ぶ勝つための経営学 オープンナレッジ).

Deci, E. L. (1975). *Intrinsic motivation*. New York : Plenum Press, p.139, p.141, p.142 (安藤延男・石田梅男訳 (1980). 内発的動機づけ―実験社会心理学的アプローチ 誠信書房).

Deci, E. L. (1980). *The psychology of self-determination*. Lexington : Lexington Books (石田梅男訳 (1985). 自己決定の心理学 誠信書房).

Erikson, E. H. & Erikson, J.M (1997). *The life cycle completed : Extended version with new chapters on the ninth stage of development*. New York : W.N.Norton & Company, Inc. (村瀬孝雄・近藤邦夫訳 (2001). ライフ・サイクル その完結(増補版) みすず書房).

羽中田昌（2008）．サッカー監督の流儀—ジュニアからJリーグまで，指導者22人の経験的育成論　スキージャーナル

浜島裕英（2005）．世界最速のF1タイヤ—ブリヂストン・エンジニアの闘い　新潮社（新潮新書）

日向野幹也（2007）．大学教育におけるリーダーシップ開発　日向野幹也・アラン・バード・立教大学リーダーシップ研究所編著　入門ビジネス・リーダーシップ　日本評論社，pp.47-60

平尾誠二（2001）「日本型」思考法ではもう勝てない　ダイヤモンド社

平尾誠二・金井壽宏（2005）．スポーツと経営学から考えるリーダーシップ　CREO **17**(1)，79-86

平尾誠二・金井壽宏（2009）．型破りのコーチング　PHP研究所（PHP新書）

石川淳（2009）．変革型リーダーシップが研究開発チームの業績に及ぼす影響—変革型リーダーシップの正の側面と負の側面　組織科学　**43**(2)，97-112

金井壽宏（2002a）．働くひとのためのキャリア・デザイン　PHP研究所（PHP新書）

金井壽宏（2002b）．仕事で「一皮むける」—関経連「一皮むけた経験」に学ぶ　光文社（光文社新書）

金井壽宏（2005）．リーダーシップ入門　日本経済新聞社（日経文庫）

金井壽宏（2006）．働くみんなのモティベーション論　NTT出版

金井壽宏（2009a）．危機の時代の「やる気」学　ソフトバンク　クリエイティブ

金井壽宏（2009b）．「第4章　仕事意欲」橘木俊詔編著『働くことの意味』ミネルヴァ書房，pp.77-116

金井壽宏（2010）．人勢塾—ポジティブ心理学が組織・人事を鍛える　小学館

金井壽宏・市川伸一・小笠芳央・谷川浩司・林敏之・髙橋潔（2006）．モティベーションを極める視点—理論と持論，感動と集中，体系的エンジニアリング　ビジネス・インサイト　**14**(4)，38-71

金井壽宏・柏英樹・産能大学（1995a）．スポーツに学ぶチームマネジメント第1分冊—勝つための戦略づくり：戦略のないチームに成功はない　産能大学

金井壽宏・柏英樹・産能大学（1995b）．スポーツに学ぶチームマネジメント第2分冊—力を引き出す！チームづくり：ビジネスはチームで力を発揮する　産能大学

金井壽宏・柏英樹・産能大学（1995c）．スポーツに学ぶチームマネジメント第3分冊—力を育てる！選手づくり　産能大学

金井壽宏・柏英樹・家田武文（1996）．スポーツに学ぶチーム・マネジメント—葛藤するミドルに贈る　ダイヤモンド社

加藤廣志 (2007). 日本一勝ち続けた男の勝利哲学 幻冬舎 (幻冬舎文庫)
Lourenco,L. with Mourinho, J. (2004). *Jose Mourinho-Made in Portugal*. Prime Books Sociedade Editorial Lda, Estoril, Portugal, Dewi Lewis Pub.(西岡明彦監修, 西竹徹訳 (2006). ジョゼ・モウリーニョ―「KING OF 監督」誕生ストーリー 講談社).
増田宗昭・金井壽宏 (1996). 起業家の生き方―人生の正午を超えて刺激いっぱい ビジネス・インサイト **4** (3), pp.78-94
McCall, M. W., Jr., Lombardo, M. M, & Morrison, A. M. (1988). *The lessons of experience: How successful executives develop on the job*. New York: The Free Press.
武藤泰明 (2006). スポーツクラブのマネジメント―戦略の策定から実行まで 東洋経済新報社
長沼健 (2008). 11人のなかの1人 増補新装版 (初版は, 1975年) 生産性出版
西部謙司 (2004). 監督力―サッカー 名将の条件 出版芸術社
西野努 (2008). なぜ, 浦和レッズだけが世界に認められるのか 東邦出版
Oliveria, B., Amieiro, N., Resende, N., Barreto, R. (2006). *Mourinho: Porque tantas vitorias?* Gradiva Publicacoes, Lda, Portugal (西岡明彦監修, 和田紀子・長谷川真奈・田辺早苗訳 (2007). モウリーニョ―どうしてこんなに勝てるのか? 講談社).
オシム, I. 長束恭行訳 (2007). 日本人よ! 新潮社
Roberts, G. C. (Ed.) (2001). *Advances in motivation in sport and exercise*. Champaign, IL: Human Kinetics (中島宣行監訳, 澁谷智久他訳 (2004). モチベーション理論の新展開―スポーツ科学からのアプローチ 創成社).
Rousseau, D. M.(2005). *I-deals: Idiosyncratic deals employees bargain for themselves*. M.E. Sharpe.
Triandis, H. C. (1995). *Individualism and collectivism*, Westview Press (神山貴弥・藤原武弘編訳 (2002). 個人主義と集団主義―2つのレンズを通して読み解く文化 北大路書房).
湯浅建二 (2004). サッカー監督という仕事 新潮社 (新潮文庫)

●編著者紹介
髙橋 潔（たかはし・きよし）　序章・第1章・第6章
1984年　慶應義塾大学文学部卒業
1995年　慶應義塾大学大学院商学研究科博士後期課程単位取得退学
1996年　ミネソタ大学経営大学院博士課程修了（Ph.D.）
　　　　南山大学総合政策学部助教授などを経て，
現　在　神戸大学大学院経営学研究科教授
主要著書　「組織成員の動機づけ：3次元モティベーション理論」『経営組織心理学』（分担執筆）ナカニシヤ出版，2008年
　　　　「コンピテンシー概念の効用と限界」『朝倉実践心理学講座　第6巻　コンピテンシーとチーム・マネジメントの心理学』（分担執筆）朝倉書店，2009年
　　　　「人事考課：従来の人事考課と成果主義への対応」『産業・組織心理学ハンドブック』（分担執筆）丸善，2009年
　　　　『人事評価の総合科学』白桃書房，2010年
　　　　他多数

●執筆者紹介　（執筆順）
佐藤慶明（さとう・よしあき）　第2章
1991年　同志社大学神学部卒業
　　　　ガンバ大阪，浦和レッズダイヤモンズ，京都パープルサンガに在籍。日本代表（1994年）。現役引退後，大阪産業大学サッカー部監督を経て，
現　在　大阪産業大学人間環境学部講師

服部泰宏（はっとり・やすひろ）　第3章
2004年　関西学院大学経済学部卒業
2009年　神戸大学大学院経営学研究科博士課程後期課程修了　博士（経営学）
同　年　滋賀大学経済学部専任講師
主要論文　「心理的契約研究の展開と課題」『人材育成研究』第3巻第1号，2007年，pp.51-63
　　　　「日本企業における心理的契約の探索的研究：契約内容，履行・不履行，企業への信頼に対する影響」『組織科学』第42巻第2号，2008年，pp.74-88.
　　　　「転職経験による心理的契約の異同に関する研究」『経営行動科学』第21巻第3号，2008年，pp.229-237
　　　　「組織と個人の相互義務パターンの類型化とその規定要因に関する探索的研究」『六甲台論集』第55巻第1号，2008年6月，pp.1-13
　　　　「日本的経営の再考：組織と個人の関係性の視点から」（共著）『六甲台論集』第56巻第1号，2008年，pp.83-99

金井壽宏（かない・としひろ）　第4章・第10章
1978年　京都大学教育学部卒業
1980年　神戸大学大学院経営学研究科博士前期課程修了
1989年　マサチューセッツ工科大学経営大学院博士課程修了（Ph.D.）
1992年　博士（経営学）神戸大学
現　在　神戸大学大学院経営学研究科教授
主要著書　『変革型ミドルの探求』白桃書房，1991年
　　　　『働く人のためのキャリアデザイン』PHP新書，2002年
　　　　『キャリア・デザイン・ガイド』白桃書房，2003年
　　　　『リーダーシップ入門』日経文庫，2005年
　　　　『型破りのコーチング』（共著）PHP新書，2009年
　　　　他多数

重野弘三郎(しげの・こうざぶろう)　第5章
1994年　鹿屋体育大学体育学部卒業
　　　　セレッソ大阪,富士通川崎(現川崎フロンターレ)に在籍。
2000年　鹿屋体育大学大学院体育学研究科修士課程修了
2002年　社団法人日本プロサッカーリーグ入局。Jリーグキャリアサポートセンター発足とともに専任スタッフとして就任
現　在　社団法人日本プロサッカーリーグ　HRディベロップメントグループ所属
主要著・訳書　『スポーツ選手のためのキャリアプランニング』(共訳)大修館書店, 2005年
　　　　『スポーツ教養入門』(分担執筆)岩波ジュニア新書, 2010年

小川千里(おがわ・ちさと)　第7章・第8章
2001年　神戸大学大学院経営学研究科博士課程後期課程修了(経営学博士)
同　年　近畿大学商経学部講師
2004年　同学部准教授
2005年　近畿大学経営学部准教授
主要著書　"Professional Prerequisites for Japanese Sea Officers—Professional Training School Requirements—," in W. Kouwenhoven (Ed.), *Advances in Technology, Education and Development*, Vukovar, Croatia: In-Tech, 2009

田中ウルヴェ京(たなか・うるうぇ・みやこ)　第9章
1988年　ソウル五輪シンクロナイズドスイミングデュエットで銅メダル獲得
1989年　日本大学文理学部卒業
1995年　米国カリフォルニア州セントメリーズ大学大学院健康・体育・リクリエーション学科修士課程修了
　　　　1999年からは米国アーゴジー心理専門大学院にて,認知行動療法,スポーツカウンセリングを学び,2000年米国サンディエゴ大学院にて,パフォーマンスエンハンスメント,アスレティックリタイヤメントを学ぶ
　　　　1989～99年日本ナショナルチームコーチ,米国五輪ヘッドコーチアシスタント,フランスナショナルチーム招待コーチなどを歴任
現　在　株式会社MJコンテス取締役,日本大学医学部社会医学講座公衆衛生学部門講師,日本オリンピック委員会(JOC)情報医科学専門委員会科学サポート部会メンバー等,多数の委員会委員を務める。フリーマガジン「エキリーブル」発行人
主要著書　『スポーツ選手のためのキャリアプランニング』大修館書店, 2005年
　　　　『「1日30秒」でできる新しい自分の作り方』フォレスト出版, 2008年
　　　　『コーピングの教科書』インデックス・コミュニケーションズ, 2008年
　　　　『「最高の自分」を引き出すセルフトーク・テクニック』祥伝社, 2009年
　　　　他多数

| Jリーグの行動科学
リーダーシップとキャリアのための教訓　　　〈検印省略〉

| 発行日──2010年8月16日　初版発行

| 編著者──髙橋　潔
| 発行者──大矢栄一郎
| 発行所──株式会社　白桃書房
　　　　〒101-0021　東京都千代田区外神田5-1-15
　　　　☎03-3836-4781　📠03-3836-9370　振替00100-4-20192
　　　　http://www.hakutou.co.jp/

| 印刷・製本──藤原印刷株式会社
Ⓒ Kiyoshi Takahashi 2010　Printed in Japan
ISBN 978-4-561-26537-5 C3034

JCOPY ＜(社)出版者著作権管理機構　委託出版物＞
本書の無断複写は著作権法上での例外を除き禁じられています。複写される場合は、そのつど事前に、(社)出版者著作権管理機構（電話 03-3513-6969, FAX 03-3513-6979, e-mail:info@jcopy.or.jp）の許諾を得てください。

落丁本・乱丁本はおとりかえいたします。

好 評 書

金井壽宏【著】
変革型ミドルの探求　　　　　　　　　　　　　　本体 4800 円
　―戦略・革新指向の管理者行動

金井壽宏【著】
企業者ネットワーキングの世界　　　　　　　　　本体 7400 円
　―MITとボストン近辺の企業者コミュニティの探求

髙橋　潔【著】
人事評価の総合科学　　　　　　　　　　　　　　本体 4700 円

金井壽宏【著】
キャリア・デザイン・ガイド　　　　　　　　　　本体 2100 円
　―自分のキャリアをうまく振り返り展望するために

E.H.シャイン【著】金井壽宏【監訳】
企業文化　　　　　　　　　　　　　　　　　　　本体 2800 円
　―生き残りの指針

E.H.シャイン【著】金井壽宏【訳】
キャリア・アンカー　　　　　　　　　　　　　　本体 1600 円
　―自分のほんとうの価値を発見しよう

E.H.シャイン【著】金井壽宏【訳】
キャリア・サバイバル　　　　　　　　　　　　　本体 1500 円
　―職務と役割の戦略的プランニング

E.H.シャイン【著】金井壽宏・髙橋潔【訳】
キャリア・アンカーⅠ　　　　　　　　　　　　　本体 762 円
　―セルフ・アセスメント

―――――― 東京　白桃書房　神田 ――――――

本広告の価格は本体価格です。別途消費税が加算されます。